Grażyna Fosar & Franz Bludorf

Vernetzte Intelligenz

Grażyna Fosar & Franz Bludorf

Vernetzte Intelligenz

Kollektives Bewusstsein & Hyperkommunikation aller Lebewesen

Omega

HINWEIS: Aus Gründen der besseren Lesbarkeit wird bei Personenbezeichnungen und personenbezogenen Hauptwörtern in diesem Buch die männliche Form verwendet. Entsprechende Begriffe gelten im Sinne der Gleichbehandlung grundsätzlich für alle Geschlechter. Die verkürzte Sprachform hat nur redaktionelle Gründe und beinhaltet keine Wertung.

Omega-Verlag ist ein Imprint der Verlag "Die Silberschnur" GmbH

ISBN: 978-3-96933-041-8

1. überarbeitete Neuauflage 2023

Umschlaggestaltung & Satz: XPresentation, Güllesheim; unter Verwendung verschiedener Motive von © vchal, shutterstock.com und © Designed by Freepik
Druck: PB Tisk, a.s. Czech Republic

Verlag »Die Silberschnur« GmbH · Steinstr. 1 · 56593 Güllesheim
www.silberschnur.de · E-Mail: info@silberschnur.de

Inhalt

– I –

Der Herr der schwarzen Löcher

Stephen Hawking, die Gravitation und das Gehirn

»Ich hoffe, Sie können mich verstehen, auch wenn ich einen leicht numerischen Akzent habe!«

Seinen typisch britischen Humor hatte sich *Stephen Hawking* bewahrt. Obwohl uns diese erste Bemerkung überraschte – wer mit diesem außergewöhnlichen Mann reden wollte, musste sich auf ungewöhnliche Formen der Kommunikation einlassen.

Stephen Hawking kommunizierte mit der Welt nur mithilfe eines Sprachcomputers, der an seinen Rollstuhl montiert war und dem er die gewünschten Sätze mithilfe zweier Finger seiner rechten Hand eingab, den einzigen Muskeln, die er mit Ausnahme seiner Gesichtsmuskulatur noch bewegen konnte.

Doch Physiker verstehen sich sehr schnell, und so kamen die Themen trotz der tatsächlich etwas blechern klingenden Computerstimme bald ins Fließen, Themen am Rande des Undenkbaren, und er schlug dabei einen weiten Bogen vom Urknall über die Möglichkeit paralleler virtueller Realitäten bis hin zu den neuesten Erkenntnissen der Naturwissenschaft über die Urbausteine der Materie - sogenannte *Superstrings.*

Stephen Hawking war einer der größten lebenden Physiker der Welt, ein würdiger Nachfolger des großen *Isaac Newton*, des Entdeckers des Gravitationsgesetzes, dessen Lucasianischen Lehrstuhl für Mathematik an der Universität Cambridge er viele Jahre innehatte.

Da er sich aufgrund seines Leidens, einer amyotrophischen Lateralsklerose, ausschließlich mit theoretischer Physik beschäftigen konnte, galt sein Hauptinteresse der Kosmologie, der Theorie vom Aufbau und der Entstehung des Universums. Berühmt wurde er vor allem durch seine Arbeiten über schwarze Löcher, jene kosmischen Ungetüme - Leichen ausgebrannter Sterne -, in denen die Gravitationskraft über alle Grenzen wächst und so die Zeit zum Stillstand kommen lässt. Obwohl das gesamte wissenschaftliche Werk Hawkings ausschließlich ein Produkt seines Gehirns war, beschäftigte er sich durchaus mit realen Dingen, und viele seiner theoretischen Vorhersagen konnten später von seinen experimentierenden Kollegen nachträglich bestätigt werden.

Wie ist es möglich, dass ein Mensch mit einem solchen Handicap es zu derartigen Leistungen bringen konnte? Oder genauer gesagt: Wie konnte jemand in einer exakten und experimentellen Naturwissenschaft wie der Physik zu so umfassenden Erkenntnissen über unsere Existenz gelangen, rein auf der Basis seiner Gedanken?

Man hatte den Eindruck, Stephen Hawking bezöge sein Wissen aus einer kosmischen Wissensquelle, die den normal Sterblichen nicht zugänglich ist, genauso wie es bei vielen anderen seiner genialen Vorgänger der Fall war. Große Entdeckungen in der Wissenschaft waren schon immer Kopfgeburten, und wir werden im Verlauf des Buches hierfür noch einige Beispiele anführen.

Was wäre, wenn dieser große Mann eines Tages auch seinen Computer nicht mehr hätte bedienen können? Wäre sein Geist dann vollkommen in seinem Gehirn eingesperrt gewesen, unfähig, seine Erkenntnisse der Welt mitzuteilen? Oder wäre es möglich gewesen, dass es für ihn auch dann noch Wege der Kommunikation gegeben hätte, die sich nicht der normalen Sinneskanäle bedienen?

So fantastisch es klingen mag, die letzte Frage muss auf dem heutigen Stand der Wissenschaft eindeutig mit Ja beantwortet werden, und die technische Realisierbarkeit ist sogar nur noch eine Frage von wenigen Jahren.

Zumindest im Tierversuch ist man schon recht weit. So haben es beispielsweise die Ratten im Versuchslabor des Hahnemann Medical College von Philadelphia nachweislich gelernt, mit der bloßen Kraft ihrer Gedanken einen Roboter zu veranlassen, ihnen Trinkwasser zu geben.

Der Versuchsleiter, *John Chapin,* nannte dieses Experiment scherzhaft auch »thinking about drinking«.

Es begann ganz unspektakulär. Die Ratten wurden darauf trainiert, eine bestimmte Taste zu drücken, worauf ihnen der Roboter das Wasser reichte. Derartige Versuche zum Lernverhalten dieser intelligenten Tiere wurden schon seit Jahrzehnten durchgeführt.

Diesmal allerdings hatte man den Ratten kleine Elektroden in das Gehirn eingepflanzt, mit denen man die Hirnströme der Tiere messen und die aufgezeichneten Muster in einem Computer speichern konnte. Wie die Wissenschaftler mit der Zeit herausfanden, ging der Bewegung des Tastendrucks bei den Ratten ein ganz bestimmtes Wellenmuster voraus.

Der nächste Schritt bestand darin, dass die Wissenschaftler die Taste deaktivierten und der Roboter das Wasser ausschenkte, sobald nur bei den Ratten das entsprechende Gehirnwellenmuster auftrat.

Und nun geschah das Unfassbare: Nach einiger Zeit bemerkten die Ratten, dass es nicht mehr nötig war, die Taste zu drücken, sondern lediglich - menschlich ausgedrückt - daran zu »denken«. Sie erzeugten also das charakteristische Wellenmuster in ihrem Gehirn, ohne mit der Pfote die Taste zu bedienen, und erhielten natürlich prompt zur Belohnung vom Roboter das Wasser.

Diese Erkenntnis hat einige außerordentlich bedeutsame Konsequenzen:

- Es ist ein erster Beweis dafür, dass auch Tiere denken können. Das Gehirnwellenmuster dient nachweislich nicht dazu, die Bewegung des Tastendrucks wirklich auszuführen, steht jedoch mit ihr in einem eindeutigen Zusammenhang, so als würden die Ratten sich diese Bewegung innerlich vorstellen.
- Es ist undenkbar, dass die Natur derartige Fähigkeiten ohne einen Zweck hervorgebracht hätte, damit also lediglich findige Wissenschaftler unserer Zeit sie mithilfe elektronischer Apparaturen sichtbar und nutzbar machen könnten. Was ist dann dieser Zweck?

Seit Langem ist bekannt, dass die elektromagnetischen Wellen, die das Gehirn bei seiner Arbeit produziert, auch an der Oberfläche des Kopfes gemessen werden können und sich von dort aus in die Umwelt ausbreiten. Das Gehirnimplantat bei den Ratten diente keineswegs dazu, den Effekt zu erzeugen, sondern nur, ihn zu *verstärken*, denn die Gehirnoberflächenpotenziale sind extrem schwach und betragen auch beim Menschen nur Werte im Bereich von einigen Mikrovolt (Millionstel Volt).

Dennoch ist klar - und das Experiment von Philadelphia hat es bewiesen -, dass mithilfe dieser Wellen *interpretierbare*

Informationen das Gehirn verlassen und sich in die Umwelt ausbreiten. Unsere Gehirnpotenziale sind also kein sinnloser elektromagnetischer »Müll«, und wenn wir gerade einmal nicht an einen Tastendruck, sondern an etwas Kluges denken, dann verlässt auch diese Gedankeninformation unseren Kopf und verteilt sich im Raum.

Die technischen Möglichkeiten dieser Entdeckung sind immens. Es konnten bereits Geräte entwickelt werden, die in sinnvoller Weise direkt mit dem menschlichen Gehirn kommunizieren und dann ihrerseits die vom Gehirn gesandten Befehle weiterverarbeiten.

So können Körperbehinderte in Zukunft unabhängiger leben, indem sie mit der bloßen Kraft ihrer Gedanken (genauer: ihrer elektromagnetischen Gehirnwellen, die beim Denken entstehen) Türen öffnen oder Lichtschalter betätigen werden. Experimente mit freiwilligen Versuchspersonen ergaben, dass auch Menschen lernen können, mithilfe ihrer Gehirnströme in spezielle Computerprogramme einzugreifen. Von da an war es nur noch ein Schritt, bis Stephen Hawkings Sprachcomputer durch reine Gedankenkraft steuerbar wurde.

Es sind dies wunderbare Möglichkeiten, behinderten Menschen das Leben zu erleichtern, und sie wurden nur möglich durch die faszinierende Erfindung der Natur, Gehirninformationen mittels elektromagnetischer Wellen über große Distanzen übertragbar zu machen.

Was hat dies alles mit der Gravitation und Stephen Hawkings Kosmologie zu tun? Nun, wir werden im Verlauf dieses Buches sehen, dass die Gravitation noch mit anderen Kräften des Universums in Wechselwirkung steht. Wie Forschungen ergeben haben, ist die Gravitationskraft nicht die statische, berechenbare Größe, die Isaac Newton sich noch vorgestellt hatte. Sie weist nämlich Instabilitäten auf, die nicht nur weit draußen im Weltall wirken, sondern auch hier bei uns auf der Erde in unserem täglichen Leben. Wir werden einige dieser Effekte im Verlauf des Buches kennenlernen.

Hierzu gehören Störungen, die immerhin auf die Atmosphäre, die Bildung von Tornados und Erdbeben und sogar auf die Sicherheit des Flugverkehrs Einfluss haben. Am spannendsten jedoch ist das Zusammenspiel zwischen der Gravitation und unserem Bewusstsein sowie unserer Erbinformation, die in jeder Körperzelle in Form des Erbmoleküls der DNA gespeichert ist.

Auf dieser Ebene ermöglichen winzige Gravitationsanomalien eine bislang unbekannte Form der Kommunikation, die sogenannte *Hyperkommunikation*. Sie wirkt außerhalb der bekannten fünf Sinne direkt auf das Gehirn und die Körperzellen (bzw. geht von diesen aus) und sorgt dafür, dass z. B. Tiergruppen koordiniert handeln können. Hyperkommunikation dürfte auch für so manche menschliche Inspiration, für viele überraschende wissenschaftliche Entdeckungen und künstlerische Meisterwerke verantwortlich sein.

Um die Hyperkommunikation zu verstehen, muss man ihre Grundlagen und die Form ihres Zusammenspiels kennen. Eine wichtige Rolle spielt dabei neben dem Bewusstsein und der Genetik vor allem die Gravitation, insbesondere wenn sie Irregularitäten zeigt, so wie es im Großen in den schwarzen Löchern, im Kleinen in den sogenannten Wurmlöchern der Fall ist.

Insofern hat auch Stephen Hawking, der »Herr der schwarzen Löcher«, mit seinen Erkenntnissen wesentlich zum Verständnis dieser interessanten Effekte beigetragen. Bevor wir jedoch etwas mehr über seine bahnbrechenden Theorien sagen können, müssen wir einen weiten Bogen schlagen und uns mit einer Vielzahl neuester Forschungsergebnisse aus Physik, Astronomie, Medizin, Biologie und Bewusstseinsforschung vertraut machen.

Wir dürfen nämlich jetzt nicht den Fehler begehen zu glauben, unsere Gedankeninformationen würden ganz einfach die Schädeldecke durchdringen, so wie ein Radioprogramm die Sendestation verlässt, um sich in der Umgebung auszubreiten und dann irgendwo von einem Empfänger aufgeschnappt zu werden.

Sie suchen sich viel ungewöhnlichere Übertragungswege, die ihnen nach herkömmlicher Auffassung gar nicht zugänglich sein dürften, und bedienen sich hierzu gerade der Gravitationskraft. Um dies zu verstehen, müssen wir allerdings bei Wolfgang Amadeus Mozart beginnen ...

– II –

Verschollen im Hyperraum

Schlüpfte Mozarts Sinfonie durch ein Wurmloch?

Als Wolfgang Amadeus Mozart im Jahre 1788 seine 40. Sinfonie in g-moll komponierte, ahnte er nicht, dass diese unsterblich schöne Musik über 200 Jahre später Anlass eines heftigen Wissenschaftlerstreits werden sollte.

Anfang der neunziger Jahre hatten es einige Physiker nämlich auf den heiligen Gral der modernen Wissenschaft abgesehen - die Lichtgeschwindigkeit.[54]

Seit *Albert Einstein* zu Beginn des letzten Jahrhunderts seine Relativitätstheorie aufgestellt hatte, gilt als eines der eisernen Gesetze der Physik, dass die Lichtgeschwindigkeit im Universum eine absolute Grenze darstellt. Kein materieller Körper, aber auch keine Information, kann sich schneller als das Licht bewegen.

Gleichwohl kam es in der Zwischenzeit in der Quantenphysik zu einigen sehr bizarren Entdeckungen, die - zumindest in der Theorie - an der Gültigkeit dieses fundamentalen Grundgesetzes zweifeln lassen. Eine dieser seltsamen Entdeckungen ist der *Tunneleffekt*.

Er besagt, dass sich die kleinsten Materiebausteine - Elektronen, Photonen etc. - unter gewissen Voraussetzungen völlig anders benehmen als makroskopische Körper.

Lässt man zum Beispiel eine kleine Murmel in ein genügend tiefes Gefäß fallen, so wird sie dort zwar hin- und herrollen, aber nicht in der Lage sein, das Gefäß wieder zu verlassen (s. Abb. 1, links).

Für ein Elementarteilchen wie z. B. ein Elektron gelten andere Gesetze. Es kann nämlich nach der Quantenphysik nicht mehr als Materiekügelchen aufgefasst werden, das eine klar bestimmbare Position im Raum einnimmt, sondern muss durch ein Wellenmuster beschrieben werden, das die Wahrscheinlichkeit angibt, wo das Teilchen anzutreffen ist. Sperrt man dann aber ein Elektron in ein entsprechendes »Gefäß« (z. B. ein elektromagnetisches Feld, das eine Barriere darstellt, die das Teilchen nicht überwinden kann), so befindet sich immer auch ein Teil des Wellenmusters außerhalb des Gefäßes (Abb. 1, rechts).

Dies bedeutet, dass sich zwar mit größter Wahrscheinlichkeit das Elektron ebenfalls innerhalb der Barriere befindet, dass es jedoch trotzdem möglich ist, es auch außerhalb zu finden, ganz einfach, weil ein Teil des Wellenmusters außerhalb der Barriere liegt.

Das ist im Grunde ein Paradox. Wohl ist es nach den physikalischen Gesetzen erlaubt, das Teilchen von vornherein außen oder auch im Gefäß zu finden. Im Bereich der Barriere jedoch dürfte es sich keinesfalls aufhalten. Die Situation ist vergleichbar mit einem Menschen, der sich zwar ohne Weiteres in einem von zwei aneinandergrenzenden Zimmern befinden darf, dem es jedoch nicht möglich ist, die dazwischenliegende Wand zu durchqueren.

Diese Fähigkeit von Elementarteilchen, eine eigentlich unüberwindliche Barriere zu überwinden, wird als »Tunneleffekt« bezeichnet. Der Effekt ist nicht nur theoretisch berechnet wor-

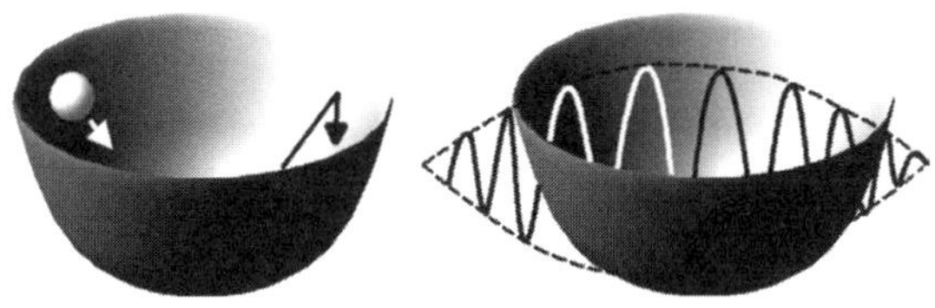

Abb. 1: Klassisches Materiekügelchen (links) und quantenmechanisches Teilchen (rechts) innerhalb einer Barriere.

den, sondern er ist auch experimentell beobachtbar. Er wird heute bereits technisch genutzt, z. B. beim Elektronenrastermikroskop.

Seit Jahrzehnten nun stellten sich Wissenschaftler die Frage, was ein solches Teilchen eigentlich tut, während es im »verbotenen Bereich«, also innerhalb des Tunnels, ist.

Bereits in den 1960er Jahren hatte z. B. *T. E. Hartman* rechnerisch vorhergesagt, die Zeit, die ein Teilchen zur Durchquerung des Tunnels benötigt, hänge nicht von der Länge dieses Tunnels ab. Andere vermuteten, dass in diesem exotischen Moment, da das Teilchen an einem Ort ist, wo es eigentlich nicht sein dürfte, die Lichtgeschwindigkeit als Grenze möglicherweise überschritten werden könnte.

Die erste Attacke auf Einsteins Dogma wurde dann 1993 gestartet, und zwar an der Universität Köln.[56] Mit ganz einfachen Mitteln hatte der Physiker Professor *Günter Nimtz* dort ein Experiment aufgebaut, um Mikrowellen durch einen solchen Tunnel zu schicken. Diese Wellen, die in der Technik nicht nur zum Erwärmen von Speisen genutzt werden, sondern auch in der Funk- und Radarübertragung, liegen etwa im Bereich um 10 Gigahertz.

Mikrowellen können sich - wie in der Radartechnik üblich - drahtlos über die Atmosphäre ausbreiten, sie werden aber auch durch Hohlleiter, also hohle Metallrohre, weitergeleitet. Ist dieser Hohlleiter jedoch zu eng, sodass - einfach gesagt - die

Wellen nicht in ihn hineinpassen, können sie nach klassischer Auffassung nicht durch ihn hindurch. Hier tritt jedoch der Tunneleffekt in Aktion: Hinter der Barriere lässt sich dennoch ein abgeschwächtes Mikrowellensignal messen.

Professor Nimtz wollte nun feststellen, wie schnell sich ein Mikrowellensignal in einem solchen zu engen Hohlleiter - dem »Tunnel« - ausbreitet. Eine solche Messung ist nicht so leicht, wie man sich das vorstellt. Man kann dazu nicht einfach eine Stoppuhr verwenden. Die Lichtgeschwindigkeit, mit der sich die Mikrowellen normalerweise ausbreiten, ist so unvorstellbar groß, und gleichzeitig ist das Rohrstück im Labor so kurz, dass hierfür eine Messgenauigkeit von einigen Billiardstel Sekunden gebraucht würde. Keine Uhr der Welt kann so etwas leisten.

Man muss daher Vergleichsmessungen durchführen, indem man zunächst zwei gleich lange Messstrecken aufbaut, durch die die Signale geleitet werden - eine ohne Tunnel und eine mit Tunnel. Falls sich die Mikrowellen im Tunnel anders als mit Lichtgeschwindigkeit ausbreiten würden, wären die beiden Signale am Ende der Strecke nicht mehr in Phase.

Nachdem das festgestellt ist, muss man die Strecke mit dem Tunnel durch einige vorherige Umwege so weit verlängern, bis die beiden Signale sich am Ende wieder exakt überdecken. Aus der Längendifferenz der beiden Messstrecken lässt sich dann ganz einfach die Geschwindigkeitsdifferenz berechnen.

Auf diese Weise stellte Günter Nimtz fest, dass die Mikrowellen sich im Tunnel, also in dem zu engen Rohrstück, mit *doppelter Lichtgeschwindigkeit* bewegen mussten. Diese Geschwindigkeit erhöhte sich sogar noch, wenn er den Tunnel verlängerte.[54]

Obwohl dies sicher ein sensationeller Befund war, nahm selbst die Fachwelt kaum Notiz davon. Lediglich in einer französischen Fachzeitschrift, dem *Journal de Physique,* konnte Nimtz seine Entdeckung unterbringen.

Zwei Jahre später lief dann ein ähnliches Experiment in Amerika, diesmal durchgeführt von dem Quantenphysiker *Raymond Chiao* von der Berkeley-Universität und seinem Mitarbeiter *Aephraim Steinberg.*[79]

Chiao und Steinberg benutzten für ihren Versuch allerdings keine Mikrowellen, sondern einzelne Photonen, also Lichtquanten. Dementsprechend war bei ihnen der »Tunnel« auch kein Hohlleiter, sondern ein dünner Spiegel. Wie wir alle aus täglicher Erfahrung wissen, lässt ein Spiegel kein Licht hindurch, sondern er reflektiert es. Der Tunneleffekt jedoch bewirkt, dass immer auch einige Photonen es schaffen, einen solchen Spiegel zu durchdringen.

Wie Chiao und Steinberg feststellten, bewegten sich die Photonen, während sie den Spiegel durchdrangen, scheinbar mit Überlichtgeschwindigkeit.

Der international renommiertere Chiao hatte offenbar eine bessere Lobby als Günter Nimtz, denn seine Ergebnisse erschienen im *Physical Review* und im *Scientific American,* wobei Chiao geflissentlich die früheren Experimente seines deutschen Fachkollegen »übersah«. Gleichwohl entdeckte die Fachwelt nun plötzlich auch Nimtz' Veröffentlichungen.

1996 dann rückte Günter Nimtz endgültig ins Zentrum des wissenschaftlichen Interesses. In einem zweiten Experiment versuchte er, ob sich auf diese Weise sogar sinnvolle Informationen durch den verbotenen Bereich eines Tunnels übertragen ließen.

Dies wurde von der Fachwelt bislang immer vehement abgestritten. Natürlich fungieren elektromagnetische Wellen in der heutigen Technik als Informationsträger, zum Beispiel für Bild- und Tonsignale in Rundfunk und Fernsehen. Diese komplexen Frequenzmuster werden einer Trägerwelle aufmoduliert. Doch man ging bislang davon aus, dass der kleine Rest einer solchen modulierten Welle, dem es gelang, einen Tunnel zu durchqueren, nichts Erkennbares von der ursprünglichen Information mehr enthalten könnte. Stattdessen, so die allgemeine Auffassung in der Wissenschaft, würde am Ende des Tunnels nur noch Rauschen, also nicht mehr interpretierbarer Datenmüll, ankommen.

Günter Nimtz gelang es, das Gegenteil zu beweisen. Er prägte seiner Trägerwelle im Mikrowellenbereich ein Musikstück auf, und zwar gerade Mozarts 40. Sinfonie. Wiederum konnte er am Ende seines Tunnels noch ein schwaches Restsignal empfangen. Diesmal ergaben seine Messungen sogar das 4,7-fache der Lichtgeschwindigkeit im Bereich des Tunnels.

Doch was noch viel bedeutsamer war: Wenn er das Restsignal auffing und genügend verstärkte, so *war im Rauschen noch einwandfrei Mozarts Musik zu hören* - nicht mehr in CD-Qualität, aber immerhin noch klar erkennbar.

Damit hatte Nimtz offenbar ein Sakrileg begangen, denn von diesem Moment an stürzte sich die gesamte Fachwelt auf ihn. Er galt von nun an offiziell als Nestbeschmutzer, der Einsteins Relativitätstheorie zu stürzen beabsichtigte. In einem kleinlichen Prinzipienstreit wurden jetzt Nimtz' experimentelle Methoden angezweifelt, ebenso seine Gedankengänge bei der Interpretation der Messungen.

Wir wollen auf diesen Wissenschaftsstreit hier gar nicht ausführlicher eingehen, denn die Details sind für den Laien kaum nachvollziehbar, und zudem ist der Streit bis heute noch nicht entschieden.

Wichtig ist uns hingegen klarzustellen, dass der Streit vermutlich auf einer ganz falschen Ebene ausgetragen wird.

Es ist geradezu grotesk, Nimtz vorzuwerfen, er habe den Versuch unternommen, Einsteins Relativitätstheorie umzustoßen. Diese Theorie ist, so wie Einstein sie formulierte, ohnehin nur unter bestimmten Voraussetzungen gültig, und das ist jedem Physiker bekannt. Speziell die Quantentheorie, die beim Tunneleffekt zur Anwendung kommen muss, hat Einstein lebenslang bekämpft. Mit Sicherheit hat er mit seinen Theorien niemals Aussagen darüber gemacht, wie sich ein Teilchen oder eine Welle in einem verbotenen Tunnelbereich zu verhalten hätte.

Möglicherweise ist sogar der Streit darüber, ob ein Signal im Tunnel sich nun mit Überlichtgeschwindigkeit bewegt oder nicht, vollkommen unerheblich, denn hierzu müsste man erst einmal beweisen, dass sich das Signal überhaupt jemals wirklich »im Tunnel« befunden hat.

Alles, was wir wissen, ist doch, dass ein Signal auf den Tunnel zuläuft und dass hinter dem Tunnel noch ein Rest des Signals ankommt. Dem gesunden Menschenverstand folgend, ziehen wir daraus den offenbar voreiligen Schluss, dieser Rest müsse sich dann irgendwie »durch den Tunnel gequetscht« haben.

Hiergegen würde Einstein, wenn er noch leben würde, sicherlich mit Recht Einspruch einlegen, denn es gibt eine viel plausiblere Erklärung.

In seiner Allgemeinen Relativitätstheorie bereits formulierte Einstein eine neue Raum-Zeit-Geometrie, nach der unser Universum durch die Wirkung der Gravitation gekrümmt sein müsste, und zwar in einer höheren Dimension. Diese können wir uns zwar in unseren dreidimensionalen Gehirnen nicht mehr vorstellen, sie lässt sich aber mathematisch ganz genau beschreiben.

Dabei kommt es in der Nähe extrem hoher Gravitation, also in der Nähe schwarzer oder weißer Löcher, auch zu Tunnelverbindungen zwischen ganz unterschiedlichen Bereichen des Universums, die als *Einstein-Rosen-Brücken* bezeichnet werden. Innerhalb eines solchen Tunnels existieren aber Zeit und Raum, so wie wir sie kennen, überhaupt nicht, da der Tunnel sich ja gerade außerhalb der uns gewohnten Dimensionen befindet.

Wäre eine Information oder ein Stück Materie in der Lage, einen solchen Tunnel zu durchqueren, hätte es also gar keinen Sinn, von Begriffen wie »Länge des Tunnels« oder »benötigte Zeit« überhaupt zu sprechen, denn dies sind räumliche bzw. zeitliche Begriffe, die in einem solchen Tunnel gar nicht anwendbar sind. Vielmehr müsste man davon ausgehen, dass der Tunnel grundsätzlich in Nullzeit durchquert wird.

So utopisch dies klingt - Einsteins Allgemeine Relativitätstheorie ist experimentell so gut bestätigt, dass man auch an diesen Interpretationen eigentlich nicht zweifeln sollte.

Der amerikanische Quantenphysiker *John A. Wheeler* stellte nun die Hypothese auf, es könnte neben den schwarzen Löchern im All (sie entstehen durch den Kollaps großer ausgebrannter Sterne) und ihren mutmaßlichen Gegenstücken, den weißen Löchern, noch andere, kleinere Verbindungsbrücken zwischen unterschiedlichen Orten im Universum geben. Diese bezeichnete er als *Wurmlöcher*. Der seltsame Name geht zurück auf einen scherzhaften Vergleich Wheelers, der sie mit den Löchern verglich, mit denen sich Würmer durch einen Apfel hindurchfressen.[26]

Die Theorie der Wurmlöcher basiert auf der Tatsache, dass auch im »leeren« interstellaren Raum, also in einem Bereich, den wir normalerweise als »Vakuum« bezeichnen, die Energie niemals vollkommen Null sein kann. Es ist immer eine kleine Restenergie da, die die Wissenschaftler als *Quantenvakuumfluktuation* bezeichnen. Sie entsteht, indem immer wieder Paare von Teilchen und Antiteilchen (z. B. Elektron und Positron) vom Vakuum »geborgt« werden und sich gegenseitig wieder vernichten. Dabei entsteht Energie. Die Vernichtung des Teilchen-Antiteilchen-Paares entspricht dann aber, so Wheeler, im Kleinen der Entstehung eines schwarzen Loches, während das Auftauchen der Teilchen einem mikroskopischen weißen Loch analog ist. Wurmlöcher wären dann die außerraumzeitlichen Verbindungen zwischen solchen Punkten.

Das Problem dabei ist jedoch, dass solche Wurmlöcher normalerweise nur für Bruchteile von Sekunden existieren. Die Prozesse der Quantenvakuumfluktuation ähneln, anschaulich gesprochen, einem blubbernden Schaumteppich.

Lassen sich also Wurmlöcher zur Übertragung von Materie benutzen, wie dies in Science-Fiction-Filmen oft geschildert wird? Hierzu müsste man zunächst eine Methode kennen, um eine große Anzahl solcher Wurmlöcher zu einem Tunnel handlicher Größe zusammenzukehren und diesen Tunnel auch noch lange genug aufrechtzuerhalten. Seit über 20 Jahren gibt es schon theoretische Berechnungen, wonach dies unter bestimmten Bedingungen tatsächlich physikalisch denkbar ist. Allerdings stellt die Möglichkeit zur Übertragung makroskopischer Materie wie Menschen oder ganzer Raumschiffe nach wie vor eine Utopie dar. Wir werden darauf noch zurückkommen.

Geht es jedoch nur darum, eine Information zu übertragen, so scheinen nach physikalischen Erkenntnissen sogar die mikroskopischen Wurmlöcher auszureichen. Sie stellen ganz offenbar die elementaren Kommunikationskanäle der Natur dar.

Insgesamt erscheint es jedenfalls weitaus plausibler, dass Günter Nimtz' Mikrowellen oder Raymond Chiaos Photonen sich nicht durch den Tunnel bzw. den Spiegel hindurchgequetscht haben, und das auch noch mit Überlichtgeschwindigkeit, sondern dass sie stattdessen durch die auftauchende Barriere einfach gezwungen waren, in einen höherdimensionalen Bereich auszuweichen. Da in diesem Bereich keine Zeit existiert, wie wir sie kennen, würde dabei auch keine Zeit vergehen. Das würde die Zeitgewinne beim Durchqueren des Tunnels erklären. Es wäre dann also lediglich eine falsche Interpretation gewesen, diese Zeitgewinne als Resultat des Durchquerens eines Tunnels innerhalb unserer Raum-Zeit mit Überlichtgeschwindigkeit zu werten.

So bizarr die Sache mit den Wurmlöchern auch aussehen mag - diese Interpretation ist wissenschaftlich viel besser abgesichert und steht im Einklang mit Theorien, deren Verletzung Nimtz gerade vorgeworfen wurde. Vermutlich ist die ganze Auseinandersetzung also nur ein Streit um des Kaisers Bart.

Die Hypothese des Ausweichens in einen außerraumzeitlichen Bereich wird auch durch die Beobachtung Nimtz' gestützt, wonach die »Geschwindigkeit im Tunnel« sich bei Verlängerung des Tunnels sogar noch erhöhte. Natürlich - sollte das Signal im Tunnel Überlichtgeschwindigkeit erreichen, dann wären durch das Verlängern des Tunnels höhere Zeitgewinne zu erwarten. Dass sich im Tunnel aber sogar die Geschwindigkeit erhöhen soll, erscheint hingegen vollkommen unlogisch.

Die wichtigste Erkenntnis aus dem Versuch von Günter Nimtz wird bei dem ganzen Streit vollkommen außer Acht gelassen - obwohl sie sich mit grundlagenphysikalischen Prinzipienreitereien nicht wegdiskutieren lässt - nämlich: *dass es möglich war, Information durch einen Tunnel zu transportieren, und zwar so, dass sie hinterher einwandfrei noch identifizierbar war,* wenn auch unter erheblichen Qualitätsverlusten.

Informationstransfer jenseits von Raum und Zeit oder gar schneller als das Licht? Klingt das nicht eher nach »Star Trek« denn nach seriöser Physik? Und doch ist es geschehen.

Gerade im Verlauf des letzten Jahrhunderts mussten die Physiker als erste Naturwissenschaftler feststellen, dass die Natur ganz und gar nicht so aussieht, wie unser beschränkter Verstand sie gerne hätte, und sie mussten vor allem Offenheit und Unvoreingenommenheit lernen.

Zudem haben gerade die Physiker durchaus exotische Träume, und viele von ihnen würden nur zu gern eine Maschine

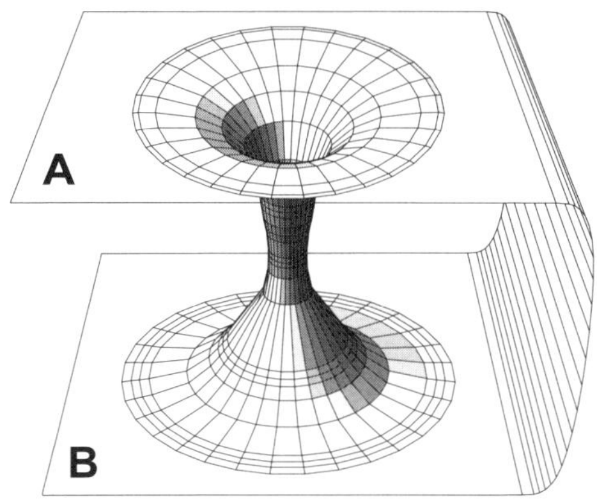

Abb. 2: Zwischen unterschiedlichen Bereichen A und B eines gekrümmten Universums können Brücken außerhalb von Raum und Zeit liegen. Diese werden im Großen als Einstein-Rosen-Brücke, im Kleinen als »Wurmlöcher« bezeichnet.

konstruieren, mit der man Menschen auf Zeitreisen oder in die Weiten des Alls schicken könnte, so wie es in »Raumschiff Enterprise« hieß: *»Beam me up, Scotty!«*.

Doch ein seriöser Wissenschaftler muss sich dann mit den unterschiedlichsten Hindernissen herumschlagen, z. B. mit wesentlich weniger offenen Bürokraten, wie Stephen Hawking betonte: *»Ich denke, daß dies ein wichtiges Forschungsthema ist, aber man muß achtgeben, daß man nicht als Verrückter etikettiert wird. Würde man Forschungsgelder beantragen, um über Zeitreisen zu arbeiten, so würde ein solcher Antrag sofort abgelehnt. Keine Regierungsbehörde könnte es sich leisten, dafür bekannt zu werden, daß sie öffentliches Geld für etwas wie Zeitreisen ausgibt. Statt dessen muß man technische Bezeichnungen verwenden, wie geschlossene zeitartige Kurven, was nur ein Code für Zeitreisen ist.«*[31]

Außerdem müssen Wissenschaftler leider - oder sollten wir lieber sagen: zum Glück? - ihre Träume immer auf eine solide wissenschaftliche Grundlage stellen. Der Erfolg lässt dann vielleicht etwas länger auf sich warten, aber er kommt!

Unter der Voraussetzung, dass »Scotty« ein Photon ist, ist der Traum sogar schon real geworden!

Einem Forscherteam der Universität Innsbruck unter der Leitung von *Anton Zeilinger* ist es nämlich im Jahre 1997 tatsächlich erstmals gelungen, etwas »wegzubeamen«. Keinen Menschen zwar, aber immerhin doch ein ganz konkretes, reales Objekt, nämlich ein Lichtteilchen (Photon).[3]

Die Wissenschaftler sprechen natürlich nicht im Star-Trek-Jargon, und so heißt es bei ihnen, es sei erstmals die *Teleportation* eines Photons gelungen.

Ein bemerkenswerter Ausdruck, denn dieser Begriff stammt eigentlich aus der Parapsychologie und wurde noch vor nicht allzu langer Zeit von Wissenschaftlern belächelt. Transport von Materie oder Energie jenseits der Lichtgeschwindigkeit oder außerhalb von Raum und Zeit? Das schien vielen doch wohl zu esoterisch zu sein ...

Was versteht man unter Teleportation? Die deutsche Übersetzung des Wortes heißt so viel wie »Fernübertragung«. Es bedeutet, dass etwas - ein Gegenstand zum Beispiel - am Ort A plötzlich spurlos verschwindet und gleichzeitig am Ort B wieder auftaucht.

Parapsychologen haben solche Phänomene schon seit über 100 Jahren immer wieder beobachtet. Es gab und gibt offenbar Menschen mit einer besonderen Begabung, in deren Gegenwart sich immer wieder Fälle von spontaner Teleportation ereigneten.

Da diese Vorgänge weder wissenschaftlich erklärbar waren noch die Versuche sich unter kontrollierten Bedingungen wiederholen ließen, wurden sie von der Wissenschaft meist abgetan. Es handelte sich um Spontanereignisse, sodass für ihre Untersuchungen nur Augenzeugenberichte zur Verfügung standen, die man glauben oder nicht glauben konnte.

Tatsächlich waren die Innsbrucker Wissenschaftler nun aber in der Lage, ein *Photon unter kontrollierten und wiederholbaren Laborbedingungen an einem Ort A verschwinden und an einem anderen Ort B wieder auftauchen zu lassen.* Dies ist schon bemerkenswert genug, viel wichtiger ist jedoch die Tatsache, dass sie diesen Vorgang auch erklären können! Von nun an haftet dem Vorgang der Teleportation nichts »Paranormales« oder gar »Übersinnliches« mehr an.

Wie haben *Anton Zeilinger* und sein Team das geschafft?

Kernstück des Experiments ist der sogenannte »Bell-Apparat« (dieser ist keine Kommunikationshilfe für Hunde, sondern ist nach dem irischen Physiker *John Stewart Bell* benannt!). Er besteht im Wesentlichen aus einem halbdurchlässigen Spiegel, der also ein Lichtteilchen mit je fünfzigprozentiger Wahrscheinlichkeit hindurchlässt oder reflektiert. Schickt man aber zwei Photonen A und B so auf den Spiegel, dass sie sich dort kreuzen, so gibt es hinterher vier verschiedene Möglichkeiten:

1. A und B werden reflektiert.
2. A wird reflektiert, B kommt durch.
3. A kommt durch, B wird reflektiert.
4. A und B kommen durch.

Da sich die Bahnen der Photonen kreuzen, kommt es dabei zu einer Interferenz (Überlagerung), und so sind die Teilchen A und B hinterher auf eine gewisse Weise aneinandergekoppelt. Quantenphysiker sagen, sie seien miteinander »verschränkt«, d. h. sie stehen zueinander etwa wie Positiv und Negativ.

Mehr lässt sich im Moment nicht über die Eigenschaften der beiden Photonen sagen. Man weiß weder, ob sie nun durch den

Spiegel hindurchgegangen sind oder nicht, noch welche Quanteneigenschaften sie haben. Dies ist das berühmte Bell-Theorem der Quantenphysik, wonach alle möglichen Eigenschaften eines Teilchens potenziell vorhanden sind, solange man es nicht durch eine Beobachtung auf einen bestimmten Zustand festlegt.

Das Innsbrucker Experiment ist nun so abgelaufen (s. auch Abb. 3): In einer ersten Etappe wird von einer ultravioletten Lichtquelle ein Impuls abgestrahlt und durch einen Bell-Apparat (in Abb. 3 als »EPR-Source« bezeichnet) in zwei verschränkte Photonen (2) und (3) geteilt. Photon (2) wird von einem weiteren Spiegel reflektiert und kommt zu einem Beobachter namens »Alice«. Photon (3) hingegen fliegt zu einem zweiten Beobachter namens »Bob«.

Im zweiten Schritt wird der ursprüngliche UV-Impuls im Bell-Apparat nochmals reflektiert, und dabei entstehen zwei weitere verschränkte Photonen (1) und (4).

Photon (4) wird von einem Detektor aufgefangen. Wenn der Detektor ausschlägt, ist dies ein Zeichen, dass Photon (1) ebenfalls unterwegs ist, und zwar zu Alice.

In der dritten Etappe schickt nun Alice die Photonen (1) und (2) erneut durch einen halbdurchlässigen Spiegel und verschränkt sie dadurch miteinander.

Dann fängt Alice Photon (1) in einem Detektor auf und stellt seine Quanteneigenschaften fest. Sie teilt diese Bob mit. Bei dieser Beobachtung wird Photon (1) vernichtet.

Bob misst nun mit seinem Detektor die Eigenschaften von Photon (3) und stellt fest, dass sie identisch zu denen von Photon (1) sind.

Der Grund ist klar: Photon (3) war mit Photon (2) verschränkt, also war (2) ein Negativ von (3). Da Photon (2) aber von Alice mit Photon (1) verschränkt wurde, ist (1) ein Negativ von (2) und damit mit Photon (3) identisch.

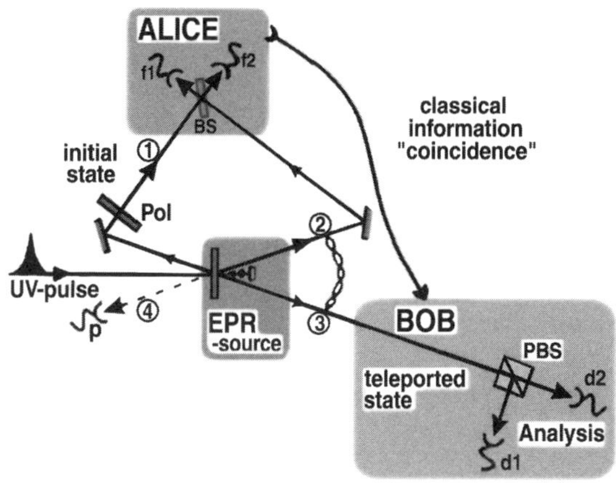

Abb. 3: Das Innsbrucker Teleportations-Experiment
(Quelle: Universität Innsbruck)

Insgesamt stellt sich der Sachverhalt wie folgt dar: Photon (1) verschwand am Standort von Alice, und danach tauchte am Standort von Bob ein Photon (3) auf, das identische Quanteneigenschaften hat. Das heißt im Endeffekt, Photon (1) wurde von Alice zu Bob teleportiert.

Die Prozedur wirkt natürlich viel weniger abenteuerlich als bei »Star Trek«, und die Innsbrucker Wissenschaftler weisen auch sofort darauf hin, dass man mit dieser provisorischen Apparatur natürlich niemals Menschen wird transportieren können.

Eine Schlussfolgerung ist allerdings sehr interessant: Bereits bei der Teleportation eines Photons wird nicht etwa das Teilchen als Ganzes durch die höheren Dimensionen des Hyperraums transportiert, sondern lediglich seine *Eigenschaften*, seine Information, die dann am Zielort einem neuen Photon aufgeprägt wird. Im Grunde ist das Photon, das bei Bob ankommt, nur eine identische Kopie des ausgesandten Teilchens.

Genaugenommen liegt bei dem Innsbrucker Experiment, wie bei Nimtz' Übertragung der Mozart-Sinfonie, keine »Teleportation«, also Materieübertragung über den Hyperraum, vor. Vielmehr handelt es sich nur um Informationsübertragung, d. h. um eine *neuentdeckte Form der Kommunikation über den Hyperraum,* die man folglich auch als *Hyperkommunikation* bezeichnen kann.

Ein Photon ist noch ein recht einfaches Objekt, das durch sehr wenige Eigenschaften charakterisiert ist. Die Mozart-Sinfonie dagegen ist eine wesentlich komplexere Information, doch auch sie ließ sich über einen Hyperkommunikationskanal übertragen.

Das heißt, das Prinzip bleibt im Kleinen wie im Großen im Grunde bestehen.

Damit stellt sich nun natürlich jeder Physiker (auch wenn er es nicht offen zugibt) die Frage: Würde man alle Eigenschaften eines Menschen genau kennen, könnte man dann nicht auch prinzipiell diese Informationen per Hyperkommunikation übertragen und am Zielort eine identische Kopie des Menschen herstellen?

Der amerikanische Physiker *Samuel Braunstein* hat in einem sehr humorvollen Vortrag einmal offen zugegeben, sich mit dieser Frage auseinandergesetzt zu haben. Er vermittelte seinen Zuhörern einen Eindruck, welche Datenmenge hierzu theoretisch nötig wäre.

Würde man nur die Positionen und Geschwindigkeiten aller Atome des menschlichen Körpers berücksichtigen, so käme man auf etwa 10^{32} Informationen (eine Zahl mit 32 Nullen). Um eine solche Datenmenge über die bestmöglichen Glasfaserkabel zu übertragen, würde man etwa 10 Milliarden Jahre benötigen. Resignierend und gleichzeitig augenzwinkernd fügte Braunstein hinzu: »It would be easier to walk!« (»Zu Fuß zu gehen wäre einfacher.«)[5]

Dies zeigt allerdings weniger die Grenzen unserer technischen Möglichkeiten auf als die Grenzen unserer Neigung, alles digital, d. h. in Einzelinformationen zerlegt, zu verarbeiten. Vielleicht gäbe es ja noch viel einfachere Möglichkeiten?

Die Theorie des Chaos hat uns gelehrt, dass alle Formen in der Natur (und damit prinzipiell auch die Form unseres Körpers) sich sehr einfach beschreiben lassen, wenn man von der digitalen Sprache der herkömmlichen Informationsverarbeitung übergeht zur Sprache der *Fraktale,* also der Formen, die sich durch eine unendliche Wiederholung im Kleinen wie im Großen auszeichnen. Mithilfe dieser neuen Beschreibungsart kann man komplizierteste Formen, etwa von Pflanzen, schon jetzt durch einfachste mathematische Formeln beschreiben, die oft nicht mehr als ein paar Zeilen benötigen.[20]

Wenn also Hyperkommunikation prinzipiell technisch möglich ist, so wird es in der Zukunft zweifellos auch Methoden zur Übertragung beliebig komplexer Informationen geben.

Wurmlöcher als außerraumzeitliche Kommunikationskanäle, und das nicht etwa weit draußen im Weltall, sondern auch hier mitten unter uns auf der Erde! Im Grunde ist dies ein revolutionärer Gedanke, aber die Wissenschaftler hatten eben schon lange einen Fuß in der Tür des 21. Jahrhunderts.

Selbst wenn die Berechnungen der Physiker hinsichtlich der Transportmöglichkeiten von Menschen oder anderen größeren materiellen Objekten pessimistisch stimmen – es gibt auch hier und jetzt schon für uns einschneidende Konsequenzen aus diesen bahnbrechenden Entdeckungen.

Wir wollen uns dabei auf den Vorgang der reinen Informationsübertragung beschränken, wie es Günter Nimtz mit der Mozart-Sinfonie getan hat.

Wir müssen uns nunmehr die Frage stellen, ob die Natur tatsächlich die Möglichkeit der Hyperkommunikation nur deshalb hervorgebracht haben sollte, damit findige Wissenschaftler des ausgehenden 20. Jahrhunderts sie technisch nutzen konnten. Ist es nicht viel wahrscheinlicher, dass - wie alles andere im Universum - auch die Hyperkommunikation einem ganz bestimmten Zweck dient?

Tatsächlich ist dies auch der Fall.

Der finnische Physiker *Matti Pitkänen* hat bereits 1995 eine brillante Theorie über den Aufbau des Universums aufgestellt, der eine neuartige achtdimensionale Raumgeometrie zugrundeliegt: die *Topologische Geometrodynamik* (TGD). In dieser komplizierten Theorie, die selbst für Fachleute nur schwer verständlich ist, spielen *magnetisierte Wurmlöcher* eine bedeutsame Rolle.[62]

Pitkänens Theorie ist schon deshalb so kühn, weil sie erstmals in der Wissenschaftsgeschichte einen Zusammenhang zwischen Physik und Biologie herzustellen versucht. Seine Physik führt wahrhaftig zu einer Kosmologie des Lebens.

Die moderne Biologie - speziell die Genetik - beschäftigt sich schon seit Langem mit der Erforschung des Erbmoleküls, der DNA (desoxyribonucleic acid - Desoxyribonukleinsäure), dem Träger unserer Gene. Viel Arbeit wurde schon investiert, um den genetischen Code von Menschen, Tieren und Pflanzen zu entziffern, und wir werden an späterer Stelle noch ausführlich auf diese Forschung eingehen.

In Matti Pitkänens Theorie nun dient die DNA nicht nur dazu, um in der Zelle Eiweiße zu produzieren und damit den Körper aufzubauen, so wie man es bislang vermutet hatte. Ihm zufolge lagern sich an Sequenzen dieses gewaltigen Biomoleküls die erwähnten magnetisierten Wurmlöcher an und dienen ihm als *Kommunikationskanäle*.

Pitkänen kommt auf diese Weise zu einer vollkommen neuen Betrachtungsweise, bei der Begriffe wie *Bewusstsein* und

Wahrnehmung Eingang in die Physik finden. Wörtlich schreibt er: *»Wurmloch-Magnetfelder, die an Raum-Zeit-Blätter angeheftet sind, die gewöhnliche Biomaterie enthalten, sind gute Kandidaten für die physikalische Erklärung der Wahrnehmung. ... Wurmloch-Magnetismus könnte sogar als die Quintessenz lebender Systeme angesehen werden.«*[62]

Das bedeutet aber, die Wissenschaft ist auf dem Wege, auch den schon lange vermuteten Zusammenhang zwischen Gravitation und Bewusstsein zu beweisen. Genauer: Gravitation und Bewusstsein bilden Gegenpole.

Wir stehen also an der Schwelle eines vollkommen neuen Verständnisses des gesamten Universums: Der Kosmos ist endgültig kein »mechanisches Uhrwerk« mehr, sondern durch und durch mit Bewusstseinskräften durchsetzt.

Führende Wissenschaftler haben dies längst erkannt und fangen langsam an, im Universum nach Gott zu suchen, so etwa der Nobelpreisträger *Charles Townes: »Bei den Gesetzen des Universums ist ein intelligentes Wesen involviert.«*[78]

Es dürfte klar geworden sein, dass die Wissenschaft nicht nach einem personifizierten Gott außerhalb des Universums sucht, sondern eher nach Modellen für einen durch und durch intelligenten und bewussten Kosmos.

Auch Wissenschaft und Kirche nähern sich nach jahrhundertelanger Feindseligkeit wieder einander an. In seiner 13. Enzyklika verkündete Papst *Johannes Paul II: »Glaube und Vernunft sind die beiden Flügel, mit denen sich der menschliche Geist zur Betrachtung der Wahrheit erhebt.«*[78]

Matti Pitkänens neue Kosmologie eröffnet zum ersten Mal eine Verbindung zwischen Physik und Bewusstsein, und sie kann erstmals physikalisch tragfähige Beweise für die Hyperkommunikation liefern.

Doch vor den Erfolg hat die Wissenschaft zunächst zu recht viel Arbeit gestellt. Eine Theorie mag noch so verlockend klingen - wenn sie nicht durch experimentelle Beobachtungen verifiziert werden kann, ist sie wissenschaftlich wertlos.

Pitkänens Theorie - so unglaublich es klingen mag - lässt sich wissenschaftlich beweisen.

Dieser sensationelle Beweis basiert auf der Arbeit einer interdisziplinären Forschergruppe der Russischen Akademie der Wissenschaften in Moskau unter der Leitung des Molekularbiologen und Biophysikers *Dr. Pjotr P. Garjajev*.

Es war eine typische Zufallsentdeckung. Garjajev und sein Kollege, der Quantenphysiker *Dr. Vladimir Poponin,* wollten eigentlich Vibrationsmuster von DNA-Proben messen, als sie eine verblüffende Beobachtung machten.[64]

Für ihren Versuch bestrahlten sie eine DNA-Probe mit Laserlicht und erhielten auf einem Schirm ein typisches Wellenmuster (Abb. 4, Mitte). *Entfernten sie jedoch die Probe, so verschwand dieses Muster nicht etwa, sondern es blieb eine regelmäßige Struktur bestehen, so als ob immer noch eine Materieprobe vorhanden wäre (*Abb. 4, unten*).*

Wie Kontrollexperimente zeigten, mussten diese Muster auf jeden Fall von der - inzwischen nicht mehr vorhandenen - DNA-Probe stammen. Machte man stattdessen ein Leerexperiment, ohne dass also je eine Probe in den Strahlengang gestellt wurde, so erhielt man auf dem Schirm nur ein regelloses Zufallsmuster (Abb. 4, oben).

Der Effekt war jederzeit wiederholbar und wird heute als *Phantom-DNA-Effekt* bezeichnet.

Die wissenschaftliche Erklärung hierfür besagt, dass offenbar *die DNA selbst ein Störungsmuster im Vakuum erzeugt hat*, durch die ein *magnetisiertes Wurmloch* entsteht. Diese Muster im Vakuum, *hervorgerufen durch die Anwesenheit lebender Ma-*

terie, können im Extremfall über mehrere Monate anhalten - so die Beobachtungen von Pjotr Garjajev und seinen Kollegen. Anfang der 1980er Jahre stellte der britische Biologe *Rupert Sheldrake* von der Universität Cambridge seine berühmte Theorie der *morphogenetischen Felder* auf: Jeder Mensch, ja überhaupt jedes Lebewesen, hinterlässt eine unsichtbare Spur seiner Existenz. Pjotr Garjajev konnte dies jetzt erstmals im Labor sichtbar machen.

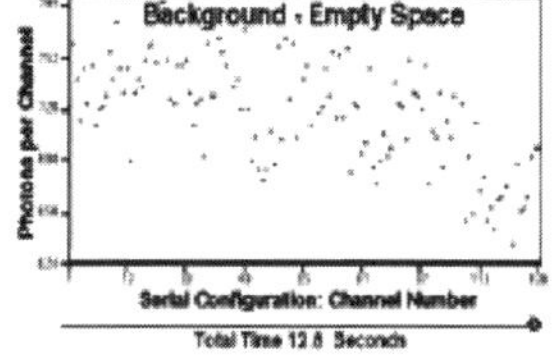

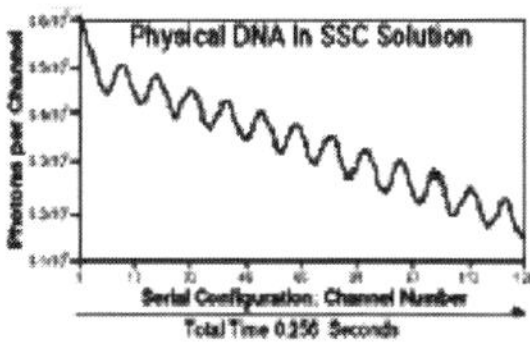

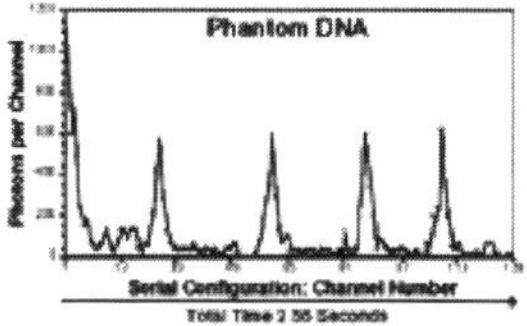

Abb. 4: Der Phantom-DNA-Effekt. (Quelle: Institute of HeartMath, Boulder, Colorado)

Die Frage ist nun: Wozu wird diese Spur gelegt? Mit wem oder was »flüstern« unsere Gene? Wie kommuniziert die DNA, und zu welchem Zweck tut sie das?

Das Überraschendste daran ist: Alle Befunde weisen darauf hin, dass die DNA bezüglich der Kommunikation keinerlei Beschränkungen unterliegt. Die Hyperkommunikation scheint nicht einem bestimmten, begrenzten Zweck zu dienen, sondern sie stellt eine Schnittstelle zu einem offenen Netzwerk dar - einem Bewusstseins- oder Lebensnetzwerk.

Genau wie beim Internet kann die DNA

- eigene Daten in dieses Netzwerk einspeisen,
- Daten aus diesem Netzwerk abrufen und
- einen direkten Kontakt zu anderen Teilnehmern des Netzwerks aufnehmen.

Sie kann also sozusagen eine eigene »Homepage« haben, sie kann im Netz »surfen« und mit anderen Teilnehmern »chatten«.

Dabei ist sie nicht, wie man vielleicht glauben sollte, auf die eigene Spezies beschränkt. Die Erbinformationen unterschiedlicher Lebewesen können sich ebenfalls auf diese Weise untereinander austauschen. Die Hyperkommunikation ist damit eine erste wissenschaftlich nachweisbare Schnittstelle, über die die unterschiedlichen Intelligenzformen des Universums untereinander vernetzt sind.

Als eine besonders wichtige Anwendung der Hyperkommunikation wird sich das *Gruppenbewusstsein* herausstellen, also die Möglichkeit, die Individuen einer Tier- oder Menschengruppe koordiniert gemeinsam handeln zu lassen. Doch wie die Befunde zeigen, sind die Auswirkungen der Hyperkommunikation viel weitreichender.

Um lediglich eine Kommunikation zwischen den Mitgliedern einer Gruppe zu ermöglichen, hätte die Natur nicht so ein kompliziertes Verfahren entwickeln müssen, das sich der raum-zeitfreien Übermittlung über den Hyperraum bedient. Es wäre etwa so, als würden wir alle für unsere tägliche Fahrt zum Arbeitsplatz ein Space Shuttle benutzen. Für derart grundlegende Kommunikation wie sie für das Zusammenwirken einer Gruppe benötigt wird, würden einfache Duft- und Signalstoffe, wie sie ja auch im Tierreich vielfach verwendet werden, vollkommen ausreichen.

Die bloße Existenz der Hyperkommunikation legt nahe, dass sie noch für etwas anderes gebraucht wird - für eine Kommunikation, die es auch ermöglichen muss, über große Entfernungen hinweg miteinander in Verbindung zu stehen.

Das »Geflüster der Gene« wirft also eine ganze Reihe von Fragen auf, und diese Fragen werden uns das Buch hindurch begleiten. Denn um sie zu beantworten, werden wir noch eine ganze Menge über die Erkenntnisse der Gravitationsforschung und der Genetik erfahren müssen, vor allem darüber, wie diese bislang völlig getrennt betrachteten Wissensgebiete miteinander zusammenhängen. Daraus ergeben sich einschneidende Konsequenzen für die tierische Gruppenkommunikation, und wie wir noch sehen werden, werden auf diese Weise viele Tiere, die in Gruppen leben, zu Leistungen befähigt, zu denen die Einzeltiere nicht in der Lage wären.

Gleiches gilt natürlich auch für den Menschen, und die Auswirkungen auf das Verständnis menschlichen Lernens sind ebenfalls immens.

Auch unser menschlicher Körper ist ja aus Zellen aufgebaut, in denen je ein DNA-Molekül enthalten ist. Wir wissen nun, dass wir auf diese Weise ständig Milliarden von Kommunikationsfühlern ausstrecken. Unserem bewussten Empfinden ist dies bislang entgangen - oder etwa nicht?

Immer wieder gab es in unserer Geschichte einzelne Menschen, die die Menschheit voranbrachten - durch revolutionäre Ideen in Wissenschaft und Kultur. Niemand hat sich bislang ernsthaft darüber Gedanken gemacht, wie ihnen das möglich war.

Da ist von Kreativität die Rede, also von der Fähigkeit, in ungewohnten Bahnen zu denken, in der Fantasie *virtuelle Realitäten* zu erbauen, die sich später in greifbare Realität umsetzen ließen. Doch der entscheidende Funke, die Inspiration, die eigentliche Entdeckung, war nie das Resultat logischer, rationaler Gedankengänge. Er schien immer irgendwie plötzlich aus dem Nichts aufzutauchen.

Ist eine solche Information über die Hyperkommunikationskanäle der DNA geflossen? Wenn ja, dann woher? Und lässt sich eine solche Behauptung beweisen?

Die letzte Frage dürfte am schwersten zu beantworten sein. Naturwissenschaft verlangt als Beweis das wiederholbare Experiment unter Laborbedingungen. Kann man aber labormäßig Kreativität oder Inspiration hervorrufen und damit in einem Menschen bislang unbekanntes Wissen entstehen lassen?

Diese Frage ist eine echte Herausforderung, doch auch sie lässt sich mit heutigen wissenschaftlichen Methoden zumindest ansatzweise in Angriff nehmen.

Selbst wenn wir erst am Ende des Buches alle Zusammenhänge verstehen werden, wollen wir an dieser Stelle schon einmal vorgreifend diese spannenden Fragen untersuchen. Die Antworten sind verblüffend. Dass der Mensch ein soziales Wesen ist, wissen wir schon lange. Aber erst den Wissenschaftlern an der Schwelle zum 21. Jahrhundert gelang es festzustellen, dass er selbst in seinen innersten und scheinbar privatesten Denkprozessen nicht mehr von seiner Umwelt getrennt werden kann.

Oder wie der Dalai Lama es ausdrückte:

»Alles was ist, ist nur,
weil es mit allem kommuniziert.
Nichts ist für sich selbst,
ein jedes hat seine Existenz im anderen!«

– III –

Realitätskontrolle

Nichts ist das, was es zu sein scheint!

Oft hört man in der Presse, die Menschheit befinde sich in einer Übergangsphase, auf dem Wege vom Atomzeitalter in ein neues Informationszeitalter.

Sicher - die schwindelerregende Expansionsgeschwindigkeit des Internets und die zunehmende Informations- und Mitteilungssucht der Menschen, die in dem Drang nach schneller Kommunikation durch Handys, Faxe und E-Mails zum Ausdruck kommt, lassen an dieser Aussage kaum einen Zweifel aufkommen. Bestimmt haben Sie auch schon einmal erlebt, dass Sie es in einem Restaurant oder einer Flughafenhalle plötzlich piepen hörten, worauf einige Zeitgenossen nervös festzustellen versuchten, wessen Telefon nun eigentlich geklingelt hat. Das Internet wiederum ist noch immer einer der am stärksten expandierenden Wirtschaftszweige, in dem teilweise über Nacht milliardenschwere Unternehmen aus dem Boden schießen.

Das Bedürfnis der Menschen nach globaler Vernetzung und nach umfassendem Informationsaustausch scheint unbegrenzt, und wie der »Spiegel« einmal anmerkte, hatte sich im Internet eine virtuelle Welt der Privilegierten herausgebildet, die an diesem globalen Austausch schon teilhaben - der siebte Kontinent.[88]

Gleichzeitig ist dies der erste vollkommen virtuelle Kontinent, der in der materiellen Realität überhaupt nicht existiert.

Damit sind wir schon beim Thema, denn wir wollen die anfangs gemachte Aussage noch etwas präzisieren: Das Zeitalter, in dem wir uns bereits befinden, ist das der *virtuellen Realitäten*.

Als virtuelle Realitäten bezeichnet man Erfahrungswelten, die nicht mit unserer gewohnten Realität übereinstimmen, weil sie auf irgendeine Weise künstlich verändert wurden.

So ist das Militär zum Beispiel längst zu dem Schluss gekommen, dass der beste Soldat immer noch derjenige ist, den der Feind nicht sieht. Aus diesem Grund trugen ja die GI's im Vietnamkrieg die bekannten grünbraun-gefleckten Tarnanzüge.

Inzwischen ist die Technik schon so weit entwickelt, dass man einen Soldaten tatsächlich schon (fast) unsichtbar machen kann.

Unsichtbar - das heißt in diesem Falle: Der Körper bzw. der Anzug des Soldaten muss sich in seiner Färbung so perfekt der Umgebung anpassen, dass er von anderen Menschen einfach übersehen wird. Ein Verfahren, das die Natur seit Jahrmillionen im Tierreich mit Erfolg anwendet, wenn etwa Insekten die Formen von Ästen oder Blättern annehmen oder das Chamäleon sogar seine Farbe wechseln kann.

Für das Militär konstruierte der amerikanische Physiker *Michael Burns* einen Spezialanzug, der rundherum mit paillettenartigen Scanner- und Reflektorplatten besetzt ist, die untereinander verkabelt sind. Die Scanner auf der Rückseite tasten die Farbmuster des Hintergrundes ab und projizieren diese auf die Reflektoren der Vorderseite des Anzuges und umgekehrt.

Durch Videoaufnahmen konnte bewiesen werden, dass der Träger dieses Anzuges nach Einschalten der Elektronik tatsächlich zu verschwinden scheint. Die Technik ist noch nicht perfekt - man sieht noch ein leichtes Flimmern seiner Umrisse -, aber das sind nur noch kleinere technische Probleme.

Wir sehen schon, worauf es hinausläuft: Der eigentliche Witz bei den virtuellen Realitäten liegt darin, *den Betrachter nicht merken zu lassen, dass sie virtuell sind*, und das ist nicht allzu schwer. Wir alle gehen mit der Wahrnehmung dessen, was wir als »Realität« bezeichnen, nicht sonderlich kritisch um. Noch immer meinen wir, dass zu *sehen* automatisch zu *glauben* bedeutet. Ein wichtiger Beweggrund, virtuelle Realitäten zu schaffen, ist also der Wunsch nach *Tarnung*.

Aber auch das Gegenteil kann der Fall sein, nämlich den virtuellen Charakter einer Realität ganz bewusst offenzulegen, um damit einen Aufmerksamkeitseffekt in der Bevölkerung zu erreichen.

Besonders deutlich wird dies in der Unterhaltungsbranche. Es begann bereits in den siebziger Jahren, als der Berliner Studiomusiker *Frank Farian* im Alleingang den Sound der ersten virtuellen Popgruppe der Welt elektronisch zusammenmixte - *Boney M.*

Einige von uns werden sich noch an den unerwartet großen Erfolg der Hits dieser Gruppe erinnern. Probleme gab es, als alle Welt nach öffentlichen Auftritten rief. Nun musste Farian in Windeseile per Annonce gefundene geeignete Sänger und Tänzer engagieren, um die Publikumswünsche erfüllen zu können. Die als Playback bei den Auftritten dazu gespielte Musik stammte jedoch weiterhin - zumindest in den Anfangsjahren - vollständig aus seinem Ein-Mann-Studio.

Heute ist die Technik der virtuellen Realitäten auch im visuellen Bereich schon so weit, dass es derartiger Klimmzüge kaum noch bedarf.

In Japan wurde zum Beispiel das DK-96-Projekt (»Digital kids«) ins Leben gerufen. Auf diese Weise entstand der erste hundertprozentig virtuelle Popstar - *Kyoko Date*.

Dieses Popmädchen wurde in mühevoller Kleinarbeit aus über 40.000 Linienzügen am Computer entworfen. Allein zur Modellierung des Gesichts wurden zehn Fachleute benötigt.

Das Ergebnis kann sich sehen lassen: Kyoko Date wirkt so echt wie ein wirklicher Mensch. Sie hat inzwischen einen virtuellen Lebenslauf, tritt im Fernsehen auf, gibt Interviews und hat schon Alben und Videoclips produziert.

Obwohl es von Anfang an bekannt war, dass Kyoko Date nur eine Ausgeburt des Cyberspace ist, hat sie mittlerweile eine große Anzahl von Fans in aller Welt, von denen sich der eine oder andere auch schon in sie verliebt hat.

Ähnliches geschah auch bei uns mit der Kultfigur *Lara Croft*, der virtuellen Heldin des Computerspiels »Tomb Raider«. Obwohl Lara bei Weitem nicht so realistisch erschaffen wurde wie Kyoko Date und eher wie eine etwas hölzerne Comic-Figur aussieht, wurden auch ihr schon diverse Heiratsanträge gemacht. Lara Croft ist bereits im Bayerischen Fernsehen aufgetreten, wo das Cyber-Girlie zu dem real existierenden Moderator ins Studio projiziert wurde, dem sie ein Interview gab.

Wir sehen, der Effekt, durch virtuelle Realitäten Aufmerksamkeit zu erregen, kann seltsame Resultate nach sich ziehen. Wenn die Realität gut genug gemacht ist, mag man noch so laut die Werbetrommel rühren - viele Menschen werden dennoch dazu neigen, die Virtuality ganz einfach für bare Münze zu nehmen.

Virtuelle Realitäten sind jedoch keineswegs nur eine Domäne des Militärs oder der Unterhaltungsbranche. Ein wichtiger Anwendungsbereich existiert in der Wissenschaft. Dort werden synthetische Computerwelten zum Beispiel zu Lernzwecken benutzt - Medizinstudenten müssen nicht mehr unbedingt an realen menschlichen Leichen die Anatomie kennenlernen, sondern können auch an volldigitalisierten Modellen im Computer üben. Schon in wenigen Jahren wird es sogar möglich sein, chirurgische Eingriffe in der Cyberwelt zu erproben - ein hoher Sicherheitsgewinn für die Patienten, denn jeder Chirurg muss für jeden Operationstyp eine Mindestanzahl durchgeführter Eingriffe nachweisen können. Diese »Übungsoperationen« brauchen dann nicht mehr am lebenden Menschen vorgenommen zu werden.

Ferner lassen sich die Kunstwelten dazu nutzen, dem Menschen Zugang zu Bereichen zu eröffnen, zu denen er normalerweise keinen Zutritt hat. Zum Beispiel kann ein Architekt ein geplantes Haus voll digital im Rechner entwerfen. Anschließend setzt er eine Spezialbrille auf, zieht Datenhandschuhe über seine Hände und kann sich dann scheinbar in sein virtuelles Haus hineinbegeben. Die Brille liefert ihm dreidimensional ein perspektivisch exaktes Bild vom Inneren des Hauses, und mithilfe der Datenhandschuhe ist es ihm möglich, auch seine virtuellen Hände in der Computerwelt zu bewegen. Man arbeitet sogar schon an speziellen Sensoren und Kollisionsdetektoren, sodass der Architekt beim Berühren einer virtuellen Zimmerwand einen Widerstand spüren würde.

Auf diese Weise ist er in der Lage, sein Haus auf Herz und Nieren zu prüfen, ehe auch nur der Grundstein gelegt ist. Er kann Konstruktionsfehler rechtzeitig aufspüren und so teure Bauzeitverzögerungen und Nachbesserungen am realen Objekt vermeiden.

Ähnliche Verfahren werden möglicherweise dazu dienen, einen Mediziner virtuell in das Innere des menschlichen Körpers zu versetzen, um zum Beispiel die Wirkung eines Medikaments zu verfolgen, ohne auch nur einen einzigen Menschen durch testweise Einnahme des Präparats zu gefährden.

Solche Geräte wurden für die Pharmaindustrie bereits entwickelt. Sie ermöglichen es, bereits eine Sekunde, nachdem der virtuelle Mensch im Computer lediglich einen Schluck virtuellen Wassers getrunken hat, die Reaktionen im Gehirn und im restlichen Körper genauestens zu beobachten.

Warum jedoch ist das Interesse an virtuellen Realitäten in der breiten Bevölkerung so ungeheuer hoch? Ist es nur der Wunsch, aus einer nicht mehr lebenswert erscheinenden »objektiven« Realität auszubrechen? Dieser Beweggrund wäre keinesfalls neu und konnte schon früher, beispielsweise durch Kino oder Fernsehen, ebenfalls befriedigt werden.

Diese Fragen beschäftigen zunehmend auch Philosophen, Sozial- und Kulturwissenschaftler. Im Verlauf einer solchen Diskussion merkte die Kulturhistorikerin *Christina von Braun* von der Humboldt-Universität Berlin an, in jeder Epoche seien die herausragendsten technischen Errungenschaften immer mit der aktuellen inneren Bewusstseinsentwicklung der Bevölkerung einhergegangen.[110]

Demzufolge würde der Drang nach ungehinderter Informationsvernetzung und nach künstlichen Realitäten unmittelbar mit der Entdeckung der globalen Vernetzung durch Hyperkommunikation auf DNA-Ebene korrelieren. Wir hätten also gerade deshalb das Bedürfnis nach Vernetzung und virtuellen Realitäten im äußeren Leben entwickelt, weil wir uns als Menschheit langsam der analogen Fähigkeiten in unserem Inneren bewusst werden, ohne sie dort bereits voll ausschöpfen zu können.

Dem Argument von Brauns folgend, wären viele technische Entwicklungen nur zeitweilige Krücken für Fähigkeiten, die der Mensch im Grunde in sich selbst entwickeln soll und wird.

Virtuelle Realitäten sind nämlich im Grunde gar nichts Neues, sondern sie begleiten den Menschen, seit er auf der Erde lebt. Sie müssen schließlich nicht unbedingt von der Technik erzeugt werden. Über Jahrtausende bereits war der Mensch in der Lage, künstliche Welten zu generieren, nur spielten sich diese Welten über den größten Teil dieses Zeitraums ausschließlich in seinem Inneren ab.

In einer wissenschaftlichen Untersuchung über die »Erfindung des Denkens«[40] beschreibt der amerikanische Psychologe *Julian Jaynes,* dass die Menschheit das egobetonte rationale Denken erst um 1000 v. Chr. entwickelte (wir berichteten darüber schon ausführlich in unserem Buch »Zaubergesang«[17]). Seinen Forschungsergebnissen zufolge lebten die Menschen in früheren Kulturen unter dem Einfluss eines seltsamen Kommunikationsprozesses, der - ihrem Verständnis nach - von außen zu kommen schien und den sie »Göttern« zuschrieben.

Diese »Götter« waren also für die Menschen der Frühzeit keine immateriellen geistigen Wesen in irgendeiner jenseitigen Welt, sondern man konnte durch eine Art inneren Dialog jederzeit mit ihnen sprechen. Es wird sich zeigen, dass dies mit großer Wahrscheinlichkeit auf den Vorgang der Hyperkommunikation mit einer tiefliegenden menschlichen Gruppenbewusstseinsebene zurückzuführen war.

Auf diese Weise waren die Menschen trotz des Fehlens einer bewussten Egostruktur in der Lage, intelligent und vor allem auch koordiniert zu handeln, wobei die Entscheidungen allerdings noch nicht von ihnen selbst, sondern von den Stimmen der »Götter« herrührten.

Dies ist keineswegs als primitive Fantasie misszuverstehen noch etwa auf hypothetische, aber unbeweisbare »Besuche von Außerirdischen« in der Frühzeit zurückzuführen. Jaynes betont ausdrücklich, den von ihm untersuchten Quellen (u. a. die Werke Homers) zufolge hätten die Menschen die »Götter« als »innere Stimmen« gehört.

Abb. 5: Der sumerische Gott Abu wurde wie viele andere Götterfiguren des frühen Altertums mit übergroßen, »hypnotischen« Augen dargestellt.

Nach heutigen Erkenntnissen der Neurophysiologie begründet man diese Tatsachen damit, dass bei den Menschen früherer Jahrtausende die rechte Großhirnhemisphäre aktiver war, als es heute in der Regel der Fall ist. Die rechte Gehirnhälfte wird z. B. für die bildliche Wahrnehmung, für Kreativität und künstlerische Intelligenz verantwortlich gemacht.

Wie gesagt - wir sollten vorsichtig mit Werturteilen über »primitive Fantasien« dieser Menschen sein. Sicher waren es subjektive *innere* Welten, die sie wahrnehmen konnten und nicht als virtuell erkannten. Doch auch wir aufgeklärten Menschen des 21. Jahrhunderts lassen uns nur allzu oft von virtuellen Realitäten täuschen, wie unsere Beispiele am Anfang des Kapitels zeigten.

Der Kontakt zu den »Göttern« hatte jedenfalls für die damaligen Menschen keineswegs nur religiöse Bedeutung. Da ihnen noch das Bewusstsein des freien Willens und eigener Entscheidungen fehlte, bezogen sie über ihre »inneren Stimmen« Hinweise darauf, was zu tun war, selbst in Alltagsfragen - so die Ergebnisse von Jaynes' kulturhistorischen Forschungen. Immerhin kamen sie auf diese Weise zu absolut erstaunlichen wissenschaftlichen Erkenntnissen und konnten bereits geordnete Gesellschafts- und Wirtschaftsstrukturen aufbauen.

Die Kommunikation mit den »Göttern« diente bei den Menschen der Frühzeit also dem gleichen Zweck wie unsere heutigen technischen Virtualities, nämlich dem Lernen und dem Wissenserwerb.

Die »Kontaktaufnahme« mit den »Göttern« wurde den Menschen damals durch die teilweise bis heute erhaltenen Götterbilder erleichtert, die sich zumeist durch übergroße, tiefschwarze Augen auszeichnen (vgl. Abb. 5).[43] Diese Augen hatten auf die Menschen eine bewusstseinsverändernde Wirkung und konnten sie offenbar in einen so tief veränderten Bewusstseinszustand führen, dass sie imstande waren, sich der Hyperkommunikation bewusst zu werden.

Aus heutiger Sicht würde man sagen, die Menschen lebten aus einem kollektiven *Gruppenbewusstsein* heraus, durch das sie zu Kenntnissen und Fähigkeiten gelangen konnten, die ihnen als Einzelpersonen nicht zugänglich gewesen wären. Gleiches spielt sich, wie wir sehen werden, noch heute bei vielen Tierarten ab.

Vieles spricht dafür, dass die Hyperkommunikation für diesen Vorgang verantwortlich ist, und wir werden hierfür noch Beweise erbringen. Auf einer tiefen, zellulären Ebene sind die Bewusstseinsstrukturen der Menschen miteinander vernetzt, indem ihre Gene, ihre Erbsubstanzen, in Kommunikation treten. Auf diese Weise stehen auch die unterschiedlichen Erfahrungen, Wissensinhalte und Fähigkeiten aller Mitglieder einer Gruppe jedem einzelnen Mitglied dieser Gruppe zur Verfügung - *sofern dieser in der Lage ist, sich dessen bewusst zu werden.*

Die letzte Bemerkung stellt die große Einschränkung dar und kann als Erklärung dafür dienen, weshalb uns die Hyperkommunikation so lange verborgen geblieben ist. Irgendwann im ersten Jahrtausend vor Christus, so Julian Jaynes, ging der Menschheit nämlich diese Fähigkeit verloren.

Wenn man die Gehirnaktivitäten des Menschen von heute untersucht, so findet man die zur Sprachbildung und zum Sprachverständnis dienenden Gehirnzentren ausschließlich in der linken Großhirnhemisphäre, der man auch das logisch-rationale Denken zuordnet. Die spiegelbildlich entsprechenden

Zentren der rechten Gehirnhälfte scheinen dagegen beim heutigen Menschen inaktiv zu sein.

Wenn Christina von Braun mit ihren Aussagen recht haben sollte, so würde der heutige Drang nach Informationsvernetzung ein Indiz dafür sein, dass wir uns dieser Gehirnzentren langsam wieder zu bedienen anfangen - allerdings in einer neuen, zeitgemäßeren Form: Moderne Hyperkommunikation wäre keine Einbahnstraße mehr wie vor 3000 Jahren, sondern würde sich nach Aussage der Kulturwissenschaftlerin analog zu unserem heutigen Internet entwickeln. *Jeder kann aus dem Informationspool schöpfen, jeder kann aber auch selbst etwas einbringen.*

Wir haben die innere Hyperkommunikation nämlich niemals vollkommen verloren - sie schlief nur während der vergangenen Jahrtausende, in denen wir ein individuelles Selbstbewusstsein entwickelten, und das im wahrsten Sinne des Wortes.

Auf einer unbewussten Ebene hat die Hyperkommunikation nie aufgehört zu arbeiten. Unsere Gene strecken ständig ihre Kommunikationsfühler aus - das lässt sich durch den Phantom-DNA-Effekt beweisen. Dieser Vorgang ist uns lediglich nicht bewusst.

In unseren nächtlichen Träumen allerdings erleben wir alle Nacht für Nacht ganz realistisch wirkende virtuelle Welten, die nach allgemeiner Auffassung in der rechten Gehirnhälfte entstehen und in denen wir dennoch den Eindruck einer verbalen Kommunikation mit den anderen Figuren unseres Traums haben.

Dabei kommen auch wir heutigen Menschen häufig in Kontakt mit einer tieferen Bewusstseinsebene, die der Schweizer Psychologe *Carl Gustav Jung* das *kollektive Unbewusste* nannte und die *außerhalb* unserer individuellen Persönlichkeit liegt. Aufgrund einer Vielzahl von Träumen, die ihm Menschen geschildert hatten, konnte Jung nachweisen, dass einige der typisch menschlichen Traumbilder kulturübergreifend von allen

Menschen gleichartig gesehen werden. Sie sind also keine individuellen Fantasien einzelner Menschen, sondern unser *gemeinsames kulturelles Erbe.*[41]

Diese Bilder, die er *Archetypen* nannte, wirken sehr urtümlich. Unter ihnen befinden sich Götter-, Engels- und Teufelsfiguren unserer Religionen sowie weitere mythologische Gestalten.

Neuere psychologische Untersuchungen konnten tatsächlich nachweisen, dass diese Bilder uns allen *angeboren* sind. So tauchen sie zum Beispiel auch bei Kindern auf, bevor diese lesen können oder auf sonstige Weise Zugang zu Sagen, Märchen oder religiösen Mythen haben.

Der Zugang zu diesen Archetypen dürfte also tatsächlich durch die Erbsubstanz, die DNA, vermittelt werden. Das muss nicht bedeuten, dass diese Bilder wirklich materiell in unseren Genen codiert sind, aber die DNA ist bei ihren Kommunikationsprozessen gerade für derartige Informationen empfänglich und leitet sie an unser Bewusstsein (bzw. Unterbewusstsein) weiter.

Treten also in menschlichen Träumen archetypische Bilder auf, so ist dies ein sicherer Hinweis darauf, dass der Träumer im Traum eine *transpersonale Bewusstseinsstufe* erreicht hat, wie es der tschechisch-amerikanische Psychologe *Stanislav Grof* nennt.[27] Der Mensch hat in solch einem Moment tatsächlich Zugang zu einem menschlichen *Gruppenbewusstsein*, das auf der zellulären Stufe unseres Erbguts liegen dürfte, wie es die Untersuchungen an Kindern zeigen. Die Hyperkommunikation schaltet sich ein.

Die urtümlichen Traumfiguren sind dabei nur Staffage, sie haben als solche nur symbolische Bedeutung und sind Anzeiger, die uns auf den archetypischen, transpersonalen Charakter des Traums hinweisen.

Viel wichtiger als die Interpretation dieser Figuren ist daher die Frage: Hat der Mensch tatsächlich die Möglichkeit, auf dieser Bewusstseinsstufe zu Erkenntnissen zu gelangen, die ihm durch rationale Überlegungen im Wachzustand nicht zugänglich gewesen wären?

Julian Jaynes zufolge war dies zumindest in der Zeit vor 3000 Jahren der Fall. Ein Blick auf die neuzeitliche Kultur- und Wissenschaftsgeschichte beweist allerdings, dass sich daran nichts wesentlich geändert hat. Derartige Effekte treten lediglich in der Neuzeit nur noch sporadisch bei Einzelpersonen auf.

Wenn wir jetzt eine Reihe von Beispielen bringen wollen, die diese Hypothese beweisen, so beginnen wir ganz bewusst mit *René Descartes*. Der große französische Philosoph war einer der Begründer des Zeitalters der Aufklärung und gilt daher als Kronzeuge für den Sieg des rationalen Verstandes über das irrationale Zeitalter des Mittelalters. Von ihm stammt der berühmte Satz »Cogito, ergo sum.« (»Ich denke, also bin ich.«). Mit Sicherheit wird er nicht in den Verdacht geraten, ein weltfremder Träumer gewesen zu sein.

Die Grundzüge seiner Philosophie entstammten allerdings keineswegs seinen bewussten Gedankengängen, sondern einem seltsamen Traum eindeutig archetypischen Charakters, den er eines Nachts in den Niederlanden als junger Soldat im Heerlager des Moritz von Nassau hatte. In diesem Traum erschien Descartes ein »Engel« und »vermittelte« ihm die entscheidenden Informationen, die er tags darauf eilig niederschrieb.

Der italienische Komponist *Giuseppe Tartini* träumte hingegen einmal, dass ein Teufel auf seinem Bett saß und Violine spielte. Auch er war am folgenden Tag in der Lage, das Musikstück aufzuschreiben, seine berühmte Teufelstrillersonate. Der Schriftsteller *Robert Louis Stevenson* träumte seinen weltbekannten Roman »Dr. Jekyll and Mr. Hyde« sogar in mehreren Fortsetzungen.

Wie diese Beispiele belegen, kann der Kontakt zu Gruppenbewusstseinsschichten in archetypischen Träumen Menschen zu bedeutenden künstlerischen und geistigen Leistungen inspirieren.

Manchmal führt ein solcher Kontakt sie sogar zu objektiven wissenschaftlichen Entdeckungen. Dies ist eigentlich kein Wunder, denn wenn die Gruppenbewusstseinsebene unsere Gene untereinander vernetzt, so ist klar, dass grundlegende Mechanismen über den Aufbau der Natur in dieser Ebene codiert und damit grundsätzlich auch für das menschliche Bewusstsein abrufbar sind.

So hatte im 19. Jahrhundert der deutsche Chemiker *Friedrich August Kékulé von Stradonitz* lange Zeit darüber gebrütet, die Struktur des Benzolmoleküls zu entschlüsseln. Keine rationale Überlegung hatte ihm in seinem Vorhaben weitergeholfen, bis er eines Nachts im Traum eine Schlange sah, die sich in den eigenen Schwanz biss. Dies ist wiederum ein klassisches Archetypensymbol - die sogenannte Uroboros-Schlange. Den Chemiker aber brachte sie auf die entscheidende Idee: Das Benzolmolekül hat eine Ringstruktur.

Auch *Niels Bohr,* einer der Begründer der Quantenphysik, ließ sich durch einen Traum inspirieren, in dem er auf einer glühenden Sonne saß, die von ebenfalls glühenden Planeten in rasender Geschwindigkeit umkreist wurde. Das brachte Bohr zur Formulierung seines berühmten Atommodells als Planetensystem im Kleinen.

Es gibt noch eine große Zahl weiterer Beispiele. *Thomas Alva Edison* träumte von der Erfindung des elektrischen Lichts, an der er jahrelang vergeblich gearbeitet hatte, und sein Zeitgenosse und Gegenspieler *Nikola Tesla* war aufgrund seines fotografischen Gedächtnisses in der Lage, komplizierteste Maschinen in seiner Vorstellungskraft nicht nur zu bauen, sondern sogar auf Funktionsfähigkeit zu testen.

Natürlich haben die genannten Wissenschaftler für ihre Forschungen nicht ausschließlich auf Träume zurückgegriffen. Das hatten sie in unserer abendländischen Neuzeit aufgrund ihres erlernten Wissens und ihrer logisch geschulten Denkfähigkeit nicht mehr nötig. Der entscheidende Anstoß für eine Neuentdeckung, die man in keinem Buch der Welt nachlesen konnte, kam jedoch sehr häufig aus den Tiefen des Gruppenbewusstseins, also aus dem Vorgang der Hyperkommunikation.

Wie wir sehen, müssen wir eine strenge Trennung zwischen »objektiver« und »virtueller« Realität aufgeben. Zu allen Zeiten haben Menschen auf virtuelle Realitäten zurückgegriffen, um diese in die objektive Realität umzusetzen, die ja nichts Statisches ist. Wir sollten nicht vergessen, dass jeder kulturelle oder wissenschaftliche Fortschritt zuerst in den Köpfen von Menschen entstanden ist. Ihre Ideen, Gedanken und Träume haben Schritt für Schritt unsere Realität verändert.

Eine wissenschaftliche Untersuchung der Mechanismen, auf denen künstlerische Kreativität und wissenschaftliche Inspiration beruhen, ist natürlich schwierig, denn schließlich treten solche archetypischen Träume nicht auf Bestellung auf und lassen sich erst recht nicht im Labor wiederholen. Und doch bietet die moderne Wissenschaft Methoden, um sich auch diesem Thema zumindest anzunähern.

Diese Aufgabe wird begünstigt durch die Tatsache, dass sich die Häufigkeit archetypischer Träume in der heutigen Zeit erhöht. Und dabei werden wichtige und überprüfbare Erkenntnisse nicht nur wenigen Geistesgrößen zugänglich, sondern auch ganz durchschnittlichen Menschen, die oft mit den geträumten Informationen zunächst gar nichts anzufangen wissen.

Ein solcher Fall ist uns persönlich bekannt geworden. Es handelt sich um einen 42-jährigen Krankenpfleger, der seit Jahren Nacht für Nacht den gleichen intensiven Traum hatte.

Immer wieder sah er zwei Traumgestalten, die ihn bei den Händen nahmen und auf einen Stuhl setzten, auf dem ihm *Wissen übermittelt* wurde, und zwar Wissen über wissenschaftliche Fachgebiete: Technik, Politik, Geschichte, Kultur usw., alles bunt gemischt. Es war, als wäre er jede Nacht an eine CD-ROM angeschlossen, um ihm die komplette Brockhaus-Enzyklopädie einzuspeisen!

An vieles davon konnte er sich morgens natürlich nur noch nebelhaft erinnern, einzelne Details jedoch waren ihm noch ganz deutlich im Bewusstsein verblieben, sodass er sie aufschreiben konnte. Wie sich zeigte, waren diese Details grundsätzlich sinnvoll und vernünftig, obwohl der Mann in der Regel überhaupt nichts davon verstand. Die Mehrzahl der Fakten, die ihm in seinen Träumen bewusst wurden, lag weit außerhalb seines persönlichen Wissensspektrums.

Das klingt sehr bizarr, doch der Mann ist uns wie gesagt persönlich bekannt, und wir können seinen Fall als authentisch bestätigen.

Zumindest ein Gerät, das bei Menschen innere archetypische Erlebnisse künstlich auslösen kann, ist auf mehr oder weniger zufällige Weise schon entwickelt worden.[58]

Eigentlich wollte der kanadische Neurologe *Dr. Michael Persinger* die Einwirkung bestimmter elektromagnetischer Wellen (sogenannter ELF-Wellen im Bereich zwischen 1 und 10 Hertz) auf das menschliche Gehirn untersuchen. Diese Wellen werden auch als *Schumann-Wellen* bezeichnet, und wir haben in unserem Buch »Zaubergesang«[17] ausführlich dargelegt, wie sie auf Körper und Bewusstsein des Menschen einwirken können.

Dr. Persinger konstruierte einen Helm, über den es möglich ist, eine Versuchsperson derartigen Wellen auszusetzen. Er modulierte diese Wellen für seine Experimente mit bestimmten Frequenzmustern, die dafür bekannt waren, dass sie zum Einleiten veränderter Bewusstseinszustände geeignet sind.

Auf diese Weise stimulierte Persinger bei seinen Testpersonen einen bestimmten Bereich des Hinterhirns, den sogenannten *Hippocampus,* speziell die als *Ammonshorn* und *Amygdala*

(Mandelkern) bezeichneten Hirnteile (s. Abb. 6). Diese erst in neuerer Zeit entdeckten Hirnteile werden in der modernen Neurophysiologie als Sitz *unterschiedlicher Gefühlsregungen,* möglicherweise sogar des *freien Willens,* angesehen. Man vermutet außerdem, dass diese Gehirnregion tatsächlich Ausgangspunkt stark emotionsgeladener innerer Bilder ist.

Das Ergebnis dieses Versuchs überraschte Persinger. Seine Testpersonen hatten nämlich unter dem Einfluss der ELF-Wellen ausgeprägte innere Erlebnisse, die wiederum sehr stark durch archetypische Eindrücke gekennzeichnet waren. Die Personen sahen seltsame graue Gestalten mit großen schwarzen Augen – ganz ähnlich den »Göttergestalten« der frühen Kulturen –, die um sie herumstanden und sich an ihnen sogar zu schaffen machten, indem sie angeblich eine Art operativer Eingriffe an ihnen vornahmen.

Derartige Erlebnisse sind in der menschlichen Kulturgeschichte seit Langem bekannt. In früheren Jahrhunderten wurden sie oft auch als Begegnungen mit dem Teufel interpretiert und von Satanssekten in unterschiedlichen Ritualen auf grausame Weise nachgeahmt. In unserem Jahrhundert hingegen wurden derartige Erlebnisse zumeist vorschnell unter Verkennung ihres archetypischen Charakters als »objektive Erfahrungen« gewertet, und so entstand daraus die allseits bekannte Saga von der *»Entführung von Menschen durch Außerirdische«.*

Bereits in unserem Buch »Das Erbe von Avalon«[18] hatten wir unsere Zweifel an der objektiven Realität derartiger Erlebnisse geäußert, denn sie enthalten einige entscheidende Widersprüche.

Andererseits können sie auch keine reinen Fantasieprodukte sein, zumindest nicht immer, denn in einigen Fällen haben die Personen, die über solche Erlebnisse berichten, ein Trauma zurückbehalten, das dem typischen posttraumatischen Stress-

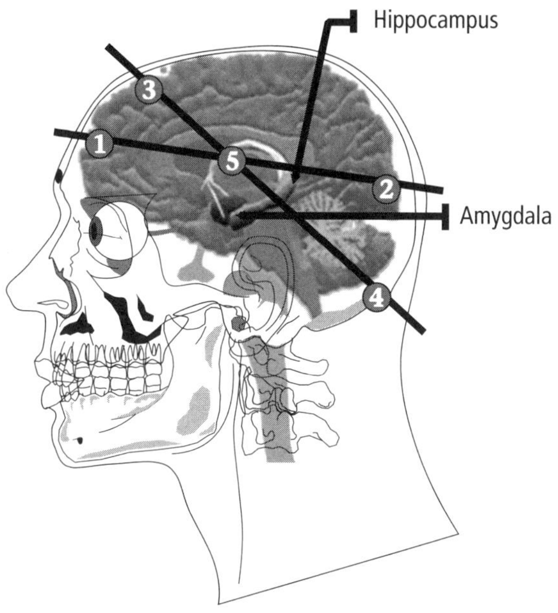

Abb. 6: Das menschliche Gehirn. Die Bereiche Hippocampus und Amygdala (Mandelkern) gelten zurzeit als verantwortliche Regionen für die Hyperkommunikation. Die Punkte ①-⑤ wurden von Personen in Trance als Hyperkommunikationspunkte genannt. Dabei liegt Punkt ⑤ gerade in der Hippocampus-Region, während die Bedeutung der anderen Punkte noch nicht wissenschaftlich nachvollziehbar ist.

syndrom entspricht, wie es bei Opfern von Vergewaltigungen und anderen Verbrechen oder nach grausamen Erlebnissen im Krieg auftreten kann.

Nach derzeitigem Wissen der Psychologie können solche Traumata nicht nur eingebildet sein, sondern müssen eine reale Grundlage haben, die natürlich nicht mit den geschilderten Eindrücken identisch sein muss. So ist z. B. auch bei Fällen von sexuellem Missbrauch bekannt, dass das Unterbewusstsein eines Menschen das eigentliche Erleben durch eine Ersatzerinnerung maskiert, die für den Betroffenen »besser erträglich« erscheint, und es ist dann Sache eines erfahrenen Therapeuten, den Menschen zu den eigentlichen Wurzeln seiner Probleme zu führen.

Im Fall der erwähnten bizarren Erlebnisse ist dieser Hintergrund mit größter Wahrscheinlichkeit darin zu suchen, dass bei diesen Personen in einem solchen Moment ein Hyperkommunikationsvorgang ins Bewusstsein durchzudringen versuchte. Einfacher ausgedrückt: Ein solcher Mensch erhält unvermittelt Zugang zu einer persönlichkeitsübergreifenden Gruppenbewusstseinsstruktur.

Hierfür sprechen eine ganze Reihe von Indizien:

- Es treten archetypische Bilder auf (fremdartige Gestalten mit großen Augen, die oft als »Außerirdische« interpretiert wurden).
- Physikalische Nebeneffekte wie elektromagnetische Felder unbekannten Ursprungs, die Markierungen im Gelände hervorrufen können, elektronische Geräte stören usw. Diese lassen sich ohne Weiteres durch einen verstärkten Wurmlochmagnetismus erklären, wie wir noch sehen werden.
- Die betroffenen Menschen erhalten in diesem Moment oft Zugang zu wissenschaftlich überprüfbaren Informationen, über die sie selbst nicht verfügen konnten (Ergebnis der Hyperkommunikation).
- Die gesamte hinlänglich bekannte »Entführungssaga« enthält in ihren archetypischen Elementen nahezu alle Komponenten der Hyperkommunikation: Gravitation (Tunnelerlebnisse), Genetik (angebliche genetische Experimente) und ein persönlichkeitsübergreifendes Gruppenbewusstsein.

Wir können an dieser Stelle nicht tiefer in die Diskussion über das Für und Wider der »UFO-Erfahrungen« einsteigen, die wir auch nicht grundsätzlich in Abrede stellen wollen. Unserer Ansicht nach - und wir werden hierfür noch Beweise liefern - sind derartige Erlebnisse häufig nur Ersatzerinnerungen für einen dahinter stehenden Hyperkommunikationsprozess. Für diejenigen Leser, die etwas tiefer in diese Thematik eindringen möchten, haben wir am Ende des Buches zwei Anhänge angefügt, in denen wir auf häufig geäußerte Irrtümer und Vorurteile im Zusammenhang mit den »UFO-Erfahrungen« eingehen sowie in einer wissenschaftlichen Bilanz unseren Standpunkt erläutern.

Man darf unsere Hypothesen keinesfalls in dem Sinne missverstehen, dass diese Erlebnisse »nur Fantasien« seien. Es handelt sich ganz offenbar um Begegnungen mit unbekannten Intelligenzformen, die sich jedoch in virtuellen Räumen abspielen.

Derartige archetypische Erlebnisse treten durchaus nicht nur in Träumen auf, jedoch immer in einem anderweitig veränderten Bewusstseinszustand. Dies kann der tranceähnliche Zustand kurz vor dem Einschlafen oder direkt nach dem Aufwachen sein (der größte Teil dieser Erfahrungen spielt sich jedenfalls nachts im Bett ab). Manchmal kommt es zu vergleichbaren Erlebnissen aber auch in anderen Situationen, in denen das Bewusstsein etwa aufgrund einer monotonen Situation in eine leichte Wach-Trance abgleitet, z. B. bei Autofahrten durch einsame Gegenden.

Besondere Beachtung verdient hierbei das Symbol der riesigen schwarzen Augen. Dieses Symbol taucht, wie wir gesehen haben, bereits bei den Göttergestalten des frühen Altertums auf.

Bei den heutigen Hyperkommunikationserlebnissen sind Gestalten mit großen schwarzen Augen geradezu das bestimmende Merkmal, und das, obwohl es sich bei den Gestalten durchaus nicht immer um klassische »Außerirdische« handeln muss. In vielen Fällen sind es auch ähnlich aussehende Puppen- oder Tierfiguren, die in den Erlebnissen auftauchen.

Nina F., eine 31-jährige Friseuse, sah sich zum Beispiel in einer frühen Hypnosesitzung als kleines Kind beim Spielen im Garten, als sie plötzlich einige Gestalten vor ihrem inneren Auge sah, die sie als »Fische« beschrieb.

Da es natürlich höchst unwahrscheinlich war, dass sie auf einer Rasenfläche wirklich Fische »getroffen« hatte, baten wir sie, die Gestalten genauer zu beschreiben. Nina antwortete mit der Stimme eines etwa sechsjährigen Kindes und mit einem etwas ungehaltenen Unterton, wieso man ihr eine so banale Frage stellen würde:

– Na, wie Fische eben aussehen: silbrig grau, großer Kopf, große Augen, lange dünne Arme und Beine.

Es mag fast lächerlich klingen, aber während der Trance fiel ihr die Widersprüchlichkeit ihrer Aussage gar nicht auf, so als ob sie nicht wüsste, dass ein Fisch so nicht aussehen kann.

Egal, ob ihr nun im Kindesalter wirklich etwas Merkwürdiges begegnet ist oder nicht, es jagte ihr jedenfalls in der Trance große Angst ein und konnte wohl kaum nur eine reine Fantasie sein. Das Bild des »Fisches« war also nur ein Versuch ihres Unbewussten, etwas Fremdartiges zum Teil ihrer normalen Realität zu machen, und das offensichtliche Unvermögen, in diesem Moment den Unterschied zwischen der Gestalt und einem richtigen Fisch zu erkennen, war ein Teil ihres unbewussten Schutzmechanismus, um diese Ersatzerinnerung aufrechtzuerhalten. Nach der Sitzung, im Wachzustand, war ihr die Widersinnigkeit ihrer Aussagen natürlich bewusst.

Auch andere Tiergestalten kommen in solchen Zusammenhängen vor. Bei Gudrun P., einer 46-jährigen Immobilienmaklerin, war es zum Beispiel eine seltsame Fabeltiergestalt, bei der sich die Frau nicht entscheiden konnte, ob es nun eine Katze oder eine Schlange war.

Wichtig ist es zu betonen, dass all diese Gestalten, inklusive der »kleinen Grauen«, etwas gemeinsam haben: die starke Hervorhebung und Betonung der *Augen,* die auch meist etwas Starres und zugleich sehr Tiefes, fast Hypnotisches, an sich haben. Diese Augen liefern einen wichtigen Schlüssel zu der archetypischen Bedeutung der Figuren und der dahinterstehenden Realität.

Die Bankkauffrau Andrea M. bemerkte im Verlauf einer Hyperkommunikationserfahrung, dass derartige große Augen, vor allem die tiefe Schwärze in ihnen, eine bewusstseinsverändernde Wirkung haben:

– In solche schwarzen Augen kann man ganz tief »hineinfallen«.
– Warum spielen diese Augen eine so große Rolle?
– Dadurch wird eine direkte Verbindung zum Kern hergestellt.
– Ist die Farbe dabei wichtig?
– Ja, auch unsere Pupille ist schließlich schwarz. Es hat etwas mit Ausüben von Kontrolle zu tun.
– Inwiefern wird dadurch Kontrolle ausgeübt?
– Wenn ich diese Augen fixiere, kommen mir Informationen zu Bewusstsein, so als ob dadurch Wissen in mir abgerufen würde.

Es scheint sich also um eine weitere Ebene der Kommunikation zu handeln, die bei diesen Erlebnissen im wahrsten Sinne des Wortes multidimensional ist. Andrea war sich während der Trance-Sitzungen stets darüber im Klaren, dass es sich bei den auftauchenden Gestalten um virtuelle Wesen handelte.

Doch erhielt sie auf diese Weise Zugang zu Wissen. Es war nicht unbedingt so, dass »jemand« während der Hypnose zu ihr »sprach«, sondern die Anwesenheit der archetypischen Gestalten wirkte lediglich als Katalysator dafür, sich gewisser Tatsachen selbst bewusst zu werden.

Die Wissenschaft hat sich lange Zeit schwer damit getan, derartige hypnotische Einwirkungen von Augen zu akzeptieren. Dies liegt aber nur daran, dass wir uns seit der Zeit von *René Descartes*, dem großen Philosophen der Aufklärung, das Dogma von der Trennung zwischen Körper und Geist, zwischen Außenwelt und Innenwelt, zu eigen gemacht haben. Ein Grundsatz, der heute, im Zeitalter von Quantenphysik und Jungscher Psychologie, eigentlich nicht mehr so streng aufrechterhalten werden sollte.

Nahezu alle traditionellen Kulturen der Welt trennen nicht so hart zwischen objektiver und subjektiver Realität, und auch Kinder lernen erst etwa im Alter von elf Jahren, dass ihre Gedanken »im Kopf« sind und nicht außerhalb, wie der britische Biologe *Rupert Sheldrake* feststellt. Er schlägt im Rahmen seines Projekts der *sieben Experimente, die die Welt verändern könnten,* auch die Erforschung des Phänomens des *Anstarrens* vor.[75]

Es ist nämlich seit alters her bekannt und zumindest im Volksglauben verankert, dass die meisten Menschen es merken, wenn jemand sie von hinten anstarrt. Viele von uns haben dies schon selbst erlebt, als sie zum Beispiel auf der Post oder in einem Laden in einer Warteschlange standen. Ist dies nur Zufall oder Einbildung? Woher sollte ein Mensch wissen, dass ihn jemand, der hinter ihm steht, anstarrt? Sehen oder hören kann er es ja nicht. Es ist nur ein unbestimmtes Gefühl, das uns in der Regel Unbehagen bereitet.

Selbst das Pentagon hat diesen Effekt während seiner Remote-Viewing-Projekte »Grill Flame« und »Stargate« untersucht, wie uns *Joe McMoneagle,* der weltweit wohl profilierteste Remote Viewer, erzählte. In diesem Fall war es sogar ein »Remote-Staring-Projekt«.

Die Versuchspersonen saßen hierzu völlig allein in Räumen mit versteckter Kamera und wurden in einem Kontrollraum von Remote Viewern beobachtet. Keine der Versuchspersonen wusste von diesen Kameras, noch dass man sie gar beobachtete. Dennoch reagierten fast alle nach kurzer Zeit auf dieses für sie unsichtbare Anstarren mit deutlich sichtbaren Unruhegefühlen.

Geht also von unseren Augen eine Kraft aus, die sich in Raum und Zeit ausbreiten kann? Nehmen sie nicht nur Licht aus der Umgebung auf, sondern sind auch in der Lage, eine elektromagnetische Strahlung auszusenden?

In einer Zeit, in der uns bekannt ist, dass die vom Gehirn des Menschen erzeugten elektromagnetischen Wellen im gleichen Frequenzbereich liegen wie die um uns herum überall vorhandenen natürlichen Schumann-Wellen, ist ein solcher Gedanke durchaus naheliegend.

Ein Gedanke, der einer Gehirnwelle aufgeprägt ist, kann dann durch Resonanz mit den Schumann-Wellen durchaus verstärkt und von einem anderen Menschen aufgefangen werden, in dessen Gehirn er dann wieder eine ähnliche Reaktion stimulieren würde.

Eine solche Theorie geht völlig konform mit den heutigen Erkenntnissen der Physik und der Neurophysiologie.

In jüngster Zeit konnte der Effekt des Anstarrens von hinten nämlich durch eine Studie der Universität Edinburgh einwandfrei bewiesen werden. Die Forscher vermuten, dass es im untersten Teil des Hirnstamms, der Medulla oblongata, lichtempfindliches Gewebe gibt, das eine schwache Wahrnehmung nach hinten ermöglicht.

Die meisten Menschen, die Hyperkommunikationserlebnisse hatten, empfanden das Fixieren solcher Augen jedenfalls als nicht besonders angenehm, obwohl es immer wieder heißt, die Augen hätten gleichzeitig etwas so hypnotisch Anziehendes, dass man sich dessen fast nicht entziehen könne.

Andrea M. sagte hierzu einmal, sie hätte keine Angst vor den Augen dieser Gestalten, empfinde aber die Konzentration darauf als emotional zu stark und dadurch unangenehm.

Daraufhin geschah etwas Überraschendes. Andrea erhielt in der Sitzung eine bildliche Information, wonach die hypnotische Wirkung der Augen durch gleichzeitiges Berühren mit den Fingern abgeschwächt werden könne.

Grundsätzlich weiß man natürlich auch aus der Hypnosetherapie, dass ein direkter Augenkontakt zwischen Hypnotiseur und Klienten die stärkste und unmittelbarste Methode zur Einleitung der Trance ist. Man nennt sie auch die *Faszinationsmethode.* Sie wird heute therapeutisch kaum noch angewendet, da sie beim Klienten häufig ein zu starkes Autoritätsgefühl für den Hypnotiseur erzeugt, was ja in der Therapie meist gar nicht wünschenswert ist.

Gleichzeitig weiß man aber auch, dass der Hypnosetherapeut die Trancetiefe eines Menschen durch Lenkung seiner Konzentration auf andere Körperteile (z. B. auch auf die Hände) beeinflussen kann, indem er etwa diese Körperteile berührt. Insofern war Andreas Information nicht unlogisch.

Eine große Überraschung wartete allerdings auf uns, als wir eines Tages bei einem Besuch Roms die Sixtinische Kapelle aufsuchten. Dieses im Vergleich zum Petersdom eher unscheinbar kleine Gotteshaus stellt in Wahrheit das eigentliche Machtzentrum des Vatikans dar - und zwar nicht nur in geomantischer Hinsicht.

Die Sixtinische Kapelle ist die Hauskapelle des Papstes, in der er normalerweise seine Gottesdienste zelebriert. Nur an hohen

Abb. 7: Ausschnitt aus Michelangelos »Erschaffung Adams«. Gott streckt Adam seinen Finger entgegen

Festtagen und bei öffentlichen Veranstaltungen wird der Petersdom benutzt. In der Kapelle findet auch das Konklave statt - die Papstwahl. Die Abmessungen des Bauwerks entsprechen exakt denen des alten salomonischen Tempels in Jerusalem, wie sie im Alten Testament beschrieben sind, und es ist auch sonst ein Ort, an dem viele Geheimnisse bewahrt werden.

Den Touristen ist die Sixtinische Kapelle vor allem ein Begriff durch die vielen herrlichen Fresken von *Michelangelo*, der ja diese Kirche im Auftrag von Papst Sixtus IV. Ende des 15. Jahrhunderts ausgestaltete. Kaum jemand käme wohl auf die Idee, dass gerade in diesen Fresken, die wahrscheinlich jeder von uns - wenn nicht in Rom, so doch in Büchern oder Fernsehsendungen - schon einmal gesehen hat, einige bemerkenswerte Geheimnisse verborgen sind.

Im Zusammenhang mit diesem Kapitel beschäftigt uns dabei vor allem das Gemälde, das die *Erschaffung Adams* zeigt (s. hierzu auch Bildteil, Bild 9, sowie Ausschnitt in Abb. 7), zumindest, wie Michelangelo sie sich vorstellte.

Zunächst einmal sieht man deutlich, dass der Titel des Bildes irreführend ist, denn Adam liegt ja bereits fix und fertig da. Ganz offenbar hat der Künstler hier eine etwas spätere Szene aus der Genesis dargestellt:

»Und Gott der Herr machte den Menschen aus einem Erdenkloß, und er blies ihm ein den lebendigen Odem in seine Nase. Und also ward der Mensch eine lebendige Seele.« (I. Mose 2, 7)

Nicht die Erschaffung des Körpers zeigt das Bild, sondern das »Einblasen des lebendigen Odems in seine Nase«. Allerdings – und das ist die große Überraschung – wusste Michelangelo offenbar, dass man einem menschlichen Wesen durch Blasen durch die Nase keine »Seele einhauchen« kann. Vielmehr ist Gott dargestellt, wie er mit einer Schar seiner Engel in einem Gefährt herniederfährt, und anstatt Adam anzublasen, *schaut er ihm tief in die Augen* und *streckt ihm gleichzeitig die Hand* entgegen, sodass sich die Finger fast berühren.

Wie sagte doch Andrea in einer Sitzung: Durch den kombinierten Augen- und Fingerkontakt würde »in ihr Wissen freigesetzt«. Wird in Michelangelos Bild dann ebenfalls dargestellt, wie in einem Menschen höheres Bewusstsein durch Hyperkommunikation geweckt wird?

»Und also ward der Mensch eine lebendige Seele.«

Warum sollte aber ein bewusstes Einschalten des Hyperkommunikationsvorganges so angsterregend sein, dass das Unbewusste des Menschen es vorzieht, es durch eine der seltsamen Inszenierungen mit den grauen Gestalten und dem Operationstisch zu überdecken?

Diese Tatsache ist nur auf den ersten Blick überraschend. Gehen wir nochmals zur Definition der Hyperkommunikation zurück. Es handelt sich um das Anlagern von Kommunikationskanälen an unsere DNA-Moleküle, durch die dann mithilfe des quantenmechanischen Tunneleffekts Information fließt.

Diese Information vernetzt Individuen ein und derselben Art untereinander, d. h. die Grenze der individuellen Persönlichkeit wird durchbrochen, ohne dass ein bewusster Kontakt über die normalen Sinneskanäle stattfindet.

Der Vorgang ist problemlos, solange er vollkommen unbewusst geschieht. Steigt er jedoch bei einem unvorbereiteten Menschen ins Wachbewusstsein, so hat er das Gefühl, als drohte sich seine individuelle Persönlichkeit aufzulösen. Das kann zum Anlass für Todesängste werden, selbst wenn das körperliche Erleben der Person in keiner Weise bedroht ist.

Vergleichende Untersuchungen, wie sie etwa von dem Psychologen *Stanislav Grof*[27] oder dem Physiker *Illobrand von Ludwiger*[89] durchgeführt wurden, belegen, dass die Qualität derartiger bizarrer Erlebnisse am ehesten mit menschlichen Grenzerfahrungen vergleichbar ist: mit der bewussten Erinnerung an den eigenen Geburtsvorgang (wie sie zu therapeutischen Zwecken zuweilen in Trance herbeigeführt wird) bzw. mit Berichten von Menschen, die bereits einmal klinisch tot waren und später reanimiert wurden.

Durch die Entdeckung der Hyperkommunikation ist es erstmals möglich, derartige Erlebnisse wissenschaftlich sauber zu erklären, ohne sie abzustreiten und ohne auf die zurzeit unbeweisbare Hypothese eines Eingriffs außerirdischer Intelligenzen zurückgreifen zu müssen.

In diesem Zusammenhang erhalten diese Erlebnisse eine große Bedeutung, denn sie sind ein Anzeiger dafür, dass mehr und mehr ganz durchschnittliche Menschen tatsächlich den jahrtausendelang verschütteten Zugang zur Hyperkommunikation wieder entwickeln, ohne dass ihnen dies in der Regel bewusst ist.

Es ist Aufgabe einer modernen Wissenschaft im neuen Jahrtausend, diese Menschen endlich ernst zu nehmen, sie über die Natur ihrer Erlebnisse aufzuklären (was im Grunde erst seit der Entdeckung der Antigravitation im Jahre 1998 wissenschaftlich seriös möglich ist) und ihnen bei diesem Prozess zu helfen, anstatt sie entweder zu belächeln oder (was auch nicht viel hilfreicher ist) mit Sensationsgeschichten über eine angebliche Invasion von Außerirdischen zu verschrecken.

Wir werden derartige Erfahrungen daher von nun an als *Hyperkommunikationserlebnisse* bezeichnen, egal, ob an ihnen nun Außerirdische beteiligt sind oder nicht. Im Verlauf unserer eigenen therapeutischen Arbeit sind uns eine ganze Reihe solcher Fälle bekannt geworden, und es war uns dadurch sogar erstmals möglich, auch objektive physikalische Untersuchungen dazu durchzuführen. Darüber hinaus gelang es uns, ein Verfahren zu entwickeln, durch das den Betroffenen solcher Erfahrungen wirklich geholfen werden kann.

Als ein hochinteressanter Nebeneffekt lässt sich mithilfe dieser Methode auch die eigentliche Information, die bei den Hyperkommunikationserlebnissen fließt, bewusst verfügbar machen. Oft handelt es sich dabei um Aussagen, die anschließend wissenschaftlich überprüft werden können und sich als richtig erweisen. Wir werden im Verlauf des Buches einige besonders interessante Beispiele präsentieren und haben diese Erörterungen deshalb vorangestellt.

In einigen Fällen waren solche Aussagen auch für uns als Naturwissenschaftler erst nach einiger Zeit nachvollziehbar, da sie sich auf den Hyperkommunikationsvorgang selbst bezogen und zum Teil Entwicklungen vorwegnahmen, die erst in allerjüngster Zeit wissenschaftlich bestätigt werden konnten.

Wenn die Hyperkommunikationserlebnisse in unserer Zeit den Weg aus den Tiefen des nächtlichen Traumes in höhere, aber immer noch nicht voll wachbewusste Zustände gefunden haben, so bietet die moderne Psychotherapie ein hervorragendes Instrument, um derartige Erlebnisse wissenschaftlich exakt und wiederholbar zu untersuchen: die therapeutische Hypnose.

– IV –

Die nichtlineare Zone

Bizarre Erfahrungen menschlichen Bewusstseins

Wenn man sich als Therapeut eine Reihe von Jahren mit der modernen Hypnosetherapie beschäftigt, so gewöhnt man sich daran, von Zeit zu Zeit mit den seltsamsten Fällen konfrontiert zu werden.

Natürlich besteht die alltägliche Routine eines Psychotherapeuten aus den bekannten Lebensproblemen der heutigen Zeit, etwa Beziehungsschwierigkeiten oder Problemen am Arbeitsplatz. Was diesen Beruf jedoch so interessant macht, ist die Tatsache, dass jeder Mensch, der professionelle Lebenshilfe sucht, eine einmalige, unwiederholbare Persönlichkeit darstellt, deren Sorgen man auch nur mit individuell abgestimmten Methoden beikommen kann.

So auch im Fall von Martin K. Der kräftige, sportlich durchtrainiert wirkende junge Mann war im Grunde voll dem Leben zugewandt, und wenn man ihm in seiner KFZ-Werkstatt bei der Arbeit begegnet wäre, hätte man wohl kaum den Eindruck gehabt, dass ihn seit mehreren Jahren schon ein schweres Problem belastete. Er litt an Schlafstörungen, unerklärlichen Angstzuständen und nervösen Herzrhythmusstörungen. Keine medizinische

Untersuchung der letzten Jahre hatte auch nur die geringste organische Ursache seiner Beschwerden ergeben. Der Mann war geistig wie körperlich vollkommen gesund, und niemand konnte sich seine seltsamen Beschwerden erklären.

Es ist für den Therapeuten schon eine große Herausforderung, mit einem Menschen zu arbeiten, der starke Ängste hat, dabei aber nicht weiß wovor. Martin litt ganz eindeutig unter etwas, das in der Psychologie als *posttraumatisches Stresssyndrom* bezeichnet wird. Seine Symptome waren typisch für jemanden, der in der Vergangenheit einem schockierenden Erlebnis ausgesetzt war - nur konnte er sich nicht erklären, was das gewesen sein mochte.

An solch einem Punkt kommt es ganz entscheidend auf das Geschick und die Erfahrung des Therapeuten an, um eine solche Behandlung zum Erfolg führen zu können. Nichts wäre in einem solchen Moment schädlicher als Voreingenommenheit jeglicher Form.

So ist es leider schon oft vorgekommen, dass unprofessionell vorgehende Behandler ihren ahnungslosen Patienten durch ungeschickte Suggestivfragen Erlebnisse erst einredeten - meist »verdrängte« Fälle von sexuellem Missbrauch in der Kindheit -, die in Wahrheit nie stattgefunden hatten, nur weil man »aufgrund der Erfahrung« der Überzeugung war, nur so etwas könne es gewesen sein.

In der Psychologie nennt man diesen Effekt das *False Memory Syndrome*, also das *falsche Gedächtnissyndrom.* Auf diese Weise sind schon Familien zerbrochen und unschuldige Menschen einem schweren Verdacht ausgesetzt worden, von dem sie sich - wenn sie Glück hatten - anschließend erst durch langwierige Gerichtsverfahren wieder befreien konnten. Dies kann nicht Sinn und Zweck einer psychotherapeutischen Behandlung sein.

Es muss also ein Grundprinzip jedes Psychotherapeuten sein, sich jeglicher Vorannahmen und Vorurteile streng zu enthalten.

Er kann nicht wissen, was die wahre Ursache eines Problems ist, solange der Patient sich nicht selbst daran erinnert.

Wir ließen also Martins Unterbewusstsein in Hypnose selbst nach den Ursachen suchen. Was dabei herauskam, damit hätte wohl keiner von uns gerechnet. Er schilderte ein klassisches *archetypisches Erlebnis,* so wie wir es im letzten Kapitel im Zusammenhang mit dem Persinger-Helm vorgestellt haben. Er sah sich selbst hilflos auf dem Rücken liegend, umgeben von grauen Gestalten mit großen schwarzen Augen, die sich an seinem Körper zu schaffen machten.

In diesem Moment stellt sich natürlich die Frage: Wie soll ein Therapeut auf eine solche Situation reagieren?

Auf den ersten Blick scheint es zwei Möglichkeiten zu geben:

1. Man »klärt den Patienten auf« und appelliert an seine Vernunft, dass dieses Erlebnis unmöglich auf Wahrheit beruhen kann. Dies dürfte der spontanen Reaktion der meisten Therapeuten entsprechen.

2. Man akzeptiert das Erlebnis als »objektive« Realität. Dies führte zu der weltweiten »UFO-Entführungs-Legende«.

Beide Möglichkeiten sind allerdings fragwürdig, denn sie sind beide geprägt von Vorannahmen, nämlich dass es ein solches Erlebnis nicht geben könne (oder eben doch geben könne). Sie würden daher dem strikten Neutralitätsgebot des Therapeuten widersprechen.

Zudem würde in beiden Fällen auch der Persönlichkeit des Patienten nicht genügend Respekt gezollt. In der Regel braucht man einen Menschen nicht erst davon zu überzeugen, dass eine »Entführung durch Außerirdische« höchst unwahrscheinlich ist. Martin zum Beispiel reagierte - wie viele andere Betroffene auch - ganz von selbst auf diese Weise. Umgekehrt ist es jedoch auch nicht Aufgabe des Therapeuten, seine Patienten von irgendetwas Bizarrem zu überzeugen, woran sie selbst nicht glauben mögen.

Es geht im Moment überhaupt nicht darum, »Beweise« für die eine oder andere Deutung zu sammeln, sondern ganz einfach um die pragmatische Frage, *wie man als Behandler mit einer solchen Situation umgehen soll.*

Glücklicherweise gibt es in der modernen Psychotherapie ein Verfahren, bei dem sich diese Frage überhaupt nicht stellt. Dabei handelt es sich um die moderne therapeutische *Hypnose* nach *Milton Erickson*.[16]

Schon seit über 170 Jahren kennt die Medizin den merkwürdigen Effekt, dass der Bewusstseinszustand eines Menschen durch das bloße Sprechen von Worten tiefgreifend verändert werden kann. Es wird ein Zustand erreicht, den man als Trance bezeichnet und der etwa an der Grenze zwischen Wachen und Schlafen angesiedelt ist.

In Anlehnung an das griechische Wort *hypnos* (Schlaf) nannte man dieses Verfahren *Hypnose*. Sie ermöglicht es einem Therapeuten, durch verbale Suggestionen Einfluss auf Körper- und Bewusstseinsfunktionen des Patienten zu nehmen, die normalerweise keiner bewussten Kontrolle unterliegen.

Mithilfe von Hypnose lassen sich nahezu alle autonom ablaufenden Prozesse des menschlichen Körpers beeinflussen, z. B. die Verdauung, die Tätigkeit von Hormondrüsen oder die Funktion des Immunsystems – das gilt heute als wissenschaftlich gesichert. Allerdings konnte nie restlos geklärt werden, was Hypnose ist und wie und vor allem warum sie wirkt, aber es ist sicher, *dass* sie wirkt, und als empirische Wissenschaft macht die Medizin sich dieses wertvolle Verfahren seither zunutze.

Erst die Entdeckung der Hyperkommunikation eröffnet Möglichkeiten, um die Funktionsweise der Hypnose wirklich wissenschaftlich zu verstehen. Diese Überraschung haben wir für Sie im Kapitel »Genetico« versteckt.

Neben der psychosomatischen Medizin liegt eine weitere wichtige Anwendung der Hypnose im Bereich der analytischen Psychotherapie. Schon *Siegmund Freud* wusste, dass der Mensch durch Hypnose Zugang zu verschütteten Erinnerungen aus der Kindheit erhält, die auf diese Weise wiedererinnert und verarbeitet werden können.

Eine dritte Anwendungsmöglichkeit entstammt der Verhaltenstherapie. In der Hypnose lässt der Therapeut seinen Patienten charakteristische Alltagssituationen visualisieren und ermutigt ihn dann, in diesen Situationen auf neue, selbstbewusstere Art zu reagieren. Dadurch werden Verhaltensmuster auf ungefährliche Weise im geschützten Bereich des Therapiezimmers eingeübt, ehe der Betreffende sie in der Realität anwenden muss.

Wir sehen schon, die Hypnose an sich ist noch kein Therapieverfahren, sondern nur ein Werkzeug, mit dessen Hilfe die unterschiedlichsten therapeutischen Maßnahmen ermöglicht werden, von der psychosomatischen Medizin bis hin zur stützenden Psychotherapie und hypnotischen Analyse. Es liegt vornehmlich an den Zielen des Therapeuten und nicht zuletzt an seiner Erfahrung, seinem Geschick und seinem Wissen, wie er dieses Werkzeug in einem speziellen Fall einsetzt.

Ein wichtiger Wegbereiter der modernen Hypnosetherapie war der amerikanische Psychiater *Milton Erickson*. Er stellte vollkommen neue Regeln für die Hypnosetherapie auf, die er aus seiner eigenen jahrzehntelangen Praxisarbeit empirisch gewonnen hatte.[16]

Auf Ericksons Lebenswerk baut mittlerweile ein großer Teil der heute praktizierenden Hypnosetherapeuten auf. Dieser Tatsache ist es auch zu verdanken, dass in der Psychologie die

Erlebnisse eines Menschen in Trance in einem vollkommen neuen Licht gesehen werden.

Lange Zeit hatte man darüber gestritten, inwieweit Aussagen in Hypnose eigentlich »wahr« oder nur eingebildet sind. Wenn ein Mensch sich zum Beispiel in Trance an seinen fünften Geburtstag erinnert – hat er dann das wirkliche Geschehen gesehen oder nur etwas, woran er glaubte sich zu erinnern?

Den Erickson-Therapeuten interessiert diese Frage nur in zweiter Linie, denn einer der wichtigsten Grundsätze der Erickson-Methode ist es, *dass man auf keinen Fall wissen kann, was im Inneren eines Menschen wirklich abläuft oder was für ihn das Beste wäre.* Die Aufgabe des Therapeuten ist es lediglich, *dem Patienten dabei zu helfen, dies selbst herauszufinden.*

Ein Erickson-Therapeut wird daher das innere Erleben eines Menschen in Trance *niemals* kommentieren oder gar interpretieren. Er wird nur als Moderator auftreten, indem er die Person von Zeit zu Zeit dazu ermutigt, mit der Situation – egal ob sie eine reale Erinnerung oder eine fantasierte Szene darstellt – auf angemessene Art fertigzuwerden.

Auf diese Weise lernt der Patient neue Verhaltensweisen, die er dann auch hier und jetzt im realen Leben sinnvoll anwenden kann, und nur darauf kommt es schließlich an.

Ein Beispiel: Der Therapeut bittet den Patienten, sich in Hypnose ein bestimmtes Standardbild vorzustellen, etwa eine Wiese, ein Haus, einen Bach etc. Diese Motive kann man schon fast den Archetypen zurechnen, denn sie haben psychologisch eine bei allen Menschen ähnliche Bedeutung. Man nennt dieses Spezialverfahren auch »Katathymes Bilderleben«.[46]

Ein Erickson-Therapeut wird diese auftretenden Bilder nicht werten oder interpretieren, sondern die Szene, die der Patient selbst produziert, sich entwickeln lassen. Er greift nur stützend ein, um den Patienten zur positiven Veränderung der Szene zu ermutigen: eine verdorrte Wiese neu zu bepflanzen, einen gestauten Bach wieder freizuräumen etc. Auf diese Weise stellen sich nach und nach auch in der Psyche des Patienten analoge positive Veränderungen ein.

Manchmal geschieht es sogar, dass ein Mensch ganz unvermittelt auf der visualisierten Wiese Personen sieht, die ihm im täglichen Leben Probleme bereiten, etwa Angehörige, Arbeitskollegen oder Vorgesetzte. Auf diese Weise kann eine rein der Fantasie entstammende Szene sehr wohl zu vollkommen realen Lernprozessen in der Persönlichkeit beitragen.

Gleichermaßen reagiert man auch, wenn es sich nicht um standardisierte Bilder wie die des Katathymen Bilderlebens handelt, sondern um eine Szene, die der Mensch von selbst hervorgebracht hat, so wie es im Fall von Martin K. geschehen war. Erickson forderte immer ausdrücklich, mit dem Material zu arbeiten, das der Mensch von selbst produziert.

Anstatt uns also zu überlegen, ob Martin diese seltsame Szene nun wirklich erlebt hat oder nicht, kümmerten wir uns gar nicht um diese Frage, weil sie in der therapeutischen Situation ganz einfach irrelevant war. Egal, ob das Erlebnis Wahrheit oder Fantasie ist, mit Geschick und Können vermag ein Therapeut immer einen Lernprozess bei seinem Patienten einzuleiten.

Wie sich in der ersten Sitzung mit Martin K. zeigte, war dieses archetypische Erlebnis für ihn äußerst beängstigend. Einige dieser Ängste konnte er schon abführen, sodass es bereits zu einer ersten Verbesserung seines Befindens kam.

Eine weitere Grundregel der modernen Hypnosetherapie besteht darin, ein angstbesetztes Motiv so lange immer wieder einstellen zu lassen, bis die Angst vollständig abgearbeitet ist bzw. das Bild sich in eine andere, konkretere Szene verwandelt, mit der dann weitergearbeitet werden kann. Auf diese Weise ist es zum Beispiel möglich, einen Menschen von wiederkehrenden

Alpträumen zu befreien, indem man ihn einfach in Hypnose den Traum wiederholen lässt, wodurch er nach und nach lernt, ihn positiv zu verändern.

In Martins Fall brachte bereits die zweite Sitzung eine Überraschung. Offenbar hatte er genügend Ängste abgearbeitet, um sich von dem bizarren Geschehen distanzieren zu können. Diesmal sah er nur dabei zu, wie nunmehr andere Personen auf Tischen lagen und von den seltsamen Gestalten umringt wurden.

Auf eine vorsichtige Nachfrage unsererseits, was er jetzt dort mache bzw. wie die Geschichte weitergehe, antwortete Martin, noch immer in Trance:

»Ich brauche das jetzt nicht mehr. Ich gehe weiter, um zu lernen.«

In diesem Moment geschah etwas Überraschendes. Die gesamte »außerirdische« Szenerie brach in sich zusammen, und vor Martins innerem Auge baute sich eine neue Situation auf, die nun nicht mehr beängstigend war. Er sah sich in einem abstrakt aussehenden Raum, den wir als »virtuellen Kommunikationsraum« bezeichnen wollen, denn auch in diesem Raum sah er jene archetypischen grauen Gestalten, nur dass sie ihm jetzt nichts mehr antun wollten, sondern mit ihm zu kommunizieren begannen.

Ein solcher Moment ist für eine Therapie außerordentlich wertvoll, denn visualisierte Symbolgestalten, die sich in der Trance manifestieren, können ähnlich wie in einem Traum tatsächlich sprechen und auf Fragen antworten. Oft stehen sie stellvertretend für irgendeinen verdrängten Komplex und machen hierzu Aussagen, die die Erkenntnisprozesse des Menschen voranbringen.

In diesem Fall jedoch kamen keine solchen Informationen, und zwar ganz einfach, wie wir schon bald erkennen konnten, weil es nichts mehr zu klären gab. Nach der zweiten Hypnosesitzung waren alle Beschwerden, derentwegen Martin uns aufgesucht hatte, auf Dauer verschwunden!

Allein aufgrund der Tatsache, dass er die archetypische Szenerie mit den grauen Wesen und dem »Operationstisch« als virtuell erkannte und durchdringen konnte, hatte sich das Trauma für immer aufgelöst.

Na klar, werden Sie vielleicht denken, wenn er endlich begriffen hat, dass seine Ängste nur Einbildung waren, müssen sie sich ja auflösen.

Ganz so einfach ist es aber nicht. Erstens gibt es in der klinischen Psychologie nicht den geringsten Anhaltspunkt dafür, dass ein posttraumatisches Stresssyndrom einzig und allein auf Einbildung beruht. Menschen mit diesem Beschwerdebild sind nicht psychisch krank! Sie sind lediglich Opfer irgendeines Geschehens, das sie noch nicht verarbeitet haben. Selbst wenn die Erinnerung an dieses Geschehen sich durch eine Ersatzerinnerung maskiert, muss am Ende hinter einer solchen virtuellen Erinnerung immer noch die Erinnerung an das Reale folgen.

Zweitens konnte Martin K. sich diese Angst vor den seltsamen Gestalten gar nicht eingebildet haben, weil er sich ja an diese Dinge bewusst gar nicht erinnerte.

Er ist kein Einzelfall. Eine ganze Reihe von Menschen in unserer Praxis stieß während der Trance-Arbeit auf einen ähnlichen Erlebnistypus, ohne sich dessen vorher bewusst gewesen zu sein. In den meisten Fällen gelang es ebenso wie bei Martin, den posttraumatischen Stress genau in dem Moment aufzulösen, als die archetypische Szene verschwand.

Wichtig ist dabei, dass dieser Auflösungsprozess im Inneren des Menschen *von selbst* entstehen muss. Würde man ihm stattdessen einfach suggerieren, er solle die Szene mit dem Operationstisch auflösen, weil sie »sowieso nicht wahr« sei, so würde man vermutlich nur auf Widerstand stoßen. Eine therapeutische Chance wäre verspielt.

Wenn der Mensch innerlich dazu bereit ist - und das zeigt alle Erfahrung - löst er eine archetypische UFO-Szene von selbst auf und dringt zur Kommunikationsebene durch.

Wie ist dann Martins Operationstischerlebnis zu bewerten? Sicher war es keine Fantasie, also durchaus real, aber gleichzeitig ist es nicht sicher, ob es auch wirklich passiert ist.

Klingt das paradox? Bitte haben Sie noch Geduld.

Wenn die archetypische Szene mit den »kleinen Grauen« zwar traumatisch, aber virtuell ist, die nächstfolgende Ebene - der virtuelle Kommunikationsraum - dagegen nicht mehr traumatisch (aber ebenfalls virtuell) ist, wo ist dann das reale Trauma geblieben? Offenbar irgendwo auf dem Weg dazwischen. Wir hatten es schon im letzten Kapitel angedeutet: Der Hyperkommunikationsvorgang selbst erscheint traumatisch, da er das Bewusstsein des Menschen aus dem gewohnten linearen Erleben von Raum und Zeit in ein nichtlineares Erleben führt, das sowohl unser normales Raum-Zeit-Gefüge als auch die Grenzen unserer individuellen Persönlichkeit transzendiert.

Der virtuelle Kommunikationsraum ist das geeignete Instrument, um diesem Zustand das Beängstigende zu nehmen. Der nichtlineare, raumzeitfreie Kontext wird für das Bewusstsein dadurch akzeptabel, dass die Szene stets im Hier und Jetzt landet (selbst wenn man den Menschen zu einem Erlebnis in der Vergangenheit geführt hat). Eine künstliche Linearisierung mithilfe einer Ersatzerinnerung nach Art der »UFO-Erlebnisse« wird dadurch überflüssig.

Die Funktion des virtuellen Kommunikationsraumes ist nur die einer abstrakten Plattform, auf der sich die Hyperkommunikation entwickeln kann. Es ist in der Psychologie nicht ungewöhnlich, dass visualisierte Szenerien zur Grundlage realer Erfahrungen werden können, wie schon im Zusammenhang mit dem Katathymen Bilderleben erwähnt.

Die Aufgabe des virtuellen Kommunikationsraumes hingegen dient nicht der Aufarbeitung persönlicher Konflikte, sondern er bildet eine Bühne für das Bewusstsein, um den nichtlinearen Vorgang der Hyperkommunikation akzeptabel zu machen.

Alle Anzeichen deuten darauf hin, dass sich in diesem Moment tatsächlich die bewusste Hyperkommunikation einschaltet:

- Die Szene wird abstrakt und springt abrupt in den Gegenwartsmoment, ins Hier und Jetzt, selbst wenn man in der Trance mit einem Ereignis in der Vergangenheit begonnen hatte. Es handelt sich also um ein nichtlineares Erleben.
- Es werden Informationen verfügbar, die sinnvoll und nachprüfbar sind und den Betroffenen zuvor nicht bekannt waren.
- Es treten messbare physikalische Nebeneffekte auf, die bei anderen Arten von Hypnosesitzungen sonst nicht zu beobachten sind.

Da die Hyperkommunikation stets im Hier und Jetzt stattfindet (es ist wie gesagt nicht möglich, einen Menschen zu einem Moment in der Vergangenheit zu führen, in dem er eine solche Hyperkommunikation erlebte; das Erleben springt immer in die Gegenwart um), kann der Therapeut dann auch gezielt Fragen stellen, auf die er von seinem Patienten in Trance auch Antworten erhält.

Diese Antworten können eine ganz bunte Mischung sein aus

- wissenschaftlich nachvollziehbaren Informationen
- verzerrten, archetypischen oder anderen symbolischen Eindrücken
- ganz offensichtlich falschen Informationen.

Will man die Möglichkeiten der Informationsübertragung per Hyperkommunikation wissenschaftlich ausloten, so muss man jedenfalls hinterher alles genauestens auf Plausibilität überprüfen. Dass es zu Datenverlusten und Fehlübertragungen kommt, ist angesichts des Tunneleffekts, der bei der Übertragung zur Anwendung kommt, kein Wunder. Auch die Mozart-Sinfonie bei Professor Nimtz' Experiment war ja einigermaßen verrauscht.

Deshalb sollte man sich strengstens davor hüten, die Tatsache, dass solche Durchsagen einiges Nachvollziehbare enthalten, dahingehend zu werten, dass nunmehr die Trance-Aussage als Ganzes einer objektiven Wahrheit entsprechen müsse. Leider haben in der Vergangenheit viele Autoren diesen unzulässigen Schluss gezogen, wodurch sich die ganze UFO-Legende überhaupt erst so verbreiten konnte.

So vorzugehen würde im Prinzip bedeuten, dass von nun an auch jedes Orchester Mozarts 40. Symphonie mit Rauschuntermalung spielen müsste.

Bedauerlicherweise wurde ein wirklich wichtiger Effekt wie die Hyperkommunikation dadurch jahrelang in einen falschen Kontext gezogen, denn tatsächlich haben Menschen in diesem Bewusstseinszustand einige sehr verblüffende Aussagen gemacht.

Ein Beispiel: Der 30-jährigen Bankkauffrau Andrea M. war es ebenfalls nach nur wenigen Sitzungen gelungen, die Ebene eines ausgeprägt archetypischen Erlebnisses mit »kleinen Grauen« und allem, was sonst so dazugehört, zu transzendieren, und sie landete in einem abstrakten virtuellen Kommunikationsraum. Dort erhielt sie eine hochinteressante Information, die wir hier weitgehend im O-Ton wiedergeben wollen:

– Ich sehe so etwas wie einen Scanner, und es geht sehr schnell.

– Was wird da gescannt?

– Ein Muster wird gecheckt. Alles wird geprüft, es geschieht nichts als Zufall, es ist fast akribisch.

– Können Sie das genauer beschreiben?

– Ich sehe ein symbolisches Bild - einen Käfig, nein ein Gitter, in dem sich ein Mensch befindet, eine Matrix, verschiedene Lichtlinien laufen zusammen auf einen bestimmten Punkt, und dieser Punkt wird weggeschossen, er wird herausgeschickt aus diesem Gitter.

– Wie sieht dieser Punkt aus?

– Wie eine Essenz, eine sehr stark verdichtete Information. Er ist klein und rot.

– Und was geschieht dann mit dem Punkt?

– Der Punkt mit der Information kommt zu einer Art Wand, wo er stoppt, und dann verschwindet er, aber danach taucht er auf der anderen Seite wieder auf.

– Geht er also durch die Wand hindurch?

– Nein, in dem Zwischenbereich ist er nicht zu sehen.

Zunächst einmal eine Bemerkung dazu, wie die Menschen im virtuellen Kommunikationsraum zu den Informationen kommen. Es ist durchaus nicht notwendigerweise so, dass irgendwelche Gestalten zu ihnen sprechen. Es kann - wie in diesem Beispiel - ein direktes bildliches Erleben, aber auch ein spontanes Wissen sein, so wie eine Intuition.

Nun aber zu der Information selbst. Andrea M. verfügt über keinerlei naturwissenschaftliche Vorbildung, die über gewöhnliches Schulwissen hinausgeht. Dennoch ist dieses Erlebnis sehr bemerkenswert, denn sie beschreibt darin den Vorgang der Informationsübertragung an sich:

Die Information, die einen Menschen erreicht (oder von ihm ausgeht), ist sehr stark verdichtet (wie etwa ein Energiequant) und kommt dann auf eine Barriere (»Wand«) zu, an der sie zunächst abprallt, aber dann plötzlich auf der anderen Seite der Wand wieder auftaucht.

Damit hat Andrea, ohne sich dessen bewusst zu sein, in zwar laienhaften Worten, aber dennoch physikalisch vollkommen korrekt, den Vorgang des Tunneleffekts beschrieben.

Wie war ihr das möglich? Sie selbst hatte sogar das Wort Tunneleffekt noch nie gehört, wie sich herausstellte, als wir hinterher mit ihr darüber sprachen. Selbst wenn sie aber diesen Begriff nur vergessen haben sollte - fast 60 Jahre lang war der Tunneleffekt ein rein physikalisch-technischer Begriff, den kein Wissenschaftler je mit Informationsübertragung in Verbindung gebracht hätte -, bis Günter Nimtz erst im Jahre 1996 mit seiner Übertragung von Mozarts Symphonie bewies, dass so etwas möglich ist. Dies konnte Andrea also unmöglich damals schon bekannt gewesen sein.

Dass sogar der Mensch über seine Zellebene auf diese Weise Informationen aussenden und empfangen kann, erfuhren selbst wir erst im Laufe des Jahres 1998, und zwar nur durch persönliche Kontakte nach Moskau, denn die entscheidenden Konsequenzen des Phantom-DNA-Effekts und weiterer äußerst spannender Eigenschaften unserer Erbsubstanz sind ebenfalls brandneu und bislang nur in russischer Sprache veröffentlicht.[23, 70]

Andrea hat also ganz eindeutig etwas in der Hypnosesitzung ausgesagt, das

1. wissenschaftlich stimmig war und
2. ihr unmöglich bekannt sein konnte.

Dies erinnert natürlich an die Art und Weise, wie einige Wissenschaftler in archetypischen Träumen zu ihren Entdeckungen kamen. Endlich eröffnet sich eine Möglichkeit, diesen Informationsfluss mit wissenschaftlichen Methoden zu untersuchen, denn im Gegensatz zu einem solch sporadischen Inspirationstraum ist eine Hypnosesitzung jederzeit reproduzierbar. Und die hier abgedruckte Trance-Aussage ist bei Weitem kein Einzelfall. Unser Archiv ist voll mit ähnlich verblüffenden Informationen, die Menschen im virtuellen Kommunikationsraum verfügbar wurden.

Selbst die Schilderungen des »Gitters« und der »Matrix« am Anfang des Protokolls lassen sich inzwischen nachvollziehen.

Die Phantom-DNA folgt, so Vladimir Poponin, den gleichen Gesetzen wie ein kompliziertes unharmonisches Wellenmuster, das in der Physik auch als *Fermi-Pasta-Ulam-Gitter* bezeichnet wird. Mithilfe dieses Gitters wird der Kommunikationskanal, das Wurmloch, erst aufgebaut, und erst dann kann die eigentliche Information fließen, wie Andrea es - wie wir jetzt sehen, vollkommen korrekt - geschildert hat.[64]

Verglichen mit diesen faszinierenden Erkenntnissen der modernsten Wissenschaften wirken die herkömmlichen UFO-Erklärungen geradezu fade, so wie ein zweitklassiger Science-Fiction-Film aus den fünfziger Jahren.

Fassen wir nochmals zusammen: Wenn ein Mensch sich in Trance an ein Erlebnis mit Außerirdischen zu erinnern scheint, so ist dies eine Erinnerung an ein Erlebnis in einer virtuellen Realität. Auch das Aussehen der dort auftretenden Gestalten ist virtueller Natur und erlaubt im Grunde keine Aussage darüber, mit wem der Mensch da wirklich kommuniziert. Es ist klar, dass die Kommunikationspartner außerhalb der Persönlichkeit des Betroffenen existieren müssen. Ob es aber wirklich Außerirdische sind, die da kommunizieren, oder ob die Mitteilungen einem Zugriff auf ein persönlichkeitsübergreifendes Gruppenbewusstsein entstammen, bleibt offen.

Im Zustand der Hpyerkommunikation werden Informationen freigesetzt, die teilweise wissenschaftlich nachvollziehbar sind, oftmals auf allerneueste wissenschaftliche Entwicklungen hinweisen und in engstem Zusammenhang mit den Themen dieses Buches stehen.

Wenn wir also hier diesen Effekt zur Sprache bringen, so nicht aus dem Grund, um Ihnen irgendetwas Fantastisches oder gar »Übernatürliches« zu präsentieren. Es geht hier rundherum nur um wissenschaftlich überprüfbare und verständliche Fakten.

Hyperkommunikation ist ein in der Natur seit Jahrmillionen angewendetes bewährtes Konzept. Sie sorgt für einen geordneten Ablauf des Lebens im Insektenstaat und half auch der frühen Menschheit bei ihren ersten Schritten in Richtung Zivilisation auf die Sprünge.

Seit der Mensch ein Individualbewusstsein entwickelt hat und nunmehr in der Lage ist, Probleme selbst auf rationale Weise zu lösen, ist die Hyperkommunikation etwas in den Hintergrund getreten. Sie erscheint nunmehr auf einer subtileren Ebene, nämlich als Inspiration, als Motor der Kreativität.

Es geht also nicht darum, dass »jemand« oder »etwas« uns hier etwas mitteilen will. Dafür erscheint die Auswahl der betroffenen Personen viel zu willkürlich. Die meisten können mit den Informationen gar nichts anfangen.

Es ist eher wie ein Einklinken ins Internet. Der Mensch erhält plötzlich Zugang zu einem gewaltigen Netzwerk, doch was er dann da herausholt und ob er etwas davon versteht, ist dann schon seine Sache. Auch der Urheber der Information ist nicht unbedingt eindeutig zu klären.

Dieser Urheber kann - genau wie beim Internet - auch unter einem »Pseudonym« auftreten. In unserem Fall bedeutet es z. B., dass er sich als »kleiner Grauer« maskiert. Möglicherweise ist dies sogar notwendig, um die fremde Intelligenz für uns überhaupt erkennbar zu machen.

Es dürfte außer Frage stehen, dass wir alle in irgendeiner Weise Zugang zu diesem Netzwerk haben. Unsere Erbsubstanz kommuniziert auf jeden Fall auf dieser Ebene, denn das dürfte, wie sich inzwischen herausgestellt hat, überlebenswichtig sein. Aber auch in unseren Träumen haben wir wahrscheinlich öfter Zugang zum Gruppenbewusstsein als wir ahnen.

Genau wie beim Internet gibt es nun Könner in der Nutzung dieser Möglichkeiten und andere, die sich lediglich die Zeit damit vertreiben. Kreative Menschen sind in der Lage, tiefgreifende künstlerische Kraft oder wissenschaftliche Ideen aus dieser Quelle zu schöpfen, während andere diese Traumbilder nicht zu würdigen wissen und sie schließlich vergessen.

Wir dürfen ohne Weiteres davon ausgehen, dass die Originalinformation, die einem Menschen im Zustand der Hyperkommunikation verfügbar wird, stimmig ist. Bei der Übertragung dieser Information zum Menschen kommt es jedoch zu mehreren Stufen der Verzerrung.

Die erste Stufe dürfte physikalischer Natur sein und entspricht den Beobachtungen von Günter Nimtz bei seinen Überlichtgeschwindigkeitsexperimenten. Die Originalinformation wird komplett übermittelt, sie ist jedoch eingebettet in ein Rauschen, das mit der Information nichts zu tun hat und aus dem sie wieder herausgefiltert werden muss.

Mystische und archetypische Dramatisierungen in der empfangenen Information könnten, wie schon erwähnt, auf diesen Verzerrungsfaktor zurückgeführt werden.

Aber es geht noch weiter. Die sorgfältige wissenschaftliche Analyse der bei der Hyperkommunikation empfangenen Daten zeigt, dass sie durchaus einen Prozentsatz sinnvoller Informationen enthalten. Auch diese sind jedoch der Verzerrung unterworfen, und zwar meist deshalb, weil die Information dem Empfänger selbst nicht verständlich war. Die von uns untersuchten

Personen waren alle keine Naturwissenschaftler, empfingen aber häufig Informationen naturwissenschaftlichen Inhalts, mit denen sie persönlich nichts anfangen konnten und die sie daher auch verzerrt wiedergaben.

Das ist unvermeidbar und würde genauso geschehen, wenn man einem naturwissenschaftlichen Laien ein Buch über Quantenphysik geben und ihn auffordern würde, den Inhalt nachzuerzählen.

Wir haben im letzten Kapitel einige Beispiele von Inspirationen geschildert, durch die Wissenschaftler zu großen Entdeckungen geführt wurden. Dies war ihnen nur deshalb möglich, weil sie eben Wissenschaftler waren und die Daten daher selbst interpretieren konnten. Ein Laie würde dagegen kaum in einer Schlange, die sich in den Schwanz beißt, ein organisches Molekülmodell erkennen. Er würde ganz einfach sagen, er habe eben eine Schlange gesehen.

Dadurch wird die Analyse solcher Informationen so schwierig. Nicht alles, was in den Berichten archetypisch oder unpräzise erscheint, muss wirklich sinnloses »Rauschen« sein, sondern es mag durchaus noch eine Menge überraschender Wahrheit enthalten. Wir werden noch eine ganze Reihe solcher Beispiele kennenlernen.

Eine solche Interpretation kann aber nur gelingen, wenn das Wissen, das hinter einer solchen Trance-Aussage steckt, der Menschheit bereits bekannt ist. Sollte hinter der Hyperkommunikation tatsächlich nur das menschliche Gruppenbewusstsein stecken, dann dürfte auch gar nichts anderes durchkommen.

Zweifellos wird durch Hyperkommunikation das menschliche Gruppenbewusstsein *zugänglich*, aber es gibt keine Beweise dafür, dass es die *einzige* Bewusstseinsebene wäre, die man auf diese Art erreichen kann.

Damit wird es natürlich spannend: Wäre es möglich, durch Hyperkommunikation auch zu neuem, noch unbekanntem Wissen vorzustoßen? Die Frage ist im Grunde schon beantwortet, sonst wären die Inspirationen von Niels Bohr und den anderen genannten Wissenschaftlern nicht zu erklären. Doch woher - und das ist die eigentlich spannende Frage - stammt ein solches Wissen, das noch keinem Menschen bekannt war?

Es ist sicher bei Weitem zu naiv anzunehmen, irgendeine außerirdische Zivilisation käme eigens hierher, um uns etwas beizubringen. Dass sich Hyperkommunikation sehr oft in »außerirdischer Verpackung« manifestiert, mag natürlich ein Hinweis darauf sein, dass die Informationsquelle - welcher Natur auch immer sie sein mag - das Wissen der Menschheit transzendiert und möglicherweise dann sogar außerirdischen Ursprungs ist.

Genaueres hierfür kann nur die Zukunft zeigen. Wir veröffentlichen daher in diesem Buch auch eine Reihe von Hyperkommunikationsdurchsagen, die wir bisher nicht wissenschaftlich nachvollziehen konnten, die aber gleichzeitig nicht unlogisch oder gar dümmlich erscheinen. Ein Beispiel hierfür sind etwa Aussagen über eine Reihe hypothetischer Gehirnzentren, die angeblich an der Hyperkommunikation beteiligt sein sollen, was die Medizin bislang nicht bestätigen kann. Wir werden noch eine Reihe weiterer Beispiele liefern.

Wir tun dies in der Hoffnung, dass sich diese Aussagen irgendwann in der Zukunft wissenschaftlich überprüfen lassen. Vielleicht werden sie sich als falsch herausstellen. Dann gehörten sie tatsächlich zum Rauschen, zur Verzerrung. Vielleicht werden sie sich aber auch als korrekt erweisen. In diesem Fall wären solche Aussagen unumstößliche Beweise dafür, dass es einen Informationsspeicher gibt, der das Wissen der Menschheit übersteigt und von uns angezapft werden kann. Ob man diesen dann gezielt als »außerirdische Intelligenz« personifiziert oder aber als einen gemeinsamen Datenspeicher für alle Intelligenzen im Kosmos ansieht, wäre nur eine sekundäre Frage.

Mit der Zeit standardisierten wir das Verfahren des virtuellen Kommunikationsraumes, um es wissenschaftlich objektivierbar zu machen. Um dies zu erreichen, baten wir die betroffenen Personen, nach Durchdringen der archetypischen Erlebnisebene *selbst* einen geeigneten Kommunikationsraum zu visualisieren – z. B. einen modernen Konferenzraum mit allen audiovisuellen Möglichkeiten der Kommunikation –, was ihnen auch gelang. Damit war eine vollkommen erlebnisunabhängige Plattform geschaffen, wie sie auch in anderen Therapieverfahren, etwa dem Erfolgstraining oder dem Katathymen Bilderleben, als Basis für innere Erkenntnisprozesse dient.

Der Vorteil dieses Verfahrens besteht nicht nur darin, dass damit das Erleben des Menschen in Trance gänzlich von jeglichem archetypischen Ballast befreit wird, sondern es bietet dem Betroffenen gleichzeitig ein größeres Sicherheitsgefühl. Da er selbst Schöpfer der virtuellen Bühne ist, ist die Gefahr von Angstreaktionen auf ein Minimum reduziert. Der Betreffende hat dadurch das Gefühl, die Situation besser unter Kontrolle zu haben. Die Hyperkommunikation selbst funktioniert unter diesen Bedingungen genauso gut.

Die bereits bekannten Gestalten lassen sich auf Wunsch auch in diesen visualisierten Konferenzraum projizieren, und die Kommunikation läuft genauso ab wie in der abstrakten Szenerie, auch mit den gleichen physikalischen Nebenwirkungen.

Diese *VR-Methode* des *virtuellen Kommunikationsraumes*, die wir auf rein empirische Weise entdeckt haben, setzen wir nunmehr seit Jahren erfolgreich in der Praxis ein.

Sie erweist sich momentan als der wirksamste Weg, um Menschen mit sogenannten »UFO-Erfahrungen« wirklich dauerhaft zu helfen und sie von ihren Ängsten zu befreien. Die Methode wirkt unverzüglich und endgültig und respektiert in angemessener Weise die Persönlichkeit des Patienten.

Hypnoid	physische Entspannung, Schläfrigkeit, Flattern der Augenlider, Lidschluss, Lethargie, geistige Entspannung, Schweregefühl
leichte Trance	Augenschwere, Starregefühl, vertiefte Atmung, langsamer Puls, Passivität, Gefühl des Hineinsinkens, einfache posthypnotische Suggestionen
mittlere Trance	vollständige Muskelhemmung, partielle Amnesien, Schmerzunempfindlichkeit, Geruchs-, Geschmacks- und Gefühlsillusionen, Übersensibilität
tiefe Trance	Fähigkeit, in Hypnose die Augen zu öffnen, Somnambulismus, vollständige Amnesie, vollständige Schmerzunempfindlichkeit, Gefühl des Schwebens und Auflösens, akustische und visuelle Halluzinationen, Farbempfindungen
Koma	tiefster Trancezustand, für therapeutische Zwecke ungeeignet

Tabelle 1: Stufen der hypnotischen Trance

Am spektakulärsten ist bei diesen Hyperkommunikationserlebnissen aber, dass sie mit physikalisch messbaren Nebeneffekten einhergehen.

Zuerst fiel uns auf, dass fast immer, wenn ein Mensch mit einem solchen Erlebnis bei uns in Trance lag, elektronische Geräte wie CD-Player oder Kassettenrecorder in ihrer Funktion gestört wurden. Vorher und hinterher, wenn andere Patienten bei uns waren, funktionierten sie wieder normal.

Das ist kein Wunder, wenn man berücksichtigt, dass ein Hyperkommunikationserlebnis kein rein inneres Erleben des Menschen ist, sondern dass sich in einem solchen Moment auf Zellebene Kommunikationskanäle verstärken, die mit

Wurmlochmagnetismus zu tun haben. Im nächsten Kapitel werden wir noch weitere Argumente hierzu liefern können. Wir gewöhnten uns auf jeden Fall mit der Zeit daran, in der Praxis immer auch unsere physikalischen Messapparaturen zur Hand zu haben.

Der wichtigste physikalisch messbare Befund ist der, dass das Einschalten der Hyperkommunikation beim Menschen sehr charakteristische Reaktionen auslöst. Wir überwachen derartige Hypnosezustände immer mit Biofeedbackgeräten, zum einen zur Messung des elektrischen Hautwiderstandes, eines wichtigen Parameters, der nicht der bewussten Kontrolle unterliegt und als ein Maß für die Entspannungstiefe gilt. Außerdem überprüfen wir natürlich auch die Gehirnwellen des Menschen mithilfe eines Elektro-Enzephalographen (EEG).

Dabei ergab sich für den Moment, in dem die Hyperkommunikation aktiviert wird (also nach dem Durchdringen der Archetypenebene), ein charakteristisches Muster.

Zuerst fiel auf, dass die betroffenen Personen eine vergleichsweise tiefere Trance erreichen, als es bei Menschen mit anderen Problembereichen der Fall ist, und zwar ohne dass dies vom Therapeuten mit speziellen Vertiefungstechniken herbeigeführt werden müsste.

Genauer gesagt: Wo andere einen leichten Entspannungszustand - einen sogenannten Alpha-Zustand - erreichen, gehen diese Menschen in ein Stadium, das im EEG durch ein ausgeprägtes Maximum zwischen 7 und 8 Hertz gekennzeichnet ist. In diesem Bereich liegt die elementare *Schumann-Frequenz*, also die erste Erdresonanz (vgl. auch unser Buch »Zaubergesang«[17]). Dass es in einem solchen Zustand zu transpersonalen Erlebnissen auf der Ebene menschlichen Gruppenbewusstseins oder eines wie auch immer gearteten Erdbewusstseins kommen kann, ist also im Grunde nicht ungewöhnlich.

Sobald diese Stufe erreicht ist, kommt es zur nächsten charakteristischen Reaktion, und zwar im Bereich des Hautwiderstandes. Dieser Wert nimmt normalerweise im Verlauf einer Trance-Einleitung mehr oder weniger kontinuierlich zu und zeigt so die Trancetiefe relativ zuverlässig an. Kleinere Schwankungen lassen sich als Reaktionen auf bestimmte Worte zurückführen, die der Therapeut während der Hypnosesitzung verwendet.

Nun aber, nachdem die Schumann-Resonanz im Gehirnspektrum erreicht war, fing bei dieser Personengruppe ein regelloses Auf- und Abspringen der Hautwiderstandsanzeige an, wobei der Wert innerhalb von Sekundenbruchteilen um das Zehnfache anschwellen und genau so schnell wieder abnehmen konnte. Eine solch heftige Reaktion konnten wir zuvor noch bei keiner anderen Patientengruppe beobachten - der Hersteller des Gerätes offenbar auch nicht, denn sehr häufig überlebten die nicht ganz billigen Elektroden diese Tortur nicht allzu lange.

Während dieser heftigen Hautwiderstandsreaktion erreichte das Gehirnwellenspektrum ein neues Maximum, diesmal im Bereich von 17 Hertz. Sobald dieser Wert erreicht war, kam die Hautwiderstandsanzeige zur Ruhe, und die Hyperkommunikation schaltete sich ein.

Der 17-Hertz-Wert ist insofern interessant, als er vollkommen tranceuntypisch ist. Alle Werte oberhalb von 13 Hertz werden dem Beta-Spektrum und damit dem normalen Wachzustand zugeschrieben.

Nach ihren subjektiven Gefühlen im Verlauf dieser seltsamen Entwicklung befragt, berichteten die meisten der Betroffenen, sie hätten ein Gefühl gehabt, als ob sie von elektromagnetischen Wellen durchflossen würden.

Für den objektiven Beobachter einer solchen Hypnosesitzung ergibt sich auch ein entscheidender Unterschied zu der sonst bekannten Trance: Sobald die Hyperkommunikation sich einmal eingeschaltet hat, sprechen die Personen mit erstaunlich klarer, häufig sogar mit veränderter Stimme, und auch die Informationen, die sie übermitteln, kommen in der Regel recht schnell und deutlich formuliert durch.

Dies bedeutet noch nicht automatisch, dass die Informationen dann auch korrekt sein müssen, doch im Gegensatz zu den sonst eher etwas nebelhaften Hypnoseeindrücken, die Menschen im Allgemeinen schildern, deutet dies auf einen *erweiterten Bewusstseinszustand* hin, was der erhöhten Gehirnfrequenz gut entspricht.

Fassen wir die Phasen noch einmal zusammen, die beim Menschen ablaufen, bis sich ein bewusster Hyperkommunikationskanal einschaltet:

1. Der Mensch erreicht schnell eine relativ tiefe Trance im Bereich von etwa 7–8 Hertz, der exakt der fundamentalen Schumann-Resonanz entspricht.
2. Die Hautwiderstandswerte, die Indikatoren für den Zustand des vegetativen Nervensystems sind, schwanken extrem und unkontrolliert.
3. Das Gehirnwellenspektrum erreicht ein neues Maximum im Bereich von etwa 17 Hertz, ohne dass der Mensch aus der Trance erwachen würde. Die vegetativen Werte beruhigen sich wieder.

Punkt 1 stimmt exakt mit den Forschungen von Michael Persinger überein. Er stimulierte das Gehirn mit modulierten Schumann-Resonanzen und kam zu den gleichen Ergebnissen.

Der sicher merkwürdigste Fall eines physikalisch nachweisbaren Effekts in Zusammenhang mit der Hyperkommunikation war der des 23-jährigen Studenten Ralf S. Im Anschluss an ein ganz normales Beratungsgespräch mit dem jungen Mann in unserer Praxis - es fand also keine Hypnosesitzung statt - stellten wir nämlich fest, dass unser Anrufbeantworter zu Hause aus unerklärlichen Gründen Teile dieses Gesprächs aufgezeichnet hatte! Niemand von uns hatte während dieser Gesprächssitzung den Anrufbeantworter angerufen.

Doch es wurde noch rätselhafter: Obwohl die Sätze, die wir noch wenige Stunden zuvor zu Ralf gesprochen hatten und an die wir uns noch deutlich erinnerten, klar hörbar waren (wir haben das Band als »Beweismittel« archiviert, sodass sich jeder davon überzeugen kann), waren Ralfs Antworten auf dem Band kaum zu verstehen. Immer, wenn er im Verlauf des Gesprächs das Wort hatte, erklang auf dem Band nur ein dumpfes Geräusch, so als hätte sich der Klang seiner Stimme durch Übersteuerung oder Rückkopplung bis zur Unkenntlichkeit verzerrt.

Dies ist ein klares Indiz dafür, dass Ralf, genauer: etwas in seinem Kopf, in seinem Gehirn, der Urheber dieses seltsamen Vorgangs war.

Der Grund ist einfach: Jeder Mensch hört seine eigene Stimme nicht nur über die Ohren, sondern zusätzlich auch innerlich über die angrenzenden Knochen des Schädels, die den Schall ebenfalls weiterleiten. Nehmen wir an, Ralfs Gehirn hätte tatsächlich eine Frequenz ausgesandt, die die akustischen Informationen aus dem Raum weitergeleitet hatte. Sobald er selbst sprach, hätten sich dann die über seine Schädelknochen übertragenen Schallwellen dieser Information überlagert und sie dadurch verzerrt. Es wäre dann zu einer Rückkopplung gekommen, ganz ähnlich, als würde man bei einer Aufnahme ein Mikrofon zu dicht neben den Lautsprecher stellen. Die Stimme des Sprechers wäre tatsächlich verzerrt.

Aber wie ist es zu erklären, dass ein Mensch (beabsichtigt oder unbeabsichtigt) auf einen mehr als zwei Kilometer entfernten Anrufbeantworter Einfluss nimmt?

Die einzig mögliche Erklärung lieferte unser Handy, das im Praxisraum auf einem Beistelltisch lag. Dieses Handy befand sich während unseres Gesprächs im sogenannten Stand-by-Betrieb, d. h. es war zwar keine Gesprächsverbindung zu einem anderen Anschluss aufgebaut, aber es war eingeschaltet und konnte somit prinzipiell von außen angerufen werden.

Ein eingeschaltetes Handy reagiert durchaus auf elektromagnetische Frequenzen aus der Umgebung, denn nur so kann es ja vom Telekom-Rechner angepeilt werden, wenn ein Anruf eingeht. Doch diese Frequenzen sind bekanntermaßen im ELF-Bereich (also im Bereich unter 10 Hertz) gepulst, im gleichen Wellenbereich also, den das menschliche Gehirn produziert.

Dass Ralfs Gehirn solche ELF-Wellen erzeugt, steht außer Frage. Wurden diese Wellen möglicherweise durch ein sich aufbauendes elektromagnetisches Feld im Raum so verstärkt, dass sie das wenige Meter daneben liegende Handy aktivieren konnten, um für einige Minuten eine Gesprächsverbindung zu unserem Anrufbeantworter aufzubauen?

Kurze Zeit später erhielten wir noch einen weiteren Hinweis, der diese Vermutung stützt.

Der bulgarische Arzt *Dr. Jordan Petrow* beschrieb in seinem Buch über die Heilerin *Luba Popowa* nämlich ein interessantes Detail, das uns auf die entscheidende Spur führte.[59]

Luba Popowa, eine ganz einfache Frau ohne höhere Schulbildung, behauptet nämlich, ihre Heilfähigkeiten seien nicht angeboren, sondern sie sei von einem unsichtbaren »Lehrer« für diese Aufgabe vorbereitet worden.[65]

Die Frau interpretiert diese Lehrergestalt im Rahmen ihres bodenständigen Weltbildes als eine religiöse Figur. Petrow als Wissenschaftler sieht den Fall aus einer etwas anderen Perspektive, denn in den Visionen und Träumen der Frau kommen teilweise recht technisch klingende Details zur Sprache, die nicht so

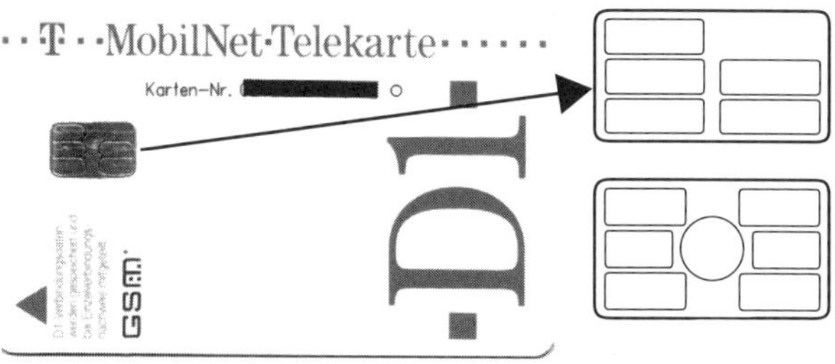

Abb. 8: D1-Handy-Chipkarte (links) mit dem aufgeprägten Chip. Rechts oben eine schematische Darstellung dieses Chips. Darunter der typische Chip einer normalen Telefonkarte, die der Form von zwei gegenüberliegenden Buchstaben E mit einem Kreis ähnelt, so wie sie Luba Popowa beschrieb.

recht zu dem religiösen Kontext passen wollen und - in unseren Worten ausgedrückt - eher einen Fall von Hyperkommunikation vermuten lassen.

So erzählte Luba Popowa ihm einmal von einem Traum, in dem sie gesehen haben will, wie ihr der »Lehrer« angeblich eine Struktur aus einer Art von Drähten in den Kopf einpflanzte, die sie wie »zwei gegenüberstehende Buchstaben E mit einem Kreis dazwischen« beschrieb.

Dr. Petrow, der in Deutschland lebt und hier als Arzt praktiziert, erkannte diese seltsame Form sofort. Sie gleicht genau dem elektronischen Chip, der auf deutschen *Telefonkarten* aufgeprägt ist. Derartige Karten waren zu jener Zeit, als die Frau ihm den Traum erzählte, in Bulgarien jedoch noch unbekannt, denn damals gab es dort nur Telefonkarten mit Magnetstreifen. Sie konnte die Form dieses Chips also keinesfalls kennen.

Sollte dies ein weiteres Indiz zur Erklärung des seltsamen Vorfalls mit dem Anrufbeantworter sein? Ein D1-Handy der Telekom hat nämlich zur Herstellung der Verbindung auch eine Chipkarte in sich, die einen ganz ähnlichen Mikrochip trägt.

Wir wollen nun keineswegs behaupten, Luba Popowa oder gar Ralf S. hätte wirklich einen solchen materiellen Mikrochip im Kopf. Dafür gibt es keinerlei Beweise. Allerdings beschreibt Frau Popowa im Zusammenhang mit der Kommunikation mit einer fremden Intelligenz genau eine Struktur, die in der deutschen Telekommunikation technisch zur Anwendung kommt. Vielleicht ist dies zumindest ein symbolischer Hinweis darauf, dass bei der Kommunikation mit der fremden Intelligenz, wie wir sie hier untersuchen, auch solche Telefonkarten, möglicherweise auch Handys, tatsächlich beeinflusst werden könnten.

Ganz ähnliche Formen tauchen nämlich noch in einer ganz anderen Ecke wieder auf, und zwar in der Kultur der Mayas in Mittelamerika. Wie wir noch sehen werden, glaubten die Mayas an sogenannte Bienengötter, die vom Himmel herniederfahren und die Menschen in Verbindung mit einer kosmischen Energie bringen - ein eindeutiger Hinweis auf Gruppenbewusstseinsprozesse und Hyperkommunikation.

Berühmt ist bis heute der Maya-Kalender, dessen Genauigkeit zur Zeit des Mittelalters die unseres europäischen Kalenders weit überstieg. In diesem Maya-Kalender werden Tage, Monate und Jahre durch Hieroglyphen gekennzeichnet, von denen einige auffallend an heutige Mikrochips erinnern.

So zeigt zum Beispiel die Maya-Glyphe *Kan* (s. Abb. 9 a) - der *Same* - eine liegende E-ähnliche Struktur mit einem darüberliegenden Kreis. Sie symbolisiert im Maya-Kalender die Kraft des Erblühens, die *Zielgerichtetheit* und die ordnende Kraft des Wachstums.

Die *Cib*-Glyphe (Abb. 9 b) hingegen ist das Zeichen des *Kriegers*. Sie steht für die *Kraft der kosmischen Intelligenz* und zeigt ebenfalls E-ähnliche Strukturen mit einer Spirale in der Mitte.

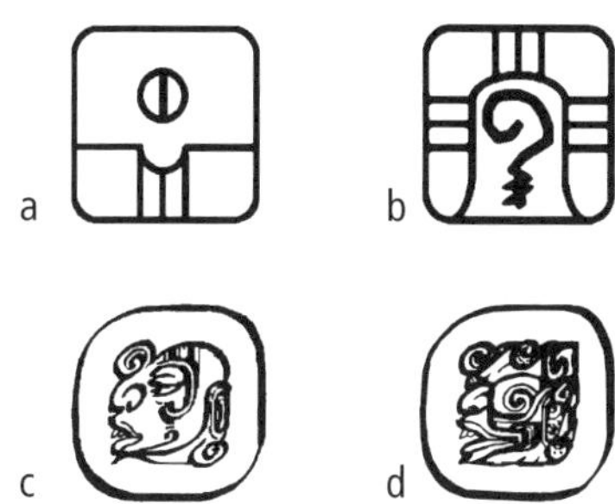

Abb. 9: Die Glyphe Kan - der Same (a) -, daneben die Glyphe Cib - der Krieger (b) - aus dem Maya-Kalender. Darunter die gleichen Symbole eingebettet in einen menschlichen Schädel.

Interessanterweise wurden diese Glyphen bei den Mayas nicht nur in abstrakter Form dargestellt, sondern auch eingebettet in menschliche Schädel, so als wäre den Mayas ein Zusammenhang der Formen mit dem menschlichen Gehirn bewusst gewesen.

Wie die Maya-Glyphen uns zeigen, tragen diese Chip-ähnlichen Formen offenbar eine archetypische Bedeutung und haben etwas mit der Kommunikation des menschlichen Gehirns mit einer äußeren, möglicherweise kosmischen, Energie zu tun. Die Ähnlichkeit unserer heutigen Mikrochips auf Telefonkarten zu diesen Maya-Glyphen wäre dann nicht unbedingt ein Zufall, sondern eher ein Ausdruck globaler Naturgesetze, über die bereits frühere Kulturen Wissen besaßen.

Sollte sich eines Tages herausstellen, dass die umstrittenen - irdischen oder außerirdischen - Implantate wirklich existieren und ähnliche Formen in sich tragen, so wäre dies natürlich eine Riesensensation.

Der häufigste Nebeneffekt bei der Hyperkommunikation sind unerklärliche elektromagnetische Felder in der Umgebung der betroffenen Personen. Diese sind - auch wenn die Menschen sich nicht in Trance befinden - in der Umgebung des Körpers messbar, ohne dass die Betreffenden irgendeinen metallischen Gegenstand oder ein technisches Gerät bei sich tragen würden, das dafür verantwortlich zu machen wäre.

Wie wir feststellten, blieb ein solches Magnetfeld sogar noch im Raum erhalten, wenn der betroffene Mensch bereits gegangen war. Dies beweist deutlich, dass weder der Mensch noch gar etwas, das er bei sich trug, Auslöser eines solchen Feldes war. Vielmehr ist es so, wie es Garjajev und Poponin bei ihren Messungen des Phantom-DNA-Effekts festgestellt hatten: Unsere DNA-Sequenzen lagern magnetisierte Wurmlöcher um sich herum an, und diese Veränderung in der Raum-Zeit-Struktur kann noch nach Entfernen der DNA-Probe erhalten bleiben.

In den von uns untersuchten Fällen dauerte es manchmal mehrere Stunden, bis sich ein solches Phantom-DNA-Feld in unserer Praxis wieder abbaute. Es war zuweilen noch bis auf die Straße messbar.

Derart große physikalische Effekte lassen sich natürlich nicht mehr allein durch mikroskopischen Wurmlochmagnetismus erklären. Sie treten ja, wie wir sehen, auch nicht bei allen Menschen auf.

Wir wollen nun genauer untersuchen, ob es unter geeigneten Bedingungen tatsächlich möglich wäre, dass sich derartige Wurmlochkanäle kurzfristig zu größeren, makroskopischen Tunneln zusammenschließen. Auch hierüber erhielten wir von einer Person in Trance eine Hyperkommunikationsauskunft:

- Ich erfahre, daß Gravitation manipulierbar ist, daß man hierfür aber ein enormes Wissen über Frequenzen braucht, viel größer als wir Menschen es momentan haben. Es hat mit dem Aufbau dieser Kräfte zu tun. Es durchdringt sich.

– Was durchdringt sich?

– Die Kräfte. Gravitationskraft und Frequenzen.

– Was für Frequenzen?

– Licht. Das Wissen, das wir Menschen haben, ist noch sehr vereinfacht. Es ist alles viel differenzierter.

– Was ist in diesem Zusammenhang mit »Licht« gemeint? Wir verstehen Licht als ein Spektrum, von Rot bis Violett, und alles dazwischen bildet den sichtbaren Bereich. Ist das gemeint, oder geht es um alle möglichen elektromagnetischen Frequenzen?

– Was ich erkenne, ist, daß der Begriff Licht bei uns noch sehr banal oder sehr primitiv dargestellt wird, und was wirklich dahintersteht, ist sehr viel differenzierter. Ich habe immerzu einen Begriff im Kopf, ich weiß nicht, ob er etwas damit zu tun hat: Interferenzen.

– Interferenzen von bestimmten Frequenzen, die hier wichtig sind?

– Interferenzen sind auch wichtig, um die Gravitation zu manipulieren.

– Na gut. Wir wissen, daß Interferenz entsteht, wenn sich mehrere Lichtwellen überlagern. Dadurch entstehen auf einer Leinwand helle und dunkle Streifen. Dort wo es dunkel ist, kommt es zu gegenseitiger Auslöschung, wo die hellen Streifen sind, kommt es zur Verstärkung. So wie Täler und Berge von Wellen. Was soll das mit Gravitationsmanipulation zu tun haben? Was soll sich da verstärken oder auslöschen?

– Bei dem Bild von Tälern und Bergen, das Sie eben erwähnten, sehe ich, daß es noch ganz viele Quereinschnitte bei den Bergen gibt, die unterschiedlich tief da hineingehen. Es gibt wohl noch eine andere Ebene, die das Ganze differenzierter macht.

– Also der Begriff des Querschnitts ist bei der Gravitation wichtig?

– Ich sehe nur ein solches Bild.

– Gibt es noch mehr, was Sie dazu empfangen?

– Es gibt wohl auch so etwas wie natürliche Einschnitte, die dabei eine Rolle spielen können.

– Was wäre das zum Beispiel?

– Wenn durch irgendeine physikalische Einwirkung bestimmte Frequenzen auftreten, die bestimmte Einwirkungen auf die Einschnitte haben, dann kann das Auswirkungen auf die Gravitation haben.

An dieser Stelle mussten wir uns Gewissheit darüber verschaffen, ob wir hier nicht durch Fantasien zum Besten gehalten wurden. Die Aussagen klangen für uns so exotisch, dass wir ihre Richtigkeit natürlich nicht aus dem Stegreif überprüfen konnten. Also stellte Grażyna an dieser Stelle eine Fangfrage:

– Wir wissen, daß wir es als Menschen hier auf der Erde meist mit zwei Gegenpolen zu tun haben. Zum Beispiel positive und negative elektrische Ladungen. Die Menschen können die Gravitation bisher nicht manipulieren, da es nach unserem Wissen zur Materie keinen Gegenpol gibt, vergleichbar den positiven und negativen elektrischen Ladungen. Elektromagnetische Kräfte haben also solche Gegenpole. Bedeutet eine Verbindung zwischen Elektromagnetismus und Gravitation, daß es auch im Sinne der Schwerkraft Gegenpole zur Materie gibt? Was könnte so ein Gegenpol sein? Vielleicht Antimaterie?

Die Fangfrage bestand darin, dass Antimaterie auf keinen Fall der Gegenpol zur Materie im Sinne der Gravitation sein kann. Antimaterie stellt gerade den *elektrischen* Gegenpol zur gewöhnlichen Materie dar. Das Antiteilchen zum negativ geladenen Elektron zum Beispiel ist das Positron, das die gleiche Masse, aber eine positive Ladung besitzt. Gleichwohl ist der Begriff der »Antimaterie« mittlerweile in weiten Kreisen der Bevölkerung bekannt, nicht zuletzt durch zahlreiche Star-Trek-Filme. Würden die Aussagen der Person sich also nur auf unbewusste Erinnerungen an Science-Fiction-Filme beziehen, würde sie mit hoher Wahrscheinlichkeit auf dieses angebotene »Reizwort« mit Ja antworten.

Doch ihre Antwort war für uns eine Überraschung:

– Nein. Es hat etwas mit Raum-Zeit-Strukturen zu tun, und die Materie spiegelt sich darin. Es geht um die Spiegelung der Materie.

Fassen wir die wesentlichen Punkte der Trance-Aussage zusammen:

- Für den Aufbau makroskopischer Wurmlochkanäle sind Gravitationskräfte verantwortlich. Genauer gesagt: Es sind »Spiegelmassen« im Spiel, also abstoßende Gravitationskräfte, die auch als »Antigravitationskräfte« bezeichnet werden.
- Gravitation ist manipulierbar. Man benötigt hierzu allerdings mehr Wissen darüber, wie sich die Grundkräfte der Physik gegenseitig durchdringen.
- Speziell Elektromagnetismus (»Licht«) und Gravitation beeinflussen sich gegenseitig.
- Es gibt bestimmte natürliche Gebirgsformationen (»Einschnitte«), die das Entstehen solcher Anomalien begünstigen.

Dies alles klingt natürlich höchst exotisch, doch wir sind diesen Fragen nachgegangen und haben überall in der Welt bei namhaften Forschungsinstituten recherchiert, um dem aktuellen Stand der offiziellen Antigravitationsforschung auf die Spur zu kommen.

Das Ergebnis war: All diese Aussagen stimmen bis ins Detail, und das, obwohl einige der zentralen Entdeckungen erst im Jahre 1998, also eine ganze Weile nach der geschilderten Hypnosesitzung, gemacht wurden. Ein weiterer klarer Beweis dafür, dass hier echte Hyperkommunikation im Spiel war.

Antigravitation und ihre mögliche Beherrschung erweisen sich als die Schlüsseltechnologie der Zukunft, auch wenn es darum geht, die Hyperkommunikationskanäle besser zu verstehen. Daher möchten wir Sie jetzt zu einem umfassenden Streifzug durch dieses faszinierende und in der breiten Öffentlichkeit noch nahezu unbekannte Forschungsgebiet einladen.

Es soll dabei nicht unerwähnt bleiben, dass die »Antigravitation« im Grunde keine neuentdeckte Kraft ist, sondern nur einen neuen Aspekt der bereits bekannten Gravitationskraft darstellt (genau wie es bei der Elektrizität positive und negative Ladungen und damit auch anziehende und abstoßende Kräfte gibt).

Wir beginnen bei den »natürlichen Einschnitten«, d. h. mit einer seltsamen Region im fernen Sibirien, in der die Soldaten jahrelang durch ständige Fehlalarme auf Trab gehalten wurden – bis sie eines Tages die Nase voll davon hatten ...

– V –

Lichter aus der Spiegelwelt

Die Antigravitation wird sichtbar

Die Grenze Russlands zu China im fernen Altaigebirge Sibiriens ist ein Gebiet, in dem der Kalte Krieg lange herrschte. Doch die Zeiten ernsthafter Grenzkonflikte sind vorbei. Wenn es also in einer russischen Grenzstation einmal Aufregung gibt, so sind es in der Regel Fehlalarme. In dieser Gegend kommt es nämlich regelmäßig zur Sichtung seltsamer Lichterscheinungen, die teilweise halsbrecherische Bewegungen am Himmel vollführen und die Beobachtungsposten natürlich erst einmal in Alarmbereitschaft versetzen.

Die Akten der russischen Grenzsoldaten sind jedenfalls voll von solchen Sichtungen. Ein Grenzoffizier hat natürlich keine Zeit, sich um mögliche physikalische Erklärungen der Lichter zu kümmern, solange er nicht einigermaßen sicher ist, dass es sich nicht etwa um eine chinesische Boden-Luft-Rakete oder sonst etwas Bedrohliches handelt.

Die Objekte sind von unterschiedlicher Größe und müssen nicht immer Kugelgestalt haben. Teilweise sehen sie so bizarr aus, dass die russischen Soldaten sie scherzhaft als »Engel« bezeichnen. Wie wir aus zuverlässiger Quelle erfahren haben, sind diese »Engel« allerdings bei den Soldaten alles andere als beliebt, denn wenn wieder einmal so ein Ding auftaucht, bedeutet es vor allem Arbeit, Unterbrechung der alltäglichen Routine und am Ende jede Menge Papierkram.

Eines Tages hatten die Verantwortlichen im Fernen Osten Russlands genug von den ständigen Belästigungen und den vielen Fehlalarmen, und so beschlossen sie endlich eine wissenschaftliche Untersuchung der Erscheinungen. Diesen Auftrag erteilten sie Professor *Vjatcheslav L. Djatlov,* einem altgedienten Mathematiker, der am Sobolev-Institut für Mathematik der sibirischen Sektion der Akademie der Wissenschaften in Novosibirsk arbeitet. Zusammen mit seinem Mitarbeiter *Alexej N. Dmitrijev* sichtete Djatlov das vorliegende Material - ihnen wurden dazu jede Menge Militärakten zur Verfügung gestellt - und versuchte dann, ein theoretisches Erklärungsmodell zu erarbeiten.

Im Verlauf dieser Arbeit gelangten Dmitrijev und Djatlov nach harter Rechenarbeit zu ihrer bahnbrechenden neuen Arbeit über das Phänomen der »Vakuumdomänen«.[10, 11]

Grundlage der Theorie ist es, die Existenz *negativer Massen* zu akzeptieren. Angeregt wurden sie zu dieser Idee durch die Quantenvakuumfluktuation, die wir im ersten Kapitel erwähnten. Ihre Beschäftigung damit führte sie zu der Schlussfolgerung, das Vakuum müsse eine bestimmte Masse haben, also als ein materielles Medium aufzufassen sein. Diese Vorstellung ist den Wissenschaftlern heutzutage einigermaßen unangenehm, zumindest seitdem die alte Theorie eines Raum und Zeit durchdringenden »Äthers« durch die neueren Konzepte der Kraftfelder im Vakuum von Einstein und Lorentz ersetzt wurde.

Nimmt man aber an, dass im Vakuum nicht nur Teilchenpaare mit positiver, sondern auch mit negativer Masse ständig entstehen und vergehen, würde sich die Gesamtmasse eines Vakuumbereiches über längere Zeit doch zu Null summieren.

Die Vorstellung, es könnte im Universum negative Massen geben, wird unter Physikern schon seit etwa 90 Jahren heftig diskutiert. Damals hatte der Quantenphysiker *Paul Dirac* seine berühmten Gleichungen aufgestellt, mit denen er Quantenphysik und Relativitätstheorie auf eine gemeinsame Grundlage stellte. Auf diese Weise hatte Dirac 1931 erstmals die Antimaterie vorhergesagt.

Dies hat noch nichts mit negativer Masse zu tun, denn Antimaterie bildet den *elektrischen* Gegenpol zur gewohnten Materie. Das Antiteilchen zum negativ geladenen Elektron ist zum Beispiel das positiv geladene Positron. Beide haben jedoch eine positive Masse. Das Positron wurde 1932 experimentell nachgewiesen. Es war das erste Elementarteilchen, das vor seiner Entdeckung in der Theorie vorhergesagt worden war.

Die berühmten Dirac-Gleichungen haben jedoch die Eigenschaft, auch dann noch zu funktionieren, wenn man tatsächlich Teilchen mit *negativer Masse* in sie einsetzen würde. Solche Teilchen würden dann von normaler Materie abgestoßen. Da man diese Art von Materie jedoch nie beobachten konnte, wurde das recht exotische Konzept in der Wissenschaft zunächst nicht ernsthaft weiterverfolgt.[30]

Es ist in der Physik wohlbekannt, dass es Hunderte verlockender, brillanter Theorien gibt, die dennoch in den Schubladen bleiben mussten, weil es für sie nie eine experimentelle Bestätigung gab, und das ist nun einmal für den Physiker das Maß aller Dinge. Wie er genau weiß, ist die Sprache der Theoretiker die Mathematik, mit der sich weitaus mehr als unsere Realität beschreiben lässt. Dass Diracs Gleichungen – ohne Frage brillant in ihrer Klarheit und Eleganz – die negativen Massen theoretisch zulassen würden, beweist daher noch gar nichts.

Das Jahr 1998 brachte den Durchbruch. In diesem Jahr gelang dem Hubble-Teleskop eine sensationelle Beobachtung, die dem Streit um die Existenz oder Nichtexistenz negativer Massen (bzw. einer abstoßenden Antigravitationskraft) für immer ein Ende setzte. Es muss sie geben. Die renommierte *American Association for the Advancement of Science* krönte diese Erkenntnis offiziell zur *Entdeckung des Jahres.*

Was waren das für sensationelle Bilder, die das Hubble-Teleskop den verblüfften Astronomen präsentierte? Die Wissenschaftler glaubten ihren Augen nicht zu trauen: Die Aufnahmen des Teleskops eröffneten ihnen den Blick auf ferne Galaxien, die *älter als das Universum* zu sein schienen.

Um zu verstehen, wie sie zu dieser seltsamen Deutung kamen, muss man erklären, wie die Wissenschaft das »Alter« ferner Himmelskörper und Galaxien bestimmt, nämlich durch die Geschwindigkeit, mit der sie sich von uns entfernen.

Übereinstimmend wird heute allgemein angenommen, dass das Universum vor knapp 20 Milliarden Jahren durch eine gewaltige Explosion aus einem Punkt entstanden ist. Diesen Schöpfungsmoment nennt man den Urknall. Die Theorie basiert auf Beobachtungen des Astronomen Edwin Hubble. Wie er herausfand, entfernen sich ferne Sterne und Galaxien von uns, und zwar um so schneller, je weiter sie von uns weg sind.

Man schätzt die Geschwindigkeit anhand des Doppler-Effekts, den jeder kennt, an dem schon einmal ein Polizeiauto mit Sirenengeheul vorbeigerast ist. Solange es sich nähert, schwillt der Ton langsam an, wird höher, und sobald es uns passiert hat und sich entfernt, wird der Ton tiefer.

Genauso wie mit solchen akustischen Signalen ist es mit dem Licht, das uns von den fernen Galaxien erreicht. Die Wissenschaftler gehen davon aus, dass andere Galaxien im Durchschnitt aus den gleichen Materialien bestehen wie unsere eigene, also hauptsächlich aus Wasserstoff und Helium. Dennoch haben ferne Galaxien eine andere Farbe als nähere. Ihre Farbe ist in den roten Bereich verschoben. Da Rot eine sehr langwellige Farbe im sichtbaren Lichtspektrum ist, heißt dies, dass sich diese Galaxien mit hoher Geschwindigkeit von uns entfernen und uns nur deshalb so rot erscheinen.

Und nun zeigte das Hubble-Teleskop diese wundervollen Bilder von den fernsten Galaxien, die noch keines Menschen Auge zuvor gesehen hatte - doch diese Galaxien waren ein bisschen zu rot! Um so eine Geschwindigkeit erreichen zu können (gegen die Wirkung der allgegenwärtigen Schwerkraft), hätten sie älter als das Universum sein müssen.[95]

Nicht zum ersten Mal in unserem Buch muss jetzt der gute alte Albert Einstein posthum seinen Nachfolgern ein wenig auf die Sprünge helfen. Hierzu müssen wir kurz auf einen kleinen Gewissenskonflikt eingehen, den Einstein durchleiden musste, als er seine Allgemeine Relativitätstheorie aufstellte.

Er hatte bei der Formulierung der Gleichungen nämlich für sein weiteres Vorgehen zwei Alternativen zur Auswahl:

1. Es gab die Möglichkeit, dass auf Massen über große Distanzen im Weltraum nur die uns bekannte Schwerkraft wirkt.
2. Seine Gleichungen ließen grundsätzlich aber auch noch eine kleine kosmologische Konstante zu, wie er es nannte, eine hypothetische Kraft, die der Schwerkraft entgegenwirkte.

Einstein entschied sich letztendlich für die erste Variante, aber nicht etwa, weil man eine solche Kraft noch nicht beobachtet hatte. Das hätte ihn kaum gestört. Es war schließlich seine Spezialität, Theorien von solcher Tiefe aufzustellen, dass andere sie erst Jahre oder Jahrzehnte später nachvollziehen oder überprüfen konnten.

Was Einstein dazu veranlasste, die kosmologische Konstante vorsichtig in seine Schreibtischschublade zu wischen, war der Effekt, den sie auf seine Gleichungen hatte. Bei Variante (1) verhielten sich diese Gleichungen brav, d. h. alles blieb stabil, auch unter extremeren Bedingungen. Sobald man aber die Konstante zuließ, neigte die Schwerkraft dazu, unter bestimmten Voraussetzungen instabil zu werden.

Albert Einstein hasste es, die Schönheit seiner Gleichungen durch Korrekturfaktoren und andere Mätzchen zu verunstalten, und so hielt er es damals durchaus für legitim, die kosmologische Konstante tatsächlich als Null zu definieren.

Was würde er heute sagen? Um die Hubble-Aufnahmen zu erklären, haben die Astrophysiker im Grunde nur zwei Alternativen:

- Die gesamte Urknalltheorie stimmt nicht, oder
- es gibt doch eine kosmologische Konstante, d. h. eine schwache Antigravitationskraft, die zwischen Himmelskörpern als Abstoßung wirkt. Sie würde erlauben, dass die Galaxien sich etwas schneller voneinander entfernen als bisher angenommen wurde.

Da die Urknalltheorie mit anderen Beobachtungsergebnissen recht gut übereinstimmt, mochte sich niemand von ihr verabschieden, und so haben sich die meisten Astrophysiker mittlerweile auf die zweite Alternative geeinigt.[25] Die Antigravitation ist damit in der offiziellen Wissenschaft salonfähig geworden.

Damit müssen wir allerdings auch mit den Konsequenzen leben, die diese Erkenntnis nach sich zieht. Eine davon lautet: Man muss sich von der bisherigen Annahme verabschieden, die Ausdehnungsbewegung des Universums werde durch die Schwerkraft ständig gebremst, sodass es eines Tages wieder in sich zusammenstürzen wird, worauf ein neuer Urknall folgen könnte. Das heißt, jetzt ist klar, dass das Universum in alle Ewigkeit weiter expandieren wird, und sobald der letzte Stern ausgebrannt ist und das letzte schwarze Loch seine Energien verbraucht hat, wird es nur noch wie ein riesiger ausgelaugter kalter und toter Waschlappen herumliegen.

Doch diese Konsequenz, so unangenehm sie auch aussehen mag, braucht uns nicht zu berühren, denn sie liegt ja Gott sei Dank noch etliche Milliarden Jahre in der Zukunft und wird uns und unsere unmittelbaren Nachkommen keineswegs treffen. Viel einschneidender sind für uns die *Instabilitäten der Schwerkraft*, die die Existenz einer Antigravitationskraft nach sich zieht und die schon Einstein so beunruhigt hatten. Für ihn waren es noch Sandkastenspiele am Schreibtisch, doch wir müssen uns heute in der Realität mit diesen Fakten auseinandersetzen. Und damit kommen wir wieder zu Alexej Dmitrijev und Vjatcheslav Djatlov.

Die beiden russischen Wissenschaftler stehen also durchaus auf dem Boden akzeptierter Wissenschaft, wenn sie die Existenz negativer Massen im Weltraum annehmen. Wie gesagt, setzten sie vernünftigerweise ein Gleichgewicht zwischen diesen und den üblichen positiven Massen im Vakuum voraus, wodurch ein Vakuum insgesamt keine messbare Masse hätte.

Sie stellten dann allerdings die ketzerische Frage, was geschehen würde, wenn dieses Gleichgewicht einmal über längere Zeit verletzt würde, piekten also genau in das Wespennest, das Einstein so peinlich vermieden hatte. Tatsächlich standen die beiden Russen vor einer mathematischen Sisyphosarbeit, denn sie verließen sich nicht auf Mutmaßungen, sondern rechneten alles haargenau nach.

Das Ergebnis jedoch war eine Sensation: In Bereichen des Vakuums, in denen ein Missverhältnis zwischen positiven und negativen Massen entsteht – Dmitrijev und Djatlov nennen einen solchen Bereich eine *Vakuumdomäne* –, sind *plötzlich die bekannten Naturkräfte wie Elektrizität und Gravitation aneinander gekoppelt.*

Das bedeutet: Innerhalb einer solchen Vakuumdomäne kann sich *Gravitation in Elektrizität verwandeln* und umgekehrt. Es klingt utopisch, folgt aber ganz klar aus den bekannten und akzeptierten Gleichungen der klassischen Physik!

Wie Dmitrijev und Djatlov weiter herausfanden, kann z. B. durch erhöhte Sonnenaktivität im Weltall tatsächlich eine solche Vakuumdomäne entstehen. Kreuzt nun die Erde auf ihrem Lauf um die Sonne einen solchen Bereich, so gerät diese Vakuumdomäne natürlich in den Bereich der Erdanziehungskraft. An der Schnittstelle zwischen der Erdatmosphäre und der Vakuumdomäne entsteht dann aus der Gravitation ein starkes elektrisches Feld, das in der Atmosphäre zu Leuchterscheinungen, sogenannten *Energophoren*, führt. Kleinere Exemplare dieser Energophore wurden in der Vergangenheit auch oft als »Kugelblitze« bezeichnet.[10, 11]

Die beiden russischen Wissenschaftler fanden weiterhin heraus, dass auch ausgeprägte Bruchlinien in der Erdkruste zur Entstehung solcher Vakuumdomänen beitragen können.[9, 12] Dies würde erklären, wieso die Leuchterscheinungen gerade in der Region des Altai-Gebirges im russisch-chinesischen Grenzgebiet so häufig sind. Weitere Faktoren sind natürlich denkbar und nicht ausgeschlossen.

Die von Dmitrijev und Djatlov teilweise auch selbst beobachteten Leuchterscheinungen können sogar die Eigenschaft haben, *auf Radarschirmen zu erscheinen*, obwohl sie nicht aus fester Materie bestehen. Sie strahlen elektromagnetische Frequenzen im ELF-Bereich aus, also im Bereich jener Längstwellen unterhalb von 10 Hertz, die auch das menschliche Gehirn produziert.

Die geheimnisvollen selbstleuchtenden Körper können uns also *vortäuschen, aus fester Materie zu bestehen,* und sie können unter gewissen Bedingungen *sogar auf unsere Gedanken reagieren!*

Alexej Dmitrijev gelang es, diese überraschende Tatsache selbst zu beobachten. Eine leuchtende Vakuumdomäne folgt in ihren Bewegungen zuweilen den gedanklichen Vorstellungen des Beobachters!

Im Grunde ist dies erklärlich, denn wenn die Leuchterscheinung niederfrequente Wellen aussendet, die in ähnlicher Form auch von unserem Gehirn erzeugt werden, ist ein »gedanklicher Kontakt« zwischen dem Menschen und der physikalischen Erscheinung ohne Weiteres denkbar.

Diese seltsamen Eigenschaften der Vakuumdomänen ließ Beobachter in der Vergangenheit oft den voreiligen Schluss ziehen, es müsse sich bei solchen Erscheinungen um intelligent gesteuerte Flugkörper handeln. Aufgrund der halsbrecherischen Flugbewegungen - so die weitere Argumentation - könne es sich allerdings nicht um irdische Flugkörper handeln, es müssten also »außerirdische Raumschiffe« sein.

Manche dieser Energophore steigen sogar aus dem Erdinnern auf und schießen dann im Steilflug nach oben. Andere konnten nachweisbar Wände aus fester Materie durchdringen. Kurz gesagt ist ihr Verhalten so exotisch, dass sie für eine ganze Reihe von »UFO-Sichtungen« und andere sogenannte »paranormale Ereignisse« verantwortlich sein dürften.

Von nun an kann also ein UFO-Forscher nie mehr behaupten, die Sichtbarkeit eines leuchtenden Objekts auf Radarschirmen oder das scheinbar intelligente Reagieren seien »Beweise« dafür, dass es sich um ein gesteuertes Objekt aus fester Materie und damit - wie meist automatisch angenommen wird - um ein Raumschiff handeln müsse.

Im Grunde sind auch »virtuelle Realitäten« auf Radarschirmen nichts Utopisches mehr. Denken wir etwa an die ECR-Tornados der Bundesluftwaffe, die ja im Kosovo-Krieg von sich reden machten.

Es geht bei den modernen Militärtechnologien, wie bei allen virtuellen Realitäten, wieder um zwei Prinzipien, nämlich um *Tarnung* oder *Täuschung*. Die hypermodernen Stealth-Bomber der USA, die einst unter hohen Sicherheitsvorkehrungen in der geheimen »Area 51« in Nevada entwickelt wurden, bedienen sich des Prinzips der Tarnung. Sie verfügen über eine Spezialbeschichtung, die sie für das feindliche Radar unsichtbar machen soll. In diesem Fall ist also in der Luft etwas da, was dem Radarstrahl entgeht.

Wie solche Entwicklungen zeigen, strebt das Militär in der heutigen Zeit mehr und mehr den virtuellen, »sauberen« Krieg an, damit bei der Bevölkerung möglichst die Hemmschwelle sinkt. Der Kosovo-Krieg brachte allseits die Ernüchterung, nämlich dass zum einen die Vision vom »sauberen Krieg« eine Fiktion bleibt, und zum anderen, dass die neuen virtuellen Techniken nur begrenzt wirksam sind. Dies machte der Ernstfall deutlich, als einer der amerikanischen F117-Stealth-Fighter in der Nähe von Belgrad abgeschossen wurde.

Die deutschen ECR-Tornados, vom äußeren Flugzeug-Design her eigentlich nichts weltbewegend Neues, bedienen sich hingegen des Prinzips der Täuschung. Sie sind bis zum Rand vollgestopft mit Elektronik und Computern. Sobald ein gegnerischer Radarstrahl das Flugzeug erfasst, erzeugen sie Störsignale, die der Flugabwehr Objekte in ganz anderen Bereichen des Himmels vorgaukeln. Gleichzeitig berechnet der Computer aus dem Leitstrahl die genaue Position des Radarpostens, sodass dieser unmittelbar angegriffen werden kann.

Die Meinung, ein Radarsignal setze ein reales, materielles Objekt voraus, ist also in der Tat längst überholt. Immerhin muss aber zumindest an einer anderen Stelle in der Nähe ein solches Objekt, der ECR-Tornado, anwesend sein, der für das virtuelle Signal verantwortlich ist.

Die Forschungen von Dmitrijev und Djatlov beweisen noch mehr: Aus rein physikalischen Gründen bilden sich in der Atmosphäre von Zeit zu Zeit Energieerscheinungen, die ebenfalls auf Radarschirmen erscheinen können, ohne mit irgendeinem materiellen Objekt oder gar technischen Gerät in Verbindung zu stehen. Sie können dabei unregelmäßige Bahnen beschreiben, genau so wie es von UFO-Sichtungen berichtet wird.

Allerdings sind auch die Vakuumdomänen alles andere als etwas Alltägliches. Aus der russischen Theorie folgt, dass die Leuchterscheinungen nur einen Sekundäreffekt eines dahinterstehenden Phänomens darstellen, das immerhin recht exotisch ist und über dessen Ursachen man noch recht wenig weiß. Damit eine solche Erscheinung entsteht, muss zunächst in einem Bereich des Universums ein Ungleichgewicht zwischen positiver und negativer Masse entstehen.

Und damit kommen wir wieder zurück zur Theorie der Wurmlöcher, die bekanntlich von dem amerikanischen Quantenphysiker John Wheeler theoretisch gefordert wurden. Wheelers Schüler *Kip Thorne,* heute Inhaber des Feynman-Lehrstuhls am Caltech-Institut in Kalifornien, stellt seit Jahren ebenfalls intensive Berechnungen an, um zu ergründen, unter welchen Bedingungen ein solches Wurmloch groß und stabil genug wäre, damit ein Raumschiff durch es hindurchfliegen könnte, um einen fernen Bereich des Universums zu erreichen. Lange Zeit glaubte man, dies sei nicht möglich, da alle Berechnungen ergaben, dass Wurmlöcher sich unter der Wirkung der Gravitation zusammenschnüren und so den Tunnel nach kurzer Zeit wieder unterbrechen würden.[26]

Inzwischen haben jedoch *David Hochberg* vom Spanischen Institut für Luft- und Raumfahrttechnik sowie *Matt Visser* von der Washington University in St. Louis errechnet, dass stabile Wurmlochverbindungen doch theoretisch denkbar sind, aber nur dann, wenn eine erhebliche Menge exotischer Materie (mit negativer Masse) zur Verfügung stünde.

Kurz gesagt - *ein stabiles Wurmloch bildet eine ausgeprägte Vakuumdomäne* im Sinne Dmitrijevs und Djatlovs aus, die sich dann in unserer Atmosphäre unter der Wirkung der Gravitation in eine Leuchterscheinung verwandeln würde. Selbst wenn man also in der Zukunft ein Raumschiff bauen könnte, das einen solchen Bereich durchtunnelt, wäre diese Reise aufgrund der auftretenden elektromagnetischen Kräfte nicht gerade ungefährlich.

Der Clou in der Theorie von Dmitrijev und Djatlov besteht darin, dass man die Aussagen auch umkehren kann. Professor Djatlov hat es uns auf Nachfrage ausdrücklich bestätigt: Trifft eine solche Vakuumdomäne auf ein starkes elektrisches Feld, so wirkt die Kopplung auch in umgekehrter Richtung, und die *Elektrizität verwandelt sich in Gravitation.* Auf diese Weise wäre also tatsächlich ein Weg offen, um die Gravitationskraft zu manipulieren; die Elektrizität beherrscht unsere Technik ja schon recht gut.

Die russischen Wissenschaftler bezeichnen übrigens Materie mit negativer Masse als »linke Welt« oder »Spiegelwelt«, im Gegensatz zu der uns allen bekannten positiven Materie der »rechten« oder normalen Welt.

Es stellt sich nun die Frage, welche praktische Bedeutung die Theorie der Vakuumdomänen für uns hat, außer der, dass sie faszinierend klingt und eine vernünftige wissenschaftliche Erklärung für rund 80 Prozent der bekannten »UFO-Sichtungen« liefert, ohne auf die üblichen »Außerirdischen-Hypothesen« zurückgreifen zu müssen.

Wir wollen die Möglichkeit außerirdischer Zivilisationen, die auch in der Lage wären, mit Raumschiffen zu uns zu kommen, damit keineswegs kategorisch ausschließen. Eine solche Hypothese lässt sich niemals widerlegen, doch die derzeitige Beweislage lässt es auch nicht zu, sie als wahr anzunehmen.

Auf jeden Fall eröffnen die neuen physikalisch-medizinischen Theorien der Hyperkommunikation und der Vakuumdomänen erstmals die Möglichkeit, diesen Bereich wirklich wissenschaftlich fundiert zu untersuchen. Es gibt bei Weitem zu viele Sichtungen von seltsamen Lichterscheinungen am Himmel, als dass sie alle von realen »Raumschiffen« stammen könnten. Dies ist auch den seriösen UFO-Forschern bewusst. Der Großteil dürfte tatsächlich auf selbstleuchtende Plasmakörper und Vakuumdomänen zurückzuführen sein.

Doch selbst, wenn eines Tages der Nachweis gelingen sollte, dass fremde Besucher bereits hier sind (oder hier gewesen sind) – indem zum Beispiel amerikanische oder russische Militärs dies offen zugeben würden –, würde dies auf die hier geschilderten wissenschaftlichen Erklärungen keinen Einfluss haben. Zweifellos wäre die Überbrückung der immensen Distanzen im Kosmos überhaupt nur mithilfe von Antigravitationsantrieben und durch Nutzung von Wurmlochkanälen möglich. Ein reales Raumschiff würde also aller Wahrscheinlichkeit nach die gleichen Kanäle benutzen, die zur Hyperkommunikation dienen und die sich in Form von Vakuumdomänen sichtbar äußern. Auch unsere irdischen Wissenschaftler arbeiten ja bereits an solchen Technologien.

Deutlich wird der Zusammenhang bei Menschen, die Hyperkommunikationserlebnisse hatten und zudem eine solche UFO-ähnliche Lichterscheinung gesehen haben.

In einer klassisch-linearen Regressionshypnose erinnerte sich Ralf B. zum Beispiel an sein erstes Erlebnis dieser Art. Er erlebte, wie er als Fünfjähriger nachts in seinem Bettchen lag und durch das Fenster sah. Die Gardinen waren nicht zugezogen.

Plötzlich sah er einen hellen Lichtpunkt am Himmel, dann einen Lichtschein, der durch das Fenster in sein Zimmer fiel. Dann sah er - in der Trance - nichts mehr, fühlte aber einen dumpfen Kopfdruck und Schmerzen in der Brust.

Die gleiche Szene wurde in einer späteren Sitzung noch einmal in der virtuellen Realität als Rückblende eingestellt. In diesem distanzierteren Setting sah die Geschichte etwas anders aus. Er sah die Erinnerung aus der Perspektive des Hier und Jetzt, mit dem vollen Bewusstsein des erwachsenen Mannes:

- Ich sehe einen hellen Punkt am Himmel. Er wird größer und größer. Da - jetzt bleibt er am Himmel stehen. Er pulsiert irgendwie blau.
- Was geschieht weiter?
- Ein Licht scheint durch das Fenster.
- Was fühlst du?
- So etwas wie eine Vibration. Alles vibriert um mich.
- Und was ist da weiter?
- Nichts.

Wenn ein Mensch in Hypnose plötzlich nichts mehr sieht, so ist dieser Effekt unserer Erfahrung nach auf eine unbewusste Abwehrreaktion zurückzuführen. Hier aber ergab der weitere Verlauf dieser Sitzung, dass in seiner Erinnerung tatsächlich einige Zeit nichts geschehen war, denn er fuhr schon bald fort:

- Aus dem Nichts kommt etwas.
- Was?
- Eine Form ... Ein Wesen.

– Beschreibe es bitte.

– Klein. Große Augen. Lange dünne Finger.

– Kannst du mir sagen, wie das Wesen da zu dir hereingekommen ist, wenn Fenster und Türen geschlossen sind? Wie soll das funktionieren?

– Zuerst ist die Idee da ... Dann muß man so etwas wie Koordinaten haben ... Als letztes kommt die Energie dazu.

– (Grażyna, skeptisch schmunzelnd) Und das soll schon alles sein?

– Nee, die Umgebung ist beteiligt. Es wird von der Umgebung angezogen.

– Warum war dann plötzlich das Licht weg, und du hast einige Zeit gar nichts gesehen, und dann war das Wesen plötzlich da? Das verstehe ich nicht.

– Die Pause ist wichtig. In dieser Pause wird alles koordiniert und gecheckt. Dann wird die Struktur aufgenommen. Das war eine Projektion auf Lichtbasis.

– Na gut, aber wer oder was koordiniert und checkt da etwas?

– Ich weiß es nicht. Das ist nicht irgendwer. Eine Intelligenzform, von der wir nicht getrennt sind. Sie kann auch andere Strukturen annehmen. Nach einem anderen Plan. Für eine Zivilisation ist es eine Raum-Zeit-Struktur, in der die Materie gespiegelt ist. Es gibt auch andere Möglichkeiten der Projektion in unserer Realität.

Es ist durchaus nicht so, dass Ralf als Fünfjähriger eine reale Begegnung mit einem »Außerirdischen« gehabt haben muss. Dies kann – bis das Gegenteil bewiesen ist – nur wieder einer archetypischen Verzerrung zugeschrieben werden. Ganz offenbar wurde aber damals ein Hyperkommunikationskanal aufgebaut, der in einer Vakuumdomäne am Himmel seinen Ursprung hatte. Dies ist sicher nicht Ralfs Fantasie entsprungen, da er hierüber in der Trance-Sitzung konkretere Angaben machen konnte, die stimmig waren, so zum Beispiel die Notwendigkeit von »Spiegelmassen«.

Dass es dabei zu einem mehrstufigen Prozess der Materialisation kommen kann, ist sicher ein interessanter Gesichtspunkt, der sich aber heute noch nicht wissenschaftlich nachvollziehen lässt. Zweifellos wird bei der Hyperkommunikation Information übertragen, und Licht spielt dabei eine bedeutende Rolle. Licht ist imstande, sich unter geeigneten Bedingungen in Materie zu verwandeln, allerdings bislang nur auf subatomarer Ebene, das ist ebenfalls seit Langem bekannt. Vielleicht wird ja die Wissenschaft des 21. Jahrhunderts herausfinden, dass auf diese Weise Informationsmuster, die der Lichtwelle aufgeprägt sind, auch zur Materialisation makroskopischer Erscheinungen führen können. Wie Dmitrijev und Djatlov mehrfach dargelegt haben, können bei Vakuumdomänen selbstleuchtende Energieobjekte mit ganz bizarren Formen entstehen. Auch dass russische Soldaten die Objekte als »Engel« bezeichnen, deutet in diese Richtung. Die wissenschaftlichen Grundlagen für einen solchen Vorgang sind noch unbekannt.

Ein anderes Beispiel. David H., ein 48-jähriger Geschichtslehrer, hatte auf einer Wanderung während eines Gebirgsurlaubs eine seltsame Sichtung eines UFO-ähnlichen Lichtobjekts am Himmel, das rhythmisch zu pulsieren schien. Normalerweise hätte er dies als irgendein atmosphärisches Phänomen abgetan, hätte das Lichtobjekt nicht auf seltsame Weise auf seine Gedanken reagiert.

Der Mann erinnerte sich, wie dies seine Neugier geweckt und er zu experimentieren begonnen hatte. Nachdem das Objekt aufgrund seiner gedanklichen Vorstellungen einige seltsame Manöver vollführt hatte, war es im Nichts verschwunden.

Normalerweise interessierte sich David überhaupt nicht für diese Thematik. Nun aber wollte er mit unserer Hilfe herausfinden, was dieses Erlebnis eigentlich für ihn zu bedeuten hatte und welche physikalischen Grundlagen es haben könnte.

Er hatte keine Schwierigkeit, das Erlebnis in Trance wieder einzustellen. Seine Antwort war recht aussagekräftig:

– Das UFO ist nur ein Träger, um eine Kommunikation aufzubauen. Die Zeit ist die Schnittstelle.

– Inwiefern?

– Menschen brauchen die Zeit als Anker, um im Hier und Jetzt leben zu können.

– Können Sie auch etwas dazu sagen, wieso die Lichterscheinung so merkwürdig pulsierte?

– Es hat etwas mit Anziehung und Abstoßung zu tun. Zwischen Gravitation und ... Kernkraft.

– Starke oder schwache Kernkraft?

– Starke Kernkraft. Ich bemerke, daß ich jetzt selbst so etwas wie ein Pulsieren empfinde und jetzt auch so ein Bild vor mir habe, wo etwas Verdichtetes in der Mitte ist, und dann eine Kraft, die immer hin- und herschwingt.

– Die Physiker arbeiten seit langem an einem Modell einer Vereinheitlichten Feldtheorie, die auch Gravitation und starke Kernkraft zusammenführt. Sie sagen jetzt, eine solche Wechselwirkung spielt bei der Lichterscheinung eine Rolle. Wie sieht das aus?

– Was ich momentan nur wahrnehme, ist, daß es nach einem bestimmten Rhythmus verläuft, daß der Rhythmus wichtig ist.

– Also ergeben diese zwei Kräfte auf einer höheren Ebene eine wechselnde Pulsation in einem bestimmten Rhythmus. Geschieht das innerhalb der Zeit? Wenn es Rhythmus gibt, gibt es auch Zeit, also wird die Zeitbarriere noch nicht überschritten.

– Ja, aber es hat etwas mit dem Paradox der Zeit zu tun bei dieser Art der Kommunikation. Da wird ein Paradox angesprochen.

– Aber die moderne Physik kann das Zeitparadox ganz elegant umgehen, indem sie das Konzept der Parallelwelten einführt.

– Ich erhalte noch eine andere Information. Es geht um die Aufhebung von Interferenzen durch ein Zeitparadoxon.

Auch in diesem Beispiel finden wir eine Fülle interessanter Informationen, die nicht alle unserem heutigen Wissensstand entsprechen. Bei der starken Kernkraft handelt es sich nicht um die in der Öffentlichkeit bekannten »Atomkräfte«, die etwa in Kernkraftwerken zur Anwendung kommen (dies sind die schwachen Kernkräfte, die den radioaktiven Zerfall steuern). Die starke Kernkraft hingegen ist die Kraft, die die Bausteine des Atomkerns (Quarks und Gluonen) zusammenhält. Sie ist die stärkste Kraft der Natur und hat gleichzeitig die geringste Reichweite, ganz im Gegensatz zur Gravitation, die bis ins Unendliche reicht, dafür aber die schwächste bekannte Kraft ist.

Im Rahmen einer vereinheitlichten Feldtheorie werden die Wechselwirkungen dieser Kräfte eines Tages mit Sicherheit verstanden werden, und dann werden wir wissen, ob ihr Zusammenspiel tatsächlich Einfluss auf die Bildung von Vakuumdomänen hat. Die Annahme ist durchaus nicht unvernünftig, denn die ersten wissenschaftlichen Befunde haben ergeben, dass zur Manipulation der Schwerkraft offenbar tatsächlich Technologien wie die Supraleitung nötig sind, für die die tiefsten innersten Strukturen der Materie verändert werden müssen.

Die Bemerkung mit dem Zeitparadoxon ist bislang noch unverständlich. Sie könnte darauf hindeuten, dass es noch technischer Anstrengungen bedarf, um die Hyperkommunikation zu verbessern, da hierbei angeblich »Interferenzen«, also Störungen in der Übertragungsqualität, auftreten können, so wie beim Radio oder Fernsehen, wenn sich mehrere Sender überlagern.

Dass Anomalien der Gravitation - obwohl für die Hyperkommunikation notwendig - die Qualität der Information auch stören können, liegt nahe. Wie man zum Beispiel weiß, können große Massen im Weltall (etwa Galaxien) als »Gravitationslinsen« fungieren, d. h. durch die starke Schwerkraft können sie das Licht beugen und dadurch das Bild dahinter liegender Sterne und Galaxien verzerren. Inwieweit ein »Zeitparadoxon« diesen Effekt glätten oder gar ausgleichen kann, steht natürlich noch vollkommen in den Sternen.

Doch kehren wir wieder zurück in unseren irdischen Alltag. Sicher - die neuen Erkenntnisse über Antigravitation und über die Verbindung zwischen Schwerkraft und Elektrizität werden uns möglicherweise in der Zukunft neue Raumfahrtantriebssysteme liefern, die den uralten Menschheitstraum, zu anderen Sternensystemen aufzubrechen, tatsächlich realisierbar erscheinen lassen. Bekanntlich befindet sich ja der Tunnel zwischen Eingang und Ausgang eines Wurmlochs außerhalb von Raum und Zeit, sodass die immensen Entfernungen im Universum plötzlich keine unüberwindbare Distanz mehr darstellen. Teleportation ist zumindest für Informationen und Elementarteilchen schon Wirklichkeit geworden, und die Wissenschaftler haben nie aufgehört, von der Eroberung des Weltalls zu träumen.

Doch das alles ist noch Zukunftsmusik. Die Vakuumdomänen haben sehr viel naheliegendere Konsequenzen, auch für unser tägliches Leben auf der Erde. Antigravitation ist *kein* Phänomen, das ausschließlich weit draußen irgendwo im Weltall wirkt. Ihre Auswirkungen sind mitten unter uns!

Gerade weil sie in unserer Erdatmosphäre so häufig sind - dies war ja der Ausgangspunkt der Forschungen von Dmitrijev und Djatlov -, hat die Erforschung dieses physikalischen Phänomens auch ganz praktische Aspekte im täglichen Leben.

Über die Vakuumdomänen sind nämlich zwei weitere Naturkräfte aneinandergekoppelt - der *Magnetismus* und das sogenannte *Spin-* oder *Torsionsfeld*, eine Rotationskraft. Vor diesem Hintergrund konnten Dmitrijev und Djatlov neue Erklärungsmodelle für das Entstehen von Tornados in tropischen Breiten liefern.[9, 12]

Auch die uns bereits bekannten elektrischen Leuchterscheinungen in der Atmosphäre sind außerordentlich bedeutsam, nämlich für die Sicherheit unseres irdischen Luftverkehrs.

Im März 1963 drang einmal ein Kugelblitz in eine Maschine der Eastern Airlines während des Fluges von New York nach Washington ein. Widerstandslos ging die elektrisch geladene Plasmakugel durch die Außenhaut des Flugzeugs hindurch und flog im Gang zwischen den erschrockenen Passagieren regellos hin und her. Ohne weiteren Schaden anzurichten, zerplatzte die Erscheinung nach kurzer Zeit im Nichts.[36]

Man muss sich dabei vor Augen halten, dass der metallene Flugzeugrumpf zwar gewöhnliche Blitze abhalten kann, genau wie ein Auto (man spricht von einem Faradayschen Käfig), dass dies aber nicht für Vakuumdomänen gilt, wie Dmitrijev und Djatlov bei ihren Forschungen herausgefunden haben.

Im Fall des Eastern-Airlines-Fluges kamen Passagiere und Besatzung mit dem Schrecken davon. Doch sollte ein solches Leuchtobjekt in Kontakt mit brennbaren Teilen der Maschine oder gar mit dem Treibstofftank kommen, ist eine Katastrophe vorprogrammiert.

Ein Beispiel ist der Flug TWA 800. Am 17. Juli 1996 explodierte der mit 230 Personen besetzte amerikanische Jumbo Jet auf dem Flug von New York nach Paris kurz nach dem Start über Long Island und stürzte ab. Alle Insassen kamen ums Leben.

Im Verlauf der Suche nach der Absturzursache kamen auch Theorien auf, das Flugzeug sei versehentlich abgeschossen worden. Es gab qualifizierte Augenzeugen, so zum Beispiel eine Hubschrauberbesatzung der Nationalgarde, die aussagten, kurz vor der Explosion sei ein hell leuchtendes Objekt auf den Jet zugeflogen.[21]

Vermutungen, dass es sich dabei um eine Boden-Luft-Rakete oder einen Marschflugkörper gehandelt hätte, bestätigten sich allerdings nicht. Man einigte sich schließlich auf eine Explosion des Treibstofftanks als Absturzursache. *Was* jedoch den Treibstoff zum Explodieren brachte, blieb bis heute ungeklärt.

Im Zusammenhang mit der Beobachtung des leuchtenden Objekts bleibt nur eine einzige vernünftige Erklärung übrig: TWA 800 wurde von einer leuchtenden Vakuumdomäne getroffen.

Solche Objekte scheinen nämlich im Seegebiet vor der amerikanischen Ostküste öfter zu entstehen. Der nächste belegte Bericht stammt vom 9. August 1997. Gegen 17.07 Uhr Ortszeit befand sich eine Boeing 747-300 der Schweizer Fluggesellschaft Swissair auf dem Flug von Philadelphia nach Zürich gerade über dem Seegebiet vor New York, wo seinerzeit der TWA-Jumbo abgestürzt war.[108]

Was dann geschah, entnehmen wir einem Auszug der Cockpit-Gespräche mit dem Controller der Flugüberwachung Boston:[102]

– Sir, ich weiß nicht, was es war, aber es flog gerade ein paar hundert Fuß über uns. Ich weiß nicht, ob es eine Rakete war oder was auch immer, aber es war unglaublich schnell, in entgegengesetzter Richtung.
– In entgegengesetzter Richtung?
– Ja, Sir, und die Zeit war 2107 UTC, es war zu schnell für ein Flugzeug.

Der Controller fragte bei der Besatzung eines anderen Fluges in der Nähe, Eastern 986, nach, ob sie auch etwas gesehen hätten. Sie bestätigten, Swissair 127 ausgemacht zu haben, aber wenn das andere Objekt so schnell gewesen sei, hätten sie keine Chance gehabt, es zu beobachten. Auf die Frage, wie groß die Entfernung gewesen sei, antwortete der Pilot der Swissair-Maschine:

– Es war gerade über uns, rechts oben, in Gegenrichtung, und, ich weiß nicht, zwei-, drei-, vierhundert Fuß höher. Alles, was ich sagen kann, 127, ist, daß drei von uns ein Lichtobjekt sahen, es war weiß und sehr schnell.

Bei späteren Befragungen beschrieb der Flugkapitän, ein erfahrener Pilot mit mehr als 15.000 Flugstunden, das Objekt als zylindrisch, ohne Tragflächen. Er habe noch nie eine so nahe Begegnung mit einem Objekt in der Luft gehabt. Die Sichtung habe weniger als eine Sekunde gedauert.

Die Untersuchung des Vorfalls blieb ergebnislos. Ein Wetterballon kam im betreffenden Gebiet nicht als Ursache infrage. Der Vorfall wird unter der Identifikationsnummer NYC97SA193 der Nationalen Luftsicherheitsbehörde der Vereinigten Staaten (NTSB) als ungeklärt geführt.

Am 2. September 1998 war dann eine MD-11 der Swissair auf dem Flug von New York nach Genf unterwegs. Gegen 22.14

meldete der Pilot Rauchentwicklung in der Kabine, und der Controller der Flugüberwachung Moncton, Kanada, empfahl eine Notlandung in Halifax. Zehn Minuten später brach der Funkkontakt ab, und um 22.30 stürzte die MD-11 wie ein Stein bei Peggy's Cove vor der Küste Neuschottlands ins Meer. 229 Menschen wurden mit in den Tod gerissen.[105]

Auch die Unglücksursache dieses Fluges ist bis heute ungeklärt. Selbst wenn inzwischen festgestellt wurde, dass die Kabelschächte der MD-11 nicht genügend gegen Brandentwicklungen gesichert sind, gibt es für den Absturz keine vernünftige Erklärung. Im Gegensatz zu TWA 800 ist Swissair 111 nachweislich nicht in der Luft explodiert.

Genau wie bei der Jumbo-Katastrophe haben auch hier sowohl der Flugschreiber (Black-Box) als auch der Cockpit-Voice-Recorder in den letzten sechs Minuten vor dem Absturz keine Daten mehr registriert. Da beide Aggregate an unterschiedlichen Stromkreisen hängen, deutet dies auf einen Totalausfall der gesamten Elektronik hin, nicht auf einen kleineren Kabelbrand.[99]

Alle Experten bestätigen, selbst in solch einem Moment würde die Maschine noch nicht wie ein Stein abstürzen, da die wichtigsten Steuerungselemente hydraulisch arbeiten, sodass die Maschine auch bei einem totalen Stromausfall noch manövrierfähig wäre.

Was könnte bei einem großen Passagierflugzeug auf einen Schlag die gesamte elektronische Anlage lahmlegen? Hierbei muss es sich um einen großflächigeren physikalischen Effekt gehandelt haben, durch den die ahnungslose Swissair-Besatzung hindurchgeflogen ist, also um ein unsichtbares Kraftfeld wie das bei einer größeren Vakuumdomäne. Beim Swissair-Absturz wurden zwar keine Lichterscheinungen gesichtet, aber das widerspricht dieser Deutung nicht, denn Vakuumdomänen können auch elektrische Felder im unsichtbaren Frequenzbereich erzeugen.

Durch ein solches Feld könnten die Anzeigen der Bordinstrumente vollkommen durcheinandergeraten sein, und infolgedessen verlor die Besatzung schließlich die Kontrolle über das Flugzeug. Man bedenke: Die Elektronik heutiger Jets ist so sensibel, dass selbst die geringen elektromagnetischen Felder von Handys, Laptops oder CD-Playern sie stören können.

Es zeigt sich jedenfalls, wie ungeheur wichtig die genauere Untersuchung der Vakuumdomänen und ihrer Ursachen für die internationale Flugsicherheit ist. Es geht hier schließlich um Hunderte von Menschenleben.

Gerade Luftfahrtzwischenfälle mit ungeklärten Brandausbrüchen und Sichtungen von Lichterscheinungen können hierfür wichtiges Datenmaterial liefern, denn es treten dabei einige sehr seltsame Regelmäßigkeiten auf.

So fanden die drei genannten Zwischenfälle - TWA 800, Swissair 127 und Swissair 111 - in nahezu identischen Zeitabständen statt, nämlich am 17.7.1996, am 9.8.1997 und am 2.9.1998. Im ersten Fall beträgt die Differenz 388 Tage, im zweiten Fall (Swissair 111 stürzte einige hundert Kilometer weiter östlich ab) 389 Tage.

Die Schlussfolgerung kann nur sein: Es gibt eine noch unbekannte Ursache für die Entstehung von Vakuumdomänen, eine atmosphärische Störung, die in west-östlicher Richtung langsam um die Erde driftet. Am 8. Oktober 1998 musste nämlich die nächste MD-11 wegen Brandgeruchs im Cockpit notlanden, diesmal aber kurz nach dem Start in Manchester in England. Manchester liegt etwa bei 2 Grad West und damit etwa 67 Längengrade von der amerikanischen Atlantikküste entfernt. Der Zwischenfall ereignete sich 36 Tage nach dem Absturz der Swissair-Maschine.[96]

Ein Störfaktor, der in 36 Tagen 67 Längengrade überquert, schafft pro Tag 1,86 Grad und umrundet daher in 194 Tagen einmal die ganze Erde. Alle 194 Tage wäre er damit wieder an der gleichen Stelle, ebenso natürlich nach zwei vollen Erdumkreisungen, wofür dann genau 388 Tage gebraucht würden.

Bislang ist noch vollkommen ungeklärt, um was für eine atmosphärische Störung es sich dabei handeln könnte.

Dennoch gab es in den vorangegangenen Jahren weitere Zwischenfälle, die zeitlich und räumlich genau in das Muster passen. Hier eine Auswahl:

- Bruchlandung einer Turboprop-Maschine der Emerald Air am 31. März 1998 kurz nach dem Start in Stansted nördlich von London. Das Triebwerk hatte aus unbekannten Gründen Feuer gefangen. Niemand wurde verletzt.[48]
- Der Absturz einer Y-12 der mongolischen Fluggesellschaft MIAT am 26. Mai 1998 kurz nach dem Start in Erdenet (Mongolei). Die Ursache ist ungeklärt, alle 26 Insassen kamen ums Leben.[48]
- Triebwerkbrand bei einem Air Tractor AT401 kurz nach dem Start in Ruleville, Mississippi, am 21. August 1998. Es gab eine Bruchlandung, der Pilot konnte sich unverletzt retten.[101]
- Absturz einer Cessna 402 am 12. Oktober 1998 beim Anflug auf die norwegische Insel Stord. Die Ursache ist vollkommen ungeklärt, der Tower hatte bereits Sichtkontakt, als die Maschine beim Anflug auf die Landebahn plötzlich absackte. Der Pilot und acht Werftarbeiter an Bord waren sofort tot.[112]
- Absturz eines Hubschraubers der Vereinten Nationen kurz nach dem Start am 14. März 1999 in der haitianischen Hauptstadt Port-au-Prince. 13 Personen verloren das Leben.[111]

- Während des Kosovo-Krieges stürzte am frühen Morgen des 2. Mai 1999 eine amerikanische F-16 nahe der bosnischen Grenze ohne Feindeinwirkung ab. Der Pilot konnte sich mit dem Schleudersitz retten. In der gleichen Nacht verlor die NATO noch eine AV8B Harrier beim Landeanflug auf einen Flugzeugträger in der Adria vor der bosnischen Küste.[100]
- Am 12. November 1999 verunglückte ein UN-Flugzeug mit Hilfsgütern auf dem Flug von Rom nach Pristina (Kosovo) mit 29 Personen an Bord.[107]
- Im Jahr 2000 setzte sich die Kette dieser Ereignisse fort (z. B. Flugzeugabstürze in Dänemark und Österreich Ende November/Anfang Dezember 2000).

Diese Beispiele belegen klar, dass nicht nur durch Sonnenaktivitäten und Erdverwerfungen in unserer Atmosphäre Vakuumdomänen entstehen können, die dann gefährliche elektromagnetische Fallen für Flugzeuge darstellen. Mindestens ein vorhandener Risikofaktor zeigt eine bemerkenswerte räumlich-zeitliche Struktur, weshalb wir ihn vorläufig als *TLR-Faktor* bezeichnen wollen (*Temporary Local Risk Factor* - zeitweiliger lokaler Risikofaktor). Oder sollten all diese bemerkenswerten örtlichen und zeitlichen Übereinstimmungen nur auf Zufall beruhen? Immerhin konnten wir an dieser Stelle bereits zwölf Luftfahrtzwischenfälle innerhalb von nur drei Jahren anführen, die in das Muster passen. Eine tiefergehende Erforschung der Vakuumdomänen ist auf jeden Fall dringend geboten.

Für das räumliche Muster könnte der *Jetstream* mitverantwortlich sein. Dabei handelt es sich um ein Starkwindfeld, das sowohl auf der nördlichen als auch auf der südlichen Erdhalbkugel vorhanden ist und in schlangenlinienförmiger Bahn um

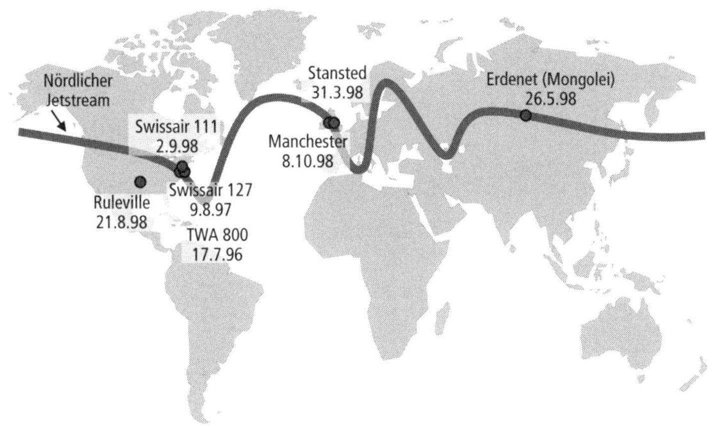

Abb. 10: Der Verlauf des nördlichen Jetstreams im September 1998 im Vergleich zu den aktuellen Flugzeugzwischenfällen

unseren Planeten läuft. Der Jetstream ist unter anderem auch für die Lenkung polarer Tiefdruckgebiete verantwortlich und damit für unser Wetter.

Bis etwa 1993 verlief der nördliche Jetstream etwa entlang des 60. Breitengrades, also in der Polarregion. Seit 1993 jedoch stellte der US National Weather Service eine Verlagerung nach Süden fest. Als Ursache wird allgemein die zunehmende Erderwärmung angenommen. Mittlerweile verläuft der Jetstream auch zeitweise mitten über Deutschland, was möglicherweise eine Rolle bei den häufigen Hochwasserkatastrophen der letzten Jahre gespielt hat.

Wie Abb. 10 zeigt, kann der örtliche Verlauf des TLR-Faktors durchaus mit dem Jetstream in Verbindung stehen. Schon seit Langem weiß man, dass der Jetstream nicht nur ein Windfeld ist, sondern dass er auch elektromagnetische Eigenschaften hat. Er fungiert wie eine riesige Schleifenantenne, entlang derer sich auch elektromagnetische Atmosphärenimpulse wie etwa die Schumann-Resonanzwellen fortpflanzen. Auch für technische

Projekte zur Nutzung der Atmosphärenenergien wie z. B. dem HAARP-Projekt in Alaska (vgl. hierzu unser Buch »Zaubergesang«[17]) wird er bereits genutzt.

Andererseits ist der Jetstream bei Piloten von Linienmaschinen sehr beliebt, denn er verschafft ihnen auf der Nordatlantikroute einen gehörigen Rückenwind, wodurch sie Treibstoff einsparen können.

Es geht nicht darum, diese Bereiche nunmehr grundsätzlich zu meiden. Zu jedem Zeitpunkt sind immer nur ganz bestimmte Regionen vom TLR-Faktor betroffen. Dort allerdings kann es dann durch Vakuumdomänen zu Gefahrenmomenten kommen, die man einfach ernst nehmen muss.

Wie groß die Gefahr durch Vakuumdomänen für Menschen, ja möglicherweise für die ganze Erde, sein kann, zeigt der wohl größte bekannte Vorfall, der der Wissenschaft seit über 100 Jahren Rätsel aufgibt. Er ereignete sich in der fernen Tunguska in Sibirien an einem Sommermorgen, als dort im wahrsten Sinne des Wortes der Himmel in Flammen stand!

– VI –

Knall im All

Was explodierte in der Tunguska?

In den frühen Morgenstunden des 30. Juni 1908 raste ein riesiges feuriges Objekt über den Himmel der Tunguska-Region in Sibirien, das sowohl von eingeborenen Tungusenstämmen, den Ewenken, als auch von russischen Pelzhändlern in der Handelsstation Vanavara, nahe des Podkamennaja-Tunguska-Flusses, beobachtet wurde. Das Objekt zog am Himmel eine Lichtspur von etwa 800 Kilometern Länge aus nordwestlicher Richtung, bis es am Horizont verschwand.

Anschließend kam es zu einer schnellen Serie starker Explosionen, die sich innerhalb von nur einer halben Sekunde über eine Strecke von 15 bis 20 Kilometern ereigneten.

Die Explosionen waren so gewaltig, dass die Seismographen in Irkutsk, Taschkent (Usbekistan), Tiflis (Georgien) und sogar in Jena enorme Erschütterungen registrierten, die man zunächst als Erdbeben interpretierte.

Das Ereignis hatte sich schon seit einigen Tagen angekündigt. Seit dem 23. Juni kam es am nächtlichen Himmel zu seltsamen Lichterscheinungen. In Teilen Zentralasiens war es dabei so hell, dass man nachts Zeitung lesen konnte. Noch bis nach

Westeuropa konnte ein orangefarbenes Glühen am nächtlichen Sternenhimmel beobachtet werden. Die Region, in der die Lichterscheinungen sichtbar waren, erstreckte sich vom Jenissei-Fluss im Osten, der direkt an die Tunguska-Region angrenzt, entlang der geografischen Breite von Taschkent-Stavropol-Sevastopol-Bordeaux im Süden bis zur Atlantikküste im Westen.

Ein Augenzeuge aus Vanavara berichtete: *»Der Himmel brach auseinander, und ein großes Feuer erschien. Es wurde so heiß, daß man es nicht ertragen konnte. Dann gab es eine ohrenbetäubende Explosion, und mein Freund S. Semenov wurde über eine Entfernung von sechs Metern über den Boden geschleudert. Als der heiße Wind kam, zitterten die Erde und die Hütten. Rasenstücke lösten sich aus den Hüttendächern, und Glas splitterte aus den Fensterrahmen.«*[22]

Man muss bei dieser dramatischen Schilderung bedenken, dass Vanavara rund 90 Kilometer vom Explosionsort entfernt liegt!

Noch drastischer waren natürlich die Auswirkungen in größerer Nähe zum Epizentrum. Dort, am Ufer des kleinen Flusses Churgim, war *Vasily Dzhenkoul* gerade aus dem Schlaf erwacht, als die Katastrophe geschah. Plötzlich war seine Hütte von einem blendend hellen Licht erfüllt. Draußen sah er einen Baum in Flammen buchstäblich explodieren. Vasily schützte seine Augen mit den Händen. Dann ertönte ein Donnern *»wie von tausend Kanonen«*. Vasily Dzenkhouls Hütte stürzte über ihm zusammen, und er wurde für einige Minuten bewusstlos.

Als Vasily wieder zu sich kam und sich aus den Trümmern der Hütte befreien konnte, sah er draußen ein Bild des Grauens. Seine Rentierherde von nahezu 700 Tieren war vollständig eingeäschert, ebenso seine Jagdhunde, seine Felle und sonstigen Vorräte. Ein unerträglicher Gestank lag über der ganzen Gegend.

Zwei Wochen später war Vasily Dzenkhoul tot. Er erbrach praktisch seinen ganzen Magen und wälzte sich drei Tage lang in furchtbaren Schmerzen, bevor er starb.[71]

Zu einer wissenschaftlichen Untersuchung der Tunguska-Katastrophe kam es zunächst nicht, denn der Ausbruch des Ersten Weltkrieges und die nachfolgende russische Revolution verhinderten dies, und so dauerte es bis zum Jahre 1927, bis eine erste Forschungsexpedition in die Region aufbrach. Leiter des Projekts war *Leonid Kulik*, der Begründer der russischen Meteoritenforschung.

Als Leonid Kulik nach wochenlanger beschwerlicher Reise mit der Transsibirischen Eisenbahn und anschließendem Fußmarsch durch die unwegsame Taiga auf einem Hügel stand und das Katastrophengebiet überschaute, bot sich ihm ein Bild grauenhafter Zerstörungen. Ausgehend vom Epizentrum waren auf einer Fläche von 2150 Quadratkilometern die Bäume in radialer Richtung wie Streichhölzer geknickt worden. Das Feuer hatte wochenlang in der Region gewütet und eine 1000 Quadratkilometer große Fläche Waldes vollkommen zerstört.

Kulik notierte erschüttert in seinem Tagebuch: *»Zerstörung, so weit das Auge sehen kann. Was wäre, wenn das St. Petersburg gewesen wäre?«*[71]

Wenn das Objekt ein Meteorit oder Asteroid war, so musste es eine Masse von mindestens 100.000 Tonnen gehabt haben. Die Explosion hatte nach heutigen Erkenntnissen die Stärke von etwa 40 Megatonnen TNT, das entspricht etwa 2000 Hiroshima-Bomben!

Was war wirklich geschehen?

Zunächst erschien die Meteoritenhypothese vielversprechend. Kulik fand auch einige ovale kraterähnliche Strukturen in der Gegend, die er aber später als älteren Datums klassifizieren konnte. Er nahm schließlich an, der Meteorit müsse in den nahegelegenen großen Sumpf gestürzt sein. Doch jahrelange Bohrungen konnten kein einziges Stück Metall oder sonstiges bekanntes Meteoritenmaterial zutage fördern.

Wenn es also ein Meteorit war, so musste er sich in Luft aufgelöst haben. Im Verlauf zahlloser Expeditionen in den darauffolgenden 70 Jahren wurde nicht ein einziges Bruchstück aus bekannter Meteoriten- oder Asteroidenmaterie gefunden.

Erneut kam es zu einer Unterbrechung der Tunguska-Forschung, diesmal durch den Zweiten Weltkrieg. Leonid Kulik starb in einem deutschen Kriegsgefangenenlager. Erst 1958 startete *Kyrill Florensky* von der Akademie der Wissenschaften die nächste Expedition. Es folgten unter anderen *Gennadi Plekhanov* von der Universität Tomsk und schließlich seit 1963 *Nikolai Vasiliev* von der Sowjetischen Akademie der Wissenschaften. Erst 1989 durften erstmals auch ausländische Wissenschaftler das Gebiet betreten, zunächst Japaner, was aber auch nur aufgrund einer persönlichen Intervention von Michail Gorbatschow möglich wurde, später dann unter anderem auch Amerikaner, Deutsche und Engländer. Insgesamt 34 Expeditionen in das Gebiet wurden abgehalten, und statt der Lösung des Rätsels näherzukommen, türmten sich immer neue Fragen auf.[71]

Der wohl weltweit beste Tunguska-Experte war jedoch Nikolai Vasiliev, und in seinen Forschungsberichten wimmelt es nur so von widersprüchlichen Fakten und rätselhaften Befunden.[86]

So hatte etwa Leonid Kulik anhand der Richtung der Schneise, die der auftreffende Himmelskörper gerissen hatte, die Einflugrichtung auf Süd bestimmt. Andere Versionen sprechen von einer eher südwestlichen oder südöstlichen Richtung.

Wie verträgt sich dies jedoch mit den Aussagen der Augenzeugen, die in etwa 90 Kilometern Entfernung beobachteten, wie sich das Objekt von Nordwesten her näherte?

Natürlich wurden die Zeugen erst Jahrzehnte nach dem Ereignis befragt, aber dennoch: In der Wildnis der sibirischen Taiga muss man ein gutes Orientierungsvermögen haben und in der Lage sein, die Nordwestrichtung von der Südrichtung unterscheiden zu können. Außerdem gab es nicht nur eine Einzelaussage eines Zeugen, der sich möglicherweise geirrt haben könnte. Hunderte von Menschen berichteten *übereinstimmend* über einen Einfallswinkel, der in krassem Widerspruch zu dem Befund am Absturzort steht.

Vasiliev sagt hierzu, die einzige Erklärung sei, dass das Objekt auf einer »nicht-ballistischen« Kurve geflogen sein müsste, was im Klartext nichts anderes bedeutet, als dass es kurz vor dem Absturz die Richtung gewechselt hatte.

Eine ganz beachtliche Leistung für einen Meteoriten, Kometen, Asteroiden, oder was auch immer die Wissenschaft sonst als Ursache annahm - oder war es vielleicht doch ein gesteuerter Flugkörper?

Das nächste Rätsel betrifft die starken geophysikalischen Auswirkungen der Katastrophe. In der Nacht des Absturzes kam es weltweit zu gewaltigen geomagnetischen Stürmen. Selbst in der Antarktis wurde noch eine abnorme Häufung von Polarlichtern beobachtet.

Damals konnte man sich dieses Phänomen nicht erklären. Inzwischen kennt man eine mögliche Ursache: Die gleichen Effekte treten nämlich bei Atomwaffentests in der Atmosphäre auf!

Dies veranlasste den sowjetischen Offizier und Ingenieur *Alexander Kazantsev* im Jahre 1946, ein damals sehr populäres Buch zu verfassen, in dem er seine Theorie auf einen einfachen Nenner brachte: Das Tunguska-Ereignis war eine nukleare Explosion, und weil es bei uns 1908 noch keine Atomwaffen gab, musste es sich um ein außerirdisches Raumschiff gehandelt haben.[92]

Interessanterweise nahmen die sowjetischen Wissenschaftler auch diese Hypothese durchaus ernst und gingen ihr nach, indem sie in der Tunguska-Region auch nach radioaktiven Strahlungen und Zerfallsprodukten suchten. Das Ergebnis war negativ. Es wurden keine außergewöhnlichen Werte gemessen, die sich nicht auf natürliche Radioaktivität oder später durchgeführte sowjetische Kernwaffenversuche zurückführen ließen.

Man muss hier natürlich der Fairness halber auch anmerken, dass die Raumschiffhypothese damit nicht widerlegt ist, sondern lediglich, dass das mutmaßliche UFO einen nuklearen Antrieb gehabt hätte, was ohnehin eine reichlich menschlich-irdische Vorstellung aus der Zeit des Kalten Krieges ist.

Als nächste Erklärungsmöglichkeit nahm man einen Kometen an. Dieser würde aller Wahrscheinlichkeit nach bereits in der Atmosphäre explodieren, was das Fehlen von außerirdischer Materie im Erdboden erklären könnte. Außerdem würde ein Komet beim Eintritt in die Erdatmosphäre einen Schweif ausbilden, der möglicherweise für die nächtlichen Lichterscheinungen verantwortlich gewesen wäre.

Vasiliev konnte auch dieses Modell widerlegen. Der hypothetische Schweif hätte aufgrund der Flugbahn über Kanada sichtbar sein müssen, was nicht der Fall war, und die Explosion hätte sich in sehr hohen Atmosphärenschichten über 20 Kilometer ereignen müssen, was sich mit den Befunden am Einschlagsort nicht in Übereinstimmung bringen lässt.

Die dort vorgefundenen Zerstörungen lassen auf eine gewaltige Schockwelle schließen, die von einer Explosion ausging, die sich zwar tatsächlich in der Atmosphäre ereignet hatte, aber allenfalls in etwa fünf Kilometer Höhe.

Weitere Rätsel ergaben sich, als man die biologischen Auswirkungen der Katastrophe betrachtete. Entlang der Schneise, die das Objekt in die Landschaft geschlagen hatte, kam es zu einer Häufung von Mutationen: bei Bäumen, bei bestimmten Ameisenarten und sogar bei den dort ansässigen Tungusen-Völkern, bei denen Anomalien des Rhesusfaktors im Blut beobachtet wurden. Auch eine grippeähnliche Immunschwächekrankheit, das ME-Syndrom (Myalgische Enzephalitis, heute meist als CFIDS-Syndrom oder »chronisches Müdigkeitssyndrom« bezeichnet) trat bei der Bevölkerung der Gegend gehäuft auf. Einige Menschen erkrankten, weil sie lediglich Steine in der Region berührt hatten.

Bei den überlebenden Bäumen der Region konnte in den Jahresringen, die zum Zeitpunkt der Explosion gehören, eine starke Häufung der Konzentration von Kupfer, Zink und Gold festgestellt werden. Noch merkwürdiger aber war eine abnormale Anhäufung sogenannter »seltener Erden« in den oberen Bodenschichten.

Als seltene Erden, wissenschaftlich auch *Lanthaniden* genannt, bezeichnet man eine Gruppe seltener Elemente, die im periodischen System zusammenstehen und heutzutage in der Technik vielfältig benutzt werden - u. a. in der Elektronik zur Konstruktion von Halbleitern (also auch für Mikrochips von Computern), aber auch zur Herstellung von keramischen Supraleitern. Speziell die Konzentration des Elements Ytterbium war in der Region abnormal hoch. Noch nie konnte ein derartiges Phänomen mit einem Meteoriten- oder Kometenabsturz in Verbindung gebracht werden.

Damit hat man am Epizentrum der Katastrophe eine ganze Reihe von Materialien gefunden, die dort nicht hingehören, die aber grundsätzlich zur Herstellung elektronischer Bauelemente und - wie wir sehen werden - sogar von möglichen Antigravitationsmaschinen geeignet sind.

Eine weitere Erklärungsmöglichkeit wurde vor einigen Jahren von der Universität Novosibirsk erarbeitet. Wir erwähnten bereits die beiden Wissenschaftler *Alexej. N. Dmitrijev* und *Vjatcheslav L. Djatlov* mit ihren neuen Modellen des physikalischen Vakuums. Auf der Basis dieser Theorie können sich bekanntlich in einer begrenzten Region gestörter Gravitation gewaltige elektrische Felder ausbilden. Dadurch bilden sich verdichtete, selbstleuchtende Kugeln ionisierten Gases, die erhebliche Energien enthalten und möglicherweise eine Explosion wie die in der Tunguska verursachen könnten.

Diese Deutung ist unserer Meinung nach die momentan überzeugendste, wenn auch bei ihr einige Rätsel offenbleiben. So könnte es allein durch eine Explosion einer elektrisch geladenen Gaskugel nicht zu den beobachteten Mutationen bei Pflanzen, Tieren und Menschen kommen. Zudem wurde auch geschmolzenes Gestein, sogenanntes Trinitit, gefunden, wozu eine erheblich höhere Hitze notwendig ist, wie sie unseres Wissens nur bei Kernfusionsreaktionen oder bei der Vernichtung von Materie durch Antimaterie auftreten kann. Zumindest ist es kaum vorstellbar, dass durch die bislang bekannten Ursachen - Sonneneruptionen, Gesteinsverwerfungen - eine Vakuumdomäne dieser Größenordnung entstehen konnte.

Trotzdem ist der Ansatz von Dmitrijev und Djatlov interessant, denn - zumindest in der Theorie - kennen wir inzwischen einen physikalischen Vorgang, der als Ursache für ein derartiges Phänomen infrage käme - die schon mehrfach genannten Wurmlöcher. Allen Berechnungen zufolge sind die Energien, die benötigt werden, um ein makroskopisches Wurmloch aufrechtzuerhalten, so gigantisch, dass sie unsere menschlichen Möglichkeiten übersteigen.

Vjatcheslav Djatlov hat uns jedoch persönlich bestätigt, dass für das Tunguska-Ereignis mehrere Faktoren zusammenkommen mussten. Zum Beispiel ist der Ort der Katastrophe nicht zufällig, denn die Tunguska-Region ist als die größte sibirische Magnetanomalie bekannt. Das Unglück konnte sich - so Djatlov - nur deshalb ereignen, weil an diesem Ort und zu diesem Zeitpunkt ein kosmischer Faktor und ein irdischer (unterirdischer) Faktor zusammentrafen.

Wenn aber ein größeres Wurmloch - aus welchen Gründen auch immer - entstehen und dann in unser Raum-Zeit-Gefüge eindringen würde, so entstünde dabei ein wesentlich größeres Ungleichgewicht zwischen positiver und negativer Masse. Unter der Wirkung des Erdschwerefeldes würde sich daraus nach der Theorie von Dmitrijev und Djatlov ein gigantisches elektrisches Feld bilden, sodass unter ungünstigen Umständen genau solch eine explodierende Lichtkugel entstehen würde, wie sie in der Tunguska beobachtet wurde.

Ein Wurmloch ist jedoch gleichzeitig ein Verbindungskanal zwischen zwei unterschiedlichen Regionen des Universums. Durch einen solchen Kanal könnte durchaus auch Materie in die irdische Atmosphäre eingedrungen sein. Kein herkömmlicher Meteorit oder Komet - das konnte wissenschaftlich ausgeschlossen werden -, sondern etwas, das die erwähnten exotischen Materialien enthielt und bei der Explosion so große Hitze und Strahlung freisetzte, dass es die geschmolzenen Steine und die genetischen Mutationen erklären könnte. Welcher Art dieses Objekt war, dürfte für immer ungeklärt bleiben, da von ihm natürlich nur Staub übrig geblieben ist.

Außerdem wissen wir bereits, dass die Erbsubstanz aller Lebewesen, die DNA, in der Lage ist, direkt mit Wurmlöchern zu kommunizieren. Dadurch könnte eine starke Vakuumdomäne auch für genetische Mutationen verantwortlich sein.

Einige Wissenschaftler, speziell aus Amerika und Japan, fassen solch exotische Möglichkeiten durchaus ernsthaft ins Auge und vermuten, die Erde könnte mit einem Wurmloch bzw. einem kleinen schwarzen Loch kollidiert sein. Auch Antimaterie wurde schon als Erklärungsversuch herangezogen.

In der ganzen Tunguska-Region ist das Pflanzenwachstum seit 1908 außergewöhnlich stark beschleunigt. Die Tatsache, dass den jungen Pflanzen aufgrund des starken Kahlschlages mehr Licht zur Verfügung stand und der Boden durch Überreste verbrannter Bäume mit Nährstoffen angereichert wurde, reicht als Erklärung hierfür nicht aus.

Vielmehr scheint auch dafür die hohe Konzentration seltener Erden verantwortlich zu sein. Wie man von einigen von ihnen, namentlich vom Element Germanium, seit einiger Zeit weiß, können sie das Zellwachstum fördern, indem sie die Sauerstoffversorgung verbessern.

Obwohl die Absturzstelle mitten in den unendlichen Wäldern der sibirischen Taiga liegt und sie nachweislich 1908 auch bewaldet war (wo sollten sonst die umgestürzten Bäume herkommen?), ist trotz der beschleunigten Zunahme der Biomasse in dem Gebiet bis heute kein neuer Wald entstanden, sondern ein unwirtliches Sumpfgebiet, in dem sich die Forscher im Sommer mühevoll durch Schwaden von Moskitos hindurchkämpfen müssen.

70 Jahre Tunguska-Forschung sind nun vorüber, und statt einer Lösung näherzukommen, entstehen eher immer mehr neue Rätsel. Dabei hatte die internationale Wissenschaftsgemeinde alle nur erdenklichen Anstrengungen unternommen. Der Grund ist klar: Wenn das Tunguska-Objekt nicht »freundlicherweise« über einer solch dünn besiedelten Gegend heruntergekommen wäre, sondern zum Beispiel über Mitteleuropa, hätte es mit Sicherheit Hunderttausende von Toten gegeben. Das Studium des Ausmaßes der Zerstörung als Konsequenz dieses bislang einzig bekannten großen Einschlags nach dem Auftreten der menschlichen Zivilisation ist von großer Bedeutung für mögliche Vorsorgemaßnahmen. Das uns benachbarte Universum ist voll von herumstreunenden Brocken, die uns jederzeit wieder treffen können. Das hat ja inzwischen auch das Interesse von Hollywood-Regisseuren erweckt.

In dieser Hinsicht sind die Tunguska-Forschungsergebnisse ernüchternd. Im Grunde sind alle bekannten kosmischen Objekte als Ursache ausgeschlossen worden. Es konnte weder ein Meteorit noch ein Asteroid oder ein Komet gewesen sein.

Fassen wir einige der wichtigen Fakten zusammen, die die Forscher vor so große Probleme stellen:

- Das Tunguska-Objekt ist in der Luft explodiert, d. h. die Explosion war nicht nur Folge eines Zusammenstoßes einer großen Masse mit dem Erdboden, wobei lediglich Bewegungsenergie in Schockwellen umgewandelt würde. Die Explosion muss eher elektrischer, chemischer oder nuklearer Natur gewesen sein.
- Es wurde kein bekanntes Meteoritenmaterial freigesetzt.
- Das Objekt scheint im Verlauf seines Absturzes mindestens einmal die Richtung gewechselt zu haben. Möglicherweise ist es nach der ersten Explosion sogar noch ein Stück weitergeflogen.
- Es kam zu einer sekundenschnellen Serie von mindestens fünf Explosionen, so als ob mehrere Teile des Objekts nacheinander explodiert wären.

Obwohl die gesamte Wissenschaftsgemeinde bis heute von einem Meteoritenabsturz spricht - wohl hauptsächlich aus Mangel an besseren Erklärungen - muss diese Hypothese aufgrund der Fakten als widerlegt gelten. Drei hauptsächliche Befunde sind es, die einen Meteoriten, Asteroiden oder Kometen als Ursache eindeutig ausschließen:[71]

- die genetischen Mutationen, die anschließend bei Pflanzen, Tieren und Menschen auftraten, sowie die Krankheitssymptome bei Bewohnern der Region, die eher der Strahlenkrankheit der Hiroshima-Opfer ähneln.

- das Auftreten sogenannter Trinitite, d. h. kleiner Kugeln geschmolzenen Sandes.
- das Auftreten seltener Erden (Lanthaniden) sowie die Häufung der Elemente Gold, Kupfer und Zink.

Als Leonid Kulik die Tunguska-Region zum ersten Mal betrat, erfuhr er übrigens auch, der Schamane des Tungu-Volkes habe die ganze Region mental versiegelt, da er sie für »verhext« erklärt hatte.

Als Naturwissenschaftler ging Kulik diesen Aspekten des Geschehens nicht weiter nach. Doch etwa zur gleichen Zeit wie er, von 1926 bis 1928, bereiste auch der Ethnologe und Geograf *Innokentiy M. Suslov* die Region. Er studierte nicht nur die Gebräuche und Mythen der eingeborenen Völker, sondern half auch bei der Organisation der Sowjetmacht in dieser Region mit. Seinen Forschungen zufolge haben die Ewenki-Tungusen ihre eigene Erklärung für den Tunguska-Zwischenfall:[28]

Wichtige mythologische Gestalten der Ewenken sind die *Agdy* (in russischer Schreibweise: Огды), die »Donnervögel«. Bei ihnen handelt es sich nicht nur um eine primitive Umschreibung natürlicher Kräfte wie Blitz und Donner, sondern sie werden von den Ewenken ganz konkret beschrieben.

Die Agdy sind danach aus Eisen, haben feurige Augen und etwa die Größe »eines Birkhahns«. Auf Skulpturen werden sie auch mit sehr menschenähnlichen Gesichtern dargestellt.

Weitere Erklärungen wollten die Ewenken Suslov damals nicht geben. Erst nach langem Drängen rückten sie mit der vollen Geschichte heraus:

»Seit langer Zeit bestanden Stammesfehden unter einer Gruppe tungusischer Stämme im Bassin der Steinigen Tunguska und Stämmen, die an den rechten Nebenflüssen der Unteren Tunguska wohnten. Diese Feindschaft führte schließlich dazu,

daß die Schamanen ihre bösen Geister gegeneinander entsandten, um Krankheiten zu verursachen. Da rief einer der Schamanen den Agdy, um die verhaßten Feinde zu vernichten. Am frühen Morgen des 30. Juni 1908 flog eine unabsehbare Menge von Agdy die Lagergründe des Stammes Shanyagir an und verursachte bei vielen Familien der Shanyagir Unheil: Einige Zelte flogen in die Höhe, ›höher als der Wald‹, und die Menschen, die darin schliefen, erlitten Prellungen; bei dem Tungusen Andrey Onkoul verschwanden spurlos 250 Rentiere; bei anderen Tungusen kamen Hunde und einige Rentiere um; die Vorratsgerüste mit Brot und Hausrat wurden vernichtet; der Wald, eine echte, uralte Tajga, war auf einem Gebiet von ungefähr 10000 Quadratkilometern in den Auszugsgebieten der Flüsse Chambe, Zhilushmo und Khushmo in ein paar Sekunden niedergelegt worden; überall herrschte ein ungeheurer Donner, von dem die Erde Risse bekam. Unter diesen Eindrücken flohen die Bewohner jenes Teils der Tajga in Panik nach allen Richtungen, ihre letzten Habseligkeiten im Stich lassend.«[28]

Die Ewenken waren offenbar über die Kräfte, die ihre Schamanen glaubten freigesetzt zu haben, selbst so erschüttert, dass sie sagten, seit jener Zeit könnten in der Region nur die Agdy leben, weshalb das Gebiet von den Schamanen zur verbotenen Zone erklärt wurde.

Was immer man von solchen Erzählungen halten soll, einige Aspekte sind schon bemerkenswert:

- Die Agdy sind keine rein mythologischen »Donnergötter«, wie es die Ethnologen behaupten, sondern die tungusischen Schamanen standen offenbar mit ihnen in Kontakt, und zwar innerlich, genau wie es Julian Jaynes für die frühen Kulturen Europas beschrieben hat. Die Agdy sind demnach vergleichbar mit jenen »Göttern«, die vor Jahrtausenden auch zu unseren Vorfahren »gesprochen« haben. Sie sind also als archetypische Symbolgestalten in Verbindung mit der Hyperkommunikation zu verstehen.

- Die Fluggeräte der Agdy werden als »eisern« und mit feurigen Lichtern beschrieben. 1908, erst wenige Jahre, nachdem die Gebrüder Wright das erste Flugzeug gebaut hatten, konnten die Ewenken in ihrer Region keinesfalls menschliche Flugzeuge gesehen haben, die außerdem noch zur Zeit des Ersten Weltkrieges größtenteils aus Holz gebaut wurden. Noch heute können Flugzeuge in der unwegsamen Tunguska-Region nicht landen, nur Hubschrauber, die es aber damals noch nicht gab.
- Es bestehen verblüffende Übereinstimmungen zu den Überlieferungen, die die Maoris am anderen Ende der Welt, in Neuseeland, zu einem sehr ähnlichen Zwischenfall erzählen. Auch in dieser Überlieferung waren die Menschen am Geschehen aktiv beteiligt. Auch in Neuseeland gibt es dazu passend einen rätselhaften Krater, dessen Entstehungsgeschichte noch unklar ist und der etwa zur Zeit des Mittelalters entstanden sein dürfte.

Man muss sich wieder vor vordergründigen Interpretationen dieser Geschichten hüten, wie etwa, irgendwelche »Götter« in »Raumschiffen« wären hier im Spiel gewesen. So etwas ist natürlich nie widerlegbar, es gibt aber auch keine Beweise dafür.

Tatsache ist jedoch, dass die Ewenken durch ihre Schamanen offenbar die Hyperkommunikation bis in unsere Zeit aktiv praktiziert haben und auf diese Weise auch Informationen über für sie noch fremdartige Technologien (z. B. eiserne Flugzeuge) besaßen, vor allem aber Informationen über die bevorstehende Katastrophe in der Tunguska.

Warum sollte die Tunguska-Katastrophe »zufällig« zeitlich so vollkommen synchron zum Stammeskrieg und den schamanischen Ritualen geschehen sein? Dass der Krieg und die Rituale aber wirklich stattgefunden haben, daran kann kein Zweifel bestehen. Die Ewenken brüsteten sich nicht etwa mit einer mythologischen Heldengeschichte. Suslov hatte vielmehr große Mühe, den Ewenken den Bericht überhaupt zu entlocken, so als schämten sie sich dessen, was sie angerichtet hatten.

Wussten die Ewenken also mehr, als sie zuzugeben bereit waren? Es ist bekannt, dass selbstleuchtende Erscheinungen, also die klassischen Vakuumdomänen, Frequenzen im Bereich der menschlichen Gehirnwellen aussenden. Dmitrijev und Djatlov konnten, wie gesagt, eine ganze Reihe von Beobachtungen sammeln, in denen solche Lichterscheinungen tatsächlich auf menschliche Gedanken reagierten. Das Herannahen einer solch gewaltigen Vakuumdomäne wäre also in der Tat durch einen Hyperkommunikationskanal vorab spürbar und damit prinzipiell auch vorhersagbar.

Eine andere Frage, die sich nunmehr stellt, ist natürlich, wo die Ursache liegt und wo die Wirkung. Haben die Ewenken nur das Herannahen der Vakuumdomäne gespürt und mit ihren Agdy in Verbindung gebracht, oder konnten sie etwa durch ihr Ritual selbst einen so großen Hyperkommunikationskanal erzeugen, dass es dadurch überhaupt erst zur Katastrophe kam?

Für die Ewenken ist die zweite Erklärung die naheliegende, aber sie haben natürlich auch keine umfassenden naturwissenschaftlichen Kenntnisse. Umgekehrt sollten wir auch nicht vorschnell etwas abtun, was wir noch nicht restlos ausschließen können. Hyperkommunikation eröffnet uns das Tor zum Gruppenbewusstsein, und was da für Kräfte schlummern, darüber beginnen wir uns gerade erst Gedanken zu machen.

Um eine Vakuumdomäne zu erzeugen, noch dazu in dieser Größe, sind erhebliche Antigravitationskräfte notwendig. Sind wir Menschen denn überhaupt in der Lage, solche Kräfte zu mobilisieren? Bevor wir einen Streifzug durch die Antigravitationslabors der Welt unternehmen wollen, möchten wir zu diesem Thema noch eine Trance-Aussage hinzufügen, die Andrea M. bei uns im Zustand der Hyperkommunikation machte:

- Zunächst ist es ganz wichtig, dass Rotation benutzt wird.
- In Verbindung womit? Rotation allein macht gar nichts.
- In Verbindung mit Gravitationskräften und Antigravitation.
- Und was muß da rotieren?
- Also ich sehe da etwas vor mir, es muß so eine Art Scheibe rotieren, die aus einem bestimmten Metall oder einer Legierung, ich weiß es nicht, bestehen muß, jedenfalls kommt die in eine bestimmte Geschwindigkeit, und ich sehe dann etwas über dieser Scheibe, das dann wie so eine Art feinstoffliches Energiefeld immer stärker wird.
- Habe ich richtig verstanden: Sie sehen das nur über der Scheibe, nicht unter der Scheibe?
- Momentan sehe ich es nur über der Scheibe. Also diese Scheibe soll zum Beispiel nicht zu leicht sein, ziemlich dünn, aber trotzdem eine gewisse Schwere haben.
- Und es gibt eine bestimmte Geschwindigkeit?
- Ja, bei der dieser Effekt entsteht.
- Spielt bei dieser Scheibe vielleicht noch irgendetwas anderes eine Rolle?

– Also ich merke, daß irgendetwas im Kern dieser Scheibe mit Magnetismus zu tun haben könnte, ich weiß es nicht genau.

– Wo befindet sich die Scheibe? In einem Feld oder einer bestimmten Frequenz oder im Vakuum? Wo soll sie rotieren?

– Also ich sehe, weil Sie nach der Antriebsform gefragt haben, daß diese Scheibe unterhalb eines Gefährtes eingebaut ist, daß es sich aber um sich herumdreht, damit über dieser Scheibe ein Energiefeld entsteht, das so stark ist, daß es das ganze Gefährt nach oben bringt. Und das ist sehr viel differenzierter zu bedienen als bei uns die Flugzeuge. Es ist eine eindeutige Weiterentwicklung.

Fassen wir für eine erste Bewertung die Aussagen zusammen:

1. Eine wichtige Rolle bei der Gravitationsmanipulation spielt eine neue Legierung.
2. Bei der Erzeugung von Antigravitation spielt Rotation eine große Rolle. Eine Scheibe aus einem unbekannten Material rotiert, wodurch ein Energiefeld entsteht.
3. Dieses Energiefeld wirkt nur oberhalb der Scheibe, stellt also eine Art von Gravitationsabschirmung dar. Bei dieser Technik spielt auch Magnetismus eine - wenn auch untergeordnete - Rolle.

Wenn man diese Aussagen mit der Realität unserer heutigen Forschungsinstitute konfrontiert, so erlebt man wieder eine Überraschung: *Alle angesprochenen Punkte sind wahr!* All diese exotischen Dinge werden in einzelnen Forschungslabors der Welt bereits erforscht (wenn man teilweise auch ganz schön lange danach suchen muss, denn noch nicht alle Ergebnisse sind schon allgemein bekannt). Die technische Nutzung aber steht noch in den Sternen. Es ist zwar schon »Land in Sicht«, aber dennoch stehen wir als Menschheit tatsächlich schon kurz davor, die Antigravitation zu nutzen.

All das kann nicht eine zufällige Übereinstimmung sein, denn das Experiment mit der rotierenden Scheibe hat tatsächlich in genau dieser Form auf der Welt schon stattgefunden, nämlich in Tampere in Finnland, und Andrea beschrieb es so genau, als wäre sie selbst dabeigewesen.

Derart präzise Detailinformationen können nicht einfach »gut geraten« sein, sondern sie sind nur dadurch erklärlich, dass Andrea während der Sitzung tatsächlich über einen Hyperkommunikationskanal Zugang zum menschlichen Gruppenbewusstsein hatte, in dem alle Menschen untereinander vernetzt sind. Was immer irgendein anderer Mensch auf der Welt dachte oder wusste - über diesen Kanal war es zugänglich. Aber vergleichen Sie selbst, machen Sie sich Ihr eigenes Bild, wenn Sie jetzt lesen werden, wie das Antigravitationsexperiment von Tampere in Finnland wirklich abgelaufen ist.

– VII –

Tanz der Regenschirme

Antigravitation auf dem Prüfstand

9. September 1992. An der Universität Tampere in Finnland führte der russische Materialwissenschaftler *Dr. Eugene Podkletnov* einigen Kollegen das Resultat seiner Arbeit der letzten Monate vor. Unter großem Aufwand war es ihm gelungen, eine 27 Zentimeter große supraleitende Scheibe aus einer speziellen Keramik zu entwickeln.

Nun wollte er die Materialeigenschaften dieser Scheibe erproben und deponierte sie daher in einer speziellen Kühlvorrichtung, einem Kryostaten, und ließ sie in einem starken Magnetfeld rotieren.

Eigentlich ein unspektakulärer Routineversuch, von dem normalerweise allenfalls die Fachwelt Notiz nehmen würde. Auch Podkletnovs Kollegen beobachteten das Geschehen ganz entspannt. Einer von ihnen rauchte dabei sogar gemütlich seine Pfeife ...

Der Rauch dieser Pfeife sollte allerdings schon bald eine wissenschaftliche Palastrevolution auslösen!

Den im Raum anwesenden Wissenschaftlern fiel nämlich plötzlich auf, dass der Tabakrauch sich nicht wie üblich in der

Luft verwirbelte und ausbreitete, sondern senkrecht über der rotierenden Scheibe nach oben stieg.

War es eine seltsame Luftströmung oder sonst ein Störeffekt, vielleicht ausgelöst durch das Magnetfeld oder Temperaturunterschiede über dem extrem kalten Kryostaten? Die Forscher zogen alle Möglichkeiten in Betracht, ohne eine Erklärung für den seltsamen Vorgang zu finden. Schließlich bestimmten sie den Luftdruck über der Scheibe mithilfe eines Barometers. Er war niedriger als anderswo im Raum.

Langsam dämmerte es den Wissenschaftlern: *Ganz offenbar konnte Podkletnovs rotierende Keramikscheibe die Schwerkraft abschirmen.* Ein Wiegeexperiment brachte Gewissheit: Die zur Probe über der Scheibe aufgehängten Gewichte waren bis zu 3 Prozent leichter als normal!

Zum ersten Mal war es Menschen gelungen, unter kontrollierten wissenschaftlichen Bedingungen im Labor die Schwerkraft zu beeinflussen.

Genauere Untersuchungen zeigten, dass nur die rotierende supraleitende Scheibe für diesen Abschirmungseffekt verantwortlich sein konnte, denn selbst in höheren Stockwerken war die Gewichtsabnahme an Stellen oberhalb des Versuchsaufbaus noch messbar, ebenso die Verringerung des Luftdrucks (die Luft wird ja ebenfalls von der Schwerkraft der Erde angezogen und wird dadurch über der Scheibe leichter, strömt also nach oben). Unter der Scheibe war dagegen kein vergleichbarer Effekt zu beobachten.

Supraleiter sind heute aus der modernen Wissenschaft und Technik nicht mehr wegzudenken. Bereits 1911 entdeckte der niederländische Physiker *Heike Kamerlingh-Onnes*, dass bestimmte Metalle, wenn man sie auf eine Temperatur nahe des absoluten Nullpunkts von ungefähr -273 Grad Celsius abkühlt, einem elektrischen Strom praktisch keinen Widerstand mehr entgegensetzen, also *supraleitend* werden, wie man sagt. Er erhielt dafür 1912 den Nobelpreis.

Normalerweise hat ja jeder Leitungsdraht, durch den ein Strom fließt, einen mehr oder weniger großen Widerstand. Dadurch wird immer ein Teil der elektrischen Energie des Stromes in Wärme verwandelt. Jeder von uns kennt den Effekt: Ein elektrisches Gerät wird warm, wenn man es in Betrieb nimmt.

Nicht so bei Supraleitern. Dieser verlustfreie Transport von Energie könnte also manche Probleme des Energieverbrauchs oder der Abwärme lösen helfen. Allerdings war der Aufwand, um das Material auf die notwendige Temperatur von etwa 3–4 Grad über dem absoluten Nullpunkt zu kühlen, zu Anfang größer als der Nutzen. Man benötigt hierfür flüssiges Helium.

Erst 1986 gelang es den Physikern *Alex Müller* und *Georg Bednorz* vom IBM-Forschungslabor in Zürich, einen großen Schritt nach vorn zu tun. Anstelle eines einfachen Metalls verwendeten sie erstmals eine komplizierte keramische Substanz aus Barium, Kupfer und Lanthan und erreichten damit Supraleitung bei einer wesentlich höheren Temperatur, die etwa 30 Grad über dem absoluten Nullpunkt lag. Auch sie erhielten dafür den Nobelpreis für Physik.

Seitdem führen Physiker und Ingenieure einen ständigen »Kampf gegen das Thermometer«. Heute ist man etwa im Bereich zwischen -200 und -140 Grad angelangt – ein erheblicher Gewinn, denn man kann nun anstelle des Heliums flüssigen Stickstoff verwenden, wie er auch in der Kryologie, also zum Einfrieren menschlicher Körper nach dem Tod, benutzt wird.[34]

Andererseits ist die Herstellung der keramischen Materialien recht aufwendig, denn sie müssen in einem komplizierten Verfahren im Hochofen gebrannt werden. Podkletnovs supraleitende Scheibe bestand unter anderem aus den Elementen

Yttrium, Barium und Kupfer und arbeitete bei einer Temperatur von ca. -200 Grad.[63]

Um die Scheibe zu testen, setzte er sie, wie gesagt, in einen Kryostaten und ließ sie in einem starken Magnetfeld mit etwa 5000 Umdrehungen pro Minute rotieren. In einem solchen Umfeld entwickeln Supraleiter nämlich einige exotische Eigenschaften. Zum Beispiel beginnen sie bei hoher Rotationsgeschwindigkeit in dem Magnetfeld zu schweben. Sie vollführen dabei instabile Taumelbewegungen, die übrigens genau an Vakuumdomänen bzw. an Schilderungen von am Himmel schwebenden UFOs erinnern ...

Auf den ersten Blick scheint eine knapp dreiprozentige Gewichtsverringerung nichts Überwältigendes zu sein, doch in Wahrheit waren diese Versuche eine wissenschaftliche Sensation ersten Ranges.

Wie wir wissen, ist die Schwerkraft die einzige Naturkraft, die der Mensch noch nicht beherrscht. Auch die Vakuumtheorie von Dmitrijev und Djatlov beschreibt ja - zumindest auf unserem heutigen Wissensstand - nur natürliche Phänomene. Elektrizität, Magnetismus und Kernkräfte dagegen können wir bereits technisch nutzen. Im Grunde weiß heute überhaupt noch niemand genau, was Schwerkraft eigentlich ist. Sie wirkt überall im Universum, sie sorgt dafür, dass reife Äpfel von den Bäumen zu Boden fallen und dass Planeten um ihre Sonnen kreisen - doch warum das alles so ist, ist uns bis heute nicht bekannt.

Technisch wäre ein Verfahren zur Abschirmung der Schwerkraft von unermesslichem Wert, vor allem für die Raumfahrt. Der größte Teil der Nutzlast einer Trägerrakete besteht heute aus Treibstoff, der benötigt wird, um die an der Spitze montierte Raumkapsel oder den Satelliten gegen das Schwerefeld der Erde nach oben in eine Erdumlaufbahn oder gar darüber hinaus zu hieven. Doch auch andere - irdische - Anwendungen wären denkbar, die man bislang eher als Science-Fiction angesehen hätte.

Eugene Podkletnov ging jedenfalls den in der Wissenschaft üblichen Weg, der normalerweise eines Tages auch für ihn zur Verleihung des Nobelpreises hätte führen können. Er schrieb zusammen mit seinem Mitarbeiter *Petri Vuorinen* einen wissenschaftlichen Fachartikel, den er beim *Journal of Physics,* einer der angesehensten Fachzeitschriften Englands, zur Veröffentlichung einreichte.

Nun muss man wissen, dass die Redaktionen wissenschaftlicher Zeitschriften in aller Welt die eingesandten Beiträge genau prüfen, bevor sie sie abdrucken. Sie sind es ihrer Reputation schuldig, nur wissenschaftlich saubere und abgesicherte Arbeiten herauszubringen, und da wurde natürlich gerade ein so exotischer Beitrag wie der über Podkletnovs Experiment besonders genau unter die Lupe genommen.

Doch die Arbeit nahm schließlich alle Hürden, bestand die Prüfungen skeptischer Experten und wurde für den Oktober 1996 zur Veröffentlichung im Journal of Physics angekündigt.

Von nun an wird die Geschichte bizarr und erinnert im Grunde eher an eine »X-Akte« als an geordneten Wissenschaftsbetrieb.[84]

Im August 1996 gab Eugene Podkletnov plötzlich dem englischen Journalisten *Robert Matthews* vom *Sunday Telegraph* ein Interview. Warum er dies tat, so kurz vor der Veröffentlichung seines Fachartikels, bleibt unklar, genau wie so manches andere im weiteren Verlauf der Geschichte.

Auf jeden Fall erschien daraufhin am 1. September im Sunday Telegraph eine einigermaßen reißerisch aufgemachte Story unter dem Titel »Breakthrough as Scientists beat Gravity« (etwa: »Durchbruch beim wissenschaftlichen Versuch, die Gravitation zu knacken«).[50] Robert Matthews und sein Co-Autor Ian Sample wiesen auf einige recht exotisch anmutende Anwendungsmöglichkeiten hin, zum Beispiel, dass Menschen schon bald anstelle eines Fahrstuhls eine Antigravitationsmaschine benutzen könnten, um in ein höheres Stockwerk zu gelangen.

Derart wilde Spekulationen taten natürlich dem Ruf des Experiments in der Fachwelt, speziell in einem so sensiblen Gebiet, nicht gerade gut.

Nur acht Tage später, am 9. September, zog Podkletnov seinen Artikel von der Veröffentlichung im *Journal of Physics* zurück. Seine Beweggründe hierfür sind unbekannt, doch es wird noch merkwürdiger.

Der Direktor des Instituts für Materialwissenschaften der Universität Tampere, Professor *Tuomo Tiainen,* ließ öffentlich verlautbaren, in seinem Institut seien niemals Antigravitationsexperimente durchgeführt worden. Podkletnovs Versuchsaufbau sowie seine Keramikscheibe waren plötzlich unauffindbar.

Sein Co-Autor Petri Vuorinen bestätigte zwar, einige Jahre zuvor mit ihm zusammengearbeitet zu haben, niemals jedoch auf dem Gebiet der Antigravitation. Er bestritt auch, irgendetwas mit dem wissenschaftlichen Fachartikel zu tun gehabt zu haben.

Robert Matthews recherchierte weiter. War er einfach nur einem Schwindel aufgesessen, hatte Podkletnov inzwischen einen Irrtum erkannt, oder eröffnete sich hier der Blick auf eine gigantische Verschwörung? Der Journalist befragte Podkletnov erneut, der dabei blieb, dass seine Experimente authentisch seien. Er erklärte, Professor Tiainen sei zur Zeit des Experiments noch gar nicht am Institut gewesen, und sein Co-Autor müsse »ein anderer Petri Vuorinen« gewesen sein als der, der sich öffentlich geäußert habe.

Trotz der zunehmend bizarr klingenden Ausflüchte des russischen Forschers ging Matthews der Sache weiter nach – und so unglaublich es klingen mag: die Aussagen Podkletnovs stimmten!

Es zeigte sich, dass der Name Petri Vuorinen in Finnland recht häufig ist und es tatsächlich einen zweiten Wissenschaftler dieses Namens an der Universität Tampere gab. Doch leider bestritt auch der, je etwas mit dem rätselhaften Experiment zu tun gehabt zu haben. Robert Matthews fand auch eine Unterschrift unter dem Originalpapier, das beim *Journal of Physics* eingereicht wurde. Diese schien aber eindeutig vom ersten Vuorinen zu stammen.

Schließlich erfuhr der englische Reporter von Professor Tiainen, Eugene Podkletnov habe zwar einige wertvolle Arbeiten auf dem Gebiet der Materialwissenschaften durchgeführt, sei aber keineswegs qualifiziert, um seine in dem Artikel aufgestellten Behauptungen über Antigravitation überhaupt beurteilen zu können.

Wenige Tage später wurde Eugene Podkletnov von seinem Posten an der Universität entlassen. Sein Experiment und seine supraleitende Scheibe blieben verschwunden.

Interessanterweise griffen andere Kreise der Wissenschaft das Thema auf und untersuchten es weiter, etwa der italienische Quantenphysiker *Giovanni Modanese* von der Universität Turin, der bereits ein theoretisches Erklärungsmodell für den Effekt entwickelt hat.[53] In Amerika gelang es dem Collegelehrer und Hobbybastler *John Schnurer,* Podkletnovs Experiment in seiner häuslichen Garage nachzubauen und zu verifizieren. Die Gewichtsverluste, die er bei seinen Proben erreichen konnte, betrugen zwar bei weitem nicht jene 3 Prozent, die Podkletnov angeblich gemessen hat, doch das dürfte hauptsächlich daran liegen, dass sein Supraleiter wesentlich kleiner war. Scheiben der Größe, wie sie Podkletnov angeblich benutzte, sind im freien Handel noch nicht erhältlich.

Obwohl der wissenschaftliche Artikel über das Experiment nie erschienen ist, sind Podkletnovs Forschungsergebnisse öffentlich zugänglich. So war zum Beispiel ein Vorabdruck an der

Universität Moskau erschienen.[63] Der Chef des NASA Marshall Space Flight Center, *Whitt Brantley,* bestätigte vor Journalisten, die NASA nehme diese Arbeit sehr ernst. Es wurde ein Gemeinschaftsprojekt *»Delta-G«* mit der Universität von Alabama in Huntsville ins Leben gerufen und von der NASA mit zunächst 150.000 Dollar gesponsert, um Podkletnovs so jäh unterbrochene Forschungsarbeit weiterzuführen. Leiterin dieses Projekts ist die Chinesin *Dr. Ning Li,* die in Huntsville als Plasmaphysikerin arbeitet.

Auch Dr. Li hat bereits theoretische Überlegungen zu dem Thema angestellt, die nach ihrer Auskunft mit ihren eigenen Experimenten konform gehen.[57] Allerdings ist es ihr ebenfalls bislang nicht gelungen, Podkletnovs Supraleiter in voller Größe nachzubauen, sodass die Abschirmungseffekte in Alabama zwar geringer, aber doch vorhanden sind.

Damit dürfte an der Wahrheit von Podkletnovs Aussagen über sein Experiment eigentlich nicht mehr zu zweifeln sein. Wie wäre es möglich, dass Wissenschaftler in aller Welt seine Aussagen bestätigen, wenn er das Experiment nie selbst durchgeführt, sondern nur erfunden hätte?

Warum aber ging er dann so überstürzt an die Tagespresse, kurz bevor er die offiziellen wissenschaftlichen Lorbeeren hätte kassieren können? War in der Zwischenzeit etwas geschehen, worüber Podkletnov bis heute nicht zu sprechen wagt und was ihn veranlasste, nicht mehr bis zum Oktober 1996 zu warten?

Warum ließ man sein Experiment verschwinden, und warum bestreiten die anderen finnischen Wissenschaftler die Beteiligung daran, wenn doch offenbar die Grundaussage kein Humbug ist, der irgend jemandes Ruf schaden könnte?

Waren es ungeklärte Patentrechte, um die im Hintergrund gerungen wurde? Wollten sich amerikanische Kreise diese Rechte sichern, anstatt sie in Finnland oder gar in Russland zu belassen? Derartige Streitigkeiten sind in der Wissenschaft von heute nicht selten, zumal wenn wirtschaftliche Interessen im Hintergrund stehen.

Oder hatte Podkletnov noch in ein ganz anderes Wespennest gestochen? Hatte er per Zufall etwas entdeckt, das im Geheimen längst bekannt war? War es gar der erste Schritt zu einem exotischen Antriebssystem, das längst in irgendeinem Armeehangar lagerte und über das die breite Öffentlichkeit noch nichts erfahren sollte?

Hierzu braucht man gar nicht die klassischen Verschwörungstheorien zu bemühen, wonach das US-Militär angeblich seit Langem »außerirdische UFO-Technologie« in Händen haben soll. Derartige Behauptungen kursieren überall und sind dennoch nicht beweisbar. Doch warum soll man immer die »Außerirdischen« heranziehen, wenn es um wissenschaftlichen Fortschritt geht? Wir Menschen verstehen uns doch auch ganz gut auf Wissenschaft!

Wenn man nämlich genauer recherchiert, so war Eugene Podkletnov auch unter uns Erdlingen nicht der Erste, der sich - in Theorie oder Praxis - mit der Abschirmung oder Manipulation der Schwerkraft beschäftigt hat.

Die meisten Menschen verbinden heutzutage das Gebiet der Antigravitationsforschung automatisch mit dem Namen des genialen kroatischen Physikers *Nikola Tesla.* Ein Grund hierfür mag sein, dass Leben und Werk Teslas sowie die Umstände seines Todes und des Verschwindens eines großen Teils seiner Werke ein ähnlich großes Geheimnis darstellen. Wir hatten seinerzeit in unserem Buch »Das Erbe von Avalon«[18] ausführlich darüber berichtet.

Dennoch ist die Annahme falsch. Nicht, dass ein Antigravitationstriebwerk nicht ein Traum Teslas gewesen wäre. Bereits 1900 schrieb er: *»Man stelle sich eine Scheibe aus einem homogenen*

Material vor, perfekt rundgedreht und auf einer horizontal über dem Boden angeordneten Achse, die in reibungslosen Lagern läuft, sitzend. Es ist nun durchaus möglich, daß wir herausfinden, wie die Scheibe durch die Gravitation in dauernde Umdrehung versetzt werden und Arbeit verrichten kann. Zu diesem Zweck müssen wir nur eine Abschirmung gegen diese Kraft erfinden.«[104]

Diese Sätze zeigen die ungeheure visionäre Kraft Teslas, denn in seiner Fantasie hatte er offensichtlich Podkletnovs Experiment über 90 Jahre zuvor erstaunlich präzise vorweggenommen. Doch er verfolgte diesen Gedanken nicht weiter. Tesla hielt kein Patent, das irgendwie mit Gravitationsabschirmung zu tun hatte, noch deutet irgendetwas in seinen sonstigen Werken auf eine tiefere Beschäftigung mit dieser Thematik hin.

Tesla war mehr Erfinder und Praktiker als Grundlagenforscher, und um die Gravitationsabschirmung wirklich technisch umsetzbar zu machen, musste erst einmal einige Jahrzehnte lang theoretische Vorarbeit geleistet werden. Dabei ist die Supraleitung durchaus nicht der einzig denkbare Weg.

Zum Beispiel sagte der niederländische Physiker *Hendrick Casimir* 1948 einen möglichen Antigravitationseffekt in der Theorie voraus. Grundlage seiner Überlegungen war schon wieder die *Quantenvakuumfluktuation,* die uns schon bei den Wurmlöchern über den Weg gelaufen ist. Erinnern wir uns: Im Vakuum existiert immer eine geringe Anzahl von Elementarteilchen und Photonen, die spontan entstehen und wieder vergehen.[26]

Wie der Casimir-Effekt funktioniert, konnte wohl niemand besser erklären als *Stephen Hawking:*

»Diese Teilchen-Antiteilchenpaare nennt man virtuell, weil man sie nicht direkt mit einem Partikeldetektor messen kann. Jedoch lassen sich ihre Effekte indirekt beobachten. Dies ist mit Hilfe des sogenannten Casimir-Effekts möglich. Man hat zwei

parallele Metallplatten in einem kurzen Abstand voneinander. Die Platten fungieren wie Spiegel für die virtuellen Teilchen und Antiteilchen. Das heißt, die Region zwischen den Platten ist so etwas wie eine Orgelpfeife und läßt nur Lichtwellen bestimmter Resonanzfrequenzen zu. Infolgedessen gibt es etwas weniger Vakuumfluktuationen bzw. virtuelle Partikel zwischen den Platten als außerhalb, wo die Vakuumfluktuationen jede mögliche Wellenlänge haben können. Die Verringerung der Zahl virtueller Partikel zwischen den Platten bedeutet, daß sie nicht so häufig auf die Platten treffen und folglich nicht so viel Druck auf die Platten ausüben, wie es die virtuellen Partikel draußen tun. Es gibt folglich eine geringfügige Kraft, die die Platten zusammendrückt. Diese Kraft ist experimentell gemessen worden. Also existieren virtuelle Partikel wirklich und produzieren reale Effekte.

Da es zwischen den Platten weniger virtuelle Partikel oder Vakuumfluktuationen gibt, haben sie hier eine niedrigere Energiedichte als in der Region draußen. Aber die Energiedichte des leeren Raumes, weit entfernt von den Platten, muß Null sein. Andernfalls würde diese die Raumzeit verwerfen, und das Universum würde nicht nahezu flach sein. Also muß die Energiedichte in der Region zwischen den Platten negativ sein.

Wir haben folglich den experimentellen Beweis von der Beugung des Lichtes, daß die Raumzeit gekrümmt ist, und die Bestätigung vom Casimir-Effekt, daß wir sie in der negativen Richtung verwerfen können. Damit wären wir, wenn wir Fortschritte in Wissenschaft und in Technologie machen, möglicherweise imstande, ein Wurmloch zu konstruieren oder Raum und Zeit in irgendeiner anderen Weise zu verwerfen, und könnten so in unsere Vergangenheit reisen. Wenn dies der Fall wäre, würde es eine ganze Menge Fragen und Probleme aufwerfen. Eins von diesen ist: Sollten wir tatsächlich einmal in der Zukunft lernen, in der Zeit zu reisen, warum ist dann nicht schon jemand aus der Zukunft zurückgekommen, um uns zu erklären, wie man es macht.« [31]

Wenn aber zwischen den Platten eine negative Energiedichte herrscht, dann folgt daraus unmittelbar die Existenz negativer Massen und damit der Antigravitationskraft.

Wie Stephen Hawking anmerkte, ist Casimirs theoretische Voraussage inzwischen experimentell bewiesen worden, und zwar im Jahre 1996 durch den Physiker *Steven Lamoreaux*.

Obwohl der Casimir-Effekt nur sehr klein ist, ist er außerordentlich bedeutsam. Denn dadurch ist es zum ersten Mal gelungen, die Vakuum-Energie, oft auch als »freie Energie« bezeichnet, anzuzapfen und physikalische Arbeit leisten zu lassen, nämlich um die Platten zu bewegen. Avantgardistische Physiker wie der Amerikaner *Robert Forward* träumen bereits von der Realisierung einer »Vakuumschwankungsbatterie«.

Andere Wissenschaftler, wie der schon erwähnte *Kip Thorne*, gehen noch einen Schritt weiter und stellen die Hypothese auf, ob der Casimir-Effekt sich nicht sogar dazu nutzen ließe, um aus den mikroskopisch kleinen »Wurmlöchern« genügend große Raum-Zeit-Tunnel für die interstellare Raumfahrt zu konstruieren.[26] Auch Stephen Hawking hält, wie gesehen, solche Möglichkeiten nicht mehr für undenkbar.

Ein weiterer wichtiger Pionier der Antigravitationsforschung war der Ingenieur *Thomas Townsend Brown*. Er wurde 1905 im US-Bundesstaat Ohio geboren und starb 1985, sinnigerweise an einem Ort namens »Avalon« auf Catalina Island, Kalifornien.

Nach dem Studium arbeitete Townsend Brown an verschiedenen Forschungseinrichtungen sowie am renommierten Smithsonian Institute. 1933 trat er in die US Navy ein, in der er bis 1943 blieb und es bis zum Lieutenant Commander brachte. Auch beim Militär konnte er seine technischen Kenntnisse einbringen, etwa beim magnetischen und akustischen Auffinden von Unterwasserminen. Anschließend arbeitete er bis Kriegsende als Radarexperte bei der Lockheed Corporation.

1951 veröffentlichte er im *Psychic Observer* einen Artikel über einen von ihm erfundenen »elektrokinetischen Apparat«[82], der ganz offenbar der Schwerkraft trotzen konnte. Er sah aus wie ein Regenschirm aus Metallgeflecht, an dem eine hohe elektrische Ladung (Spannungen von ca. 125,000 Volt) angebracht wurde. Dadurch schwebte das Gerät über dem Boden und vollführte dabei wiederum die charakteristischen Taumelbewegungen. Wenn man die Forschungen von Dmitrijev und Djatlov kennt, ist diese Verwandlung eines starken elektrischen Feldes in eine Veränderung der Gravitation eigentlich keine Überraschung mehr.

Diese Erfindung schien in der Öffentlichkeit eher als Laune eines Exzentrikers angesehen zu werden und schon bald in der Versenkung zu landen. Doch immerhin machte Thomas Townsend Brown in der Wirtschaft gewaltig Karriere. Auf dem Gipfel seines Erfolgs war er von 1958 bis 1974 Präsident der RAND Corporation. Dieser Rüstungskonzern mit Sitz in Nassau auf den Bahamas baute zu jener Zeit im Auftrag der US Army geheime militärische Untergrundbasen und war angeblich auch an Bewusstseinskontrollprojekten des Militärs beteiligt.[44]

Im Gegensatz zur öffentlichen Meinung nehmen auch führende NASA-Wissenschaftler Townsend Browns Forschungen nach wie vor ernst und verfolgen sie parallel zu den Podkletnov-Experimenten weiter.

Trotz all dieser Erkenntnisse erscheint es auf den ersten Blick dennoch, als würde eine Abschirmung der Schwerkraft an den Grundfesten der Physik rütteln - an *Isaac Newtons* Gravitationsgesetz und *Albert Einsteins* allgemeiner Relativitätstheorie. Das ist jedoch nicht der Fall, ähnlich wie wir dies schon beim Tunneleffekt erkennen mussten.

Um das zu verstehen, kehren wir zurück zu Podkletnovs Versuch, der bislang wissenschaftlich am besten überprüft wurde. In einem Supraleiter, der auf extrem tiefe Temperaturen gekühlt wird, herrschen exotische Bedingungen, wie sie in den Gesetzen der klassischen Physik gar nicht berücksichtigt wurden. Die innerste Struktur der Materie ändert sich bei solchen Verhältnissen von Grund auf, und nur mithilfe der modernen Quantenphysik kann man sich einer Erklärung nähern. Doch gerade den Quantenphysikern gelang es bislang nicht, die Schwerkraft in ihre Theorien zu integrieren. Einstein hat, wie gesagt, die Quantenphysik ohnehin lebenslang bekämpft. Zumindest seine Relativitätstheorie, so wie er sie vorlegte, lässt sich auf derartige physikalische Bedingungen nicht anwenden und damit erst recht nicht infrage stellen.

Es gibt zwei mögliche Erklärungen für den Effekt, den Podkletnov gemessen hat, und für beide gibt es auch beweiskräftige Indizien.

- Es könnte sich um echte Antigravitation handeln, also eine bisher unbekannte abstoßende Kraft, die sehr schwach ist und nur unter bestimmten Bedingungen zum Tragen kommt. Wie gesagt: Die hypothetische Existenz einer »Spiegelwelt« mit negativen Massen widerspricht nicht der Physik, und die russischen Forscher Dmitrijev und Djatlov konnten mit ihrer erweiterten Vakuumtheorie eine ganze Reihe beobachtbarer Phänomene einwandfrei erklären und sogar vorhersagen.

- Die andere Erklärungsmöglichkeit ist sicher nicht weniger exotisch, aber ebenfalls von Interesse, da gerade auch für sie einige merkwürdige Indizien sprechen. Es könnte nämlich sein, dass hier gar keine Antigravitationskraft mit all ihren seltsamen Konsequenzen wie negativen

Massen und Spiegelwelten vorliegt, sondern lediglich eine Abschirmung der Schwerkraft, so wie ein elektrisches Feld zum Beispiel durch ein Metallgitter (einen sogenannten Faradayschen Käfig) abgeschirmt wird.

Für die letzte Hypothese spricht schon die Tatsache, dass der Effekt nur oberhalb der rotierenden Scheibe auftrat, nicht jedoch unterhalb. Physikalische Kräfte wirken im Allgemeinen symmetrisch nach allen Richtungen.

Verantwortlich für einen solchen Abschirmungseffekt könnten bestimmte Materialien sein - vielleicht auch die, die Podkletnov für seine keramische Scheibe benutzte?

Dies führt uns auf eine weitere interessante Spur. So wurden nämlich genau die Materialien, die bei heutigen keramischen Supraleitern verwendet werden, also z. B. Lanthan, Ytterbium, aber auch Kupfer, in ungewöhnlich hoher Konzentration am Ort der Tunguska-Katastrophe gefunden. Es gibt allerdings noch eine ganze Reihe weiterer Materialien, die die Eigenschaft haben, unter bestimmten Bedingungen die Gravitation abzuschirmen.

Entdecker dieser Eigenschaften ist der amerikanische Ingenieur *Henry Wallace.* Er erhielt in den sechziger und siebziger Jahren einige Patente, u. a. für eine Wärmepumpe. In den Patentschriften erwähnt Wallace, dass bestimmte chemische Elemente, darunter Beryllium, Aluminium, Vanadium, Kupfer und Wismut, in einem starken elektromagnetischen Feld die Schwerkraft abschirmen könnten (US Patent Nr. 3,823,570 vom 16.7.1974).

Vor allem Wismut scheint im Zusammenhang mit der Supraleitung eine herausragende Bedeutung zu erlangen. Beim IBM-Forschungslabor in Zürich, wo ja schon der erste Hochtemperatur-Supraleiter der Welt entwickelt wurde, gelang es dem Forscher *Jean-Pierre Locquet* 1998, ein neues Verfahren zu entdecken, das es schon bald möglich machen könnte, Supraleiter bei Temperaturen von -70 oder gar -50 Grad zu betreiben - Kältegrade, wie sie, zum Beispiel in der Antarktis oder im sibirischen Winter, schon auf ganz natürliche Weise auftreten. Hierbei wird die Verwendung von Wismut, so Locquet, eine wichtige Rolle spielen.

Das Element Wismut verdient aber auch noch aus anderen Gründen eine genauere Betrachtung. Wie wir alle noch aus der Schule wissen, werden in der Chemie die Elemente in einem ganz bestimmten Schema, dem *Periodensystem,* angeordnet. Elemente, die in der gleichen Reihe des Periodensystems untereinanderstehen, besitzen ähnliche physikalische und chemische Eigenschaften. Direkt unter dem Element Wismut, das die Nummer 83 trägt, würde aber das bis heute noch nicht entdeckte Element 115 stehen. Dieses hypothetische Element steht seit Langem im Mittelpunkt einiger Theorien von Ufologen, die behaupten, es sei Bestandteil geborgener Flugscheiben, die das amerikanische Militär versteckt halte.

Was hat es mit diesem Element 115 auf sich? Das schwerste Element, das in der Natur vorkommt, ist das Uran, das im Periodensystem die Nummer 92 hat. Alle schwereren Elemente, so auch das uns allen inzwischen bekannte und zu Recht berüchtigte Plutonium, sind erst vom Menschen und seiner Technik erschaffen worden.

Der Grund, warum diese Elemente in der Natur nicht vorkommen, ist der, dass sie, wie wir alle wissen, sämtlich radioaktiv sind und dass ihre Halbwertszeit mit zunehmendem Atomgewicht immer kürzer wird. Wenn es sie also einmal gegeben hätte, wären sie inzwischen längst zerfallen.

Das natürliche Uran ist noch einigermaßen stabil, weshalb es in der Natur überhaupt noch vorkommt. Plutonium hat eine Halbwertszeit von etwa 30.000 Jahren, was den radioaktiven

Abfall unserer Kernkraftwerke so extrem gefährlich macht. Die Geister, die der Mensch rief, wird er so schnell nicht mehr los.

Die noch schwereren Atomkerne werden dann zunehmend instabiler, und deshalb konnten die meisten von ihnen nur noch für winzige Bruchteile von Sekunden im Labor überhaupt erzeugt werden. So konnte im November 1994 zum Beispiel das erste Atom mit der Ordnungsnummer 111 erschaffen werden. Dies war übrigens deutschen Wissenschaftlern der Gesellschaft für Schwerionenforschung (GSI) in Darmstadt gelungen, interessanterweise durch Verschmelzung je eines Nickel- und Wismut-Atomkerns.

Was treibt die Wissenschaft dazu, Millionen an Forschungsgeldern aufzuwenden, um derart flüchtige Materialien künstlich zu erschaffen? Zum einen wird dadurch natürlich Grundlagenforschung betrieben. Man erhofft sich neue Aufschlüsse über den Aufbau der Materie.

Viel wichtiger ist jedoch die weltweite Jagd nach den »magischen« Elementen 114 und 115.

Warum hält auch die Wissenschaft diese Elemente für magisch? Die Kernphysiker wissen längst aus der Theorie, das mit dem Element 114 eine »stabile Insel« beginnt, d. h. von dort an werden einige Elemente nicht mehr radioaktiv, sondern dauerhaft stabil sein, so auch das ominöse Element 115.

Im Dezember 1998 war es so weit. Im Kernforschungszentrum Dubna bei Moskau gelang es dem Kernphysiker *Dr. Juri Oganessian* in Zusammenarbeit mit seinen amerikanischen Kollegen *Dr. Ronald Lougheed* und *Dr. John N. Wild* vom Lawrence Livermore Laboratory in Kalifornien, das erste Atom des Elements 114 zu erzeugen. Vier Monate lang hatten sie es bereits versucht, indem sie in dem gewaltigen russischen Teilchenbeschleuniger Plutonium- und Calcium-Isotopen aufeinanderprallen ließen.

Die Theoretiker hatten recht behalten. Element 114 existierte fast 30 Sekunden lang, bevor es langsam in kleinere Bestandteile zerfiel. Das klingt nicht sehr bedeutend, ist es aber doch im Vergleich zu den früheren Elementen, die nur winzigste Bruchteile von Sekunden existierten.

Die Wissenschaftler in Dubna betonten, dies sei noch nicht das letzte Wort in der Angelegenheit. Wie man weiß, kann jedes chemische Element *Isotope* bilden, die im Atomkern eine unterschiedliche Anzahl von Neutronen besitzen. Nach außen hin, also chemisch, unterscheiden sich die verschiedenen Isotope ein und desselben Elements nicht. Sie sind aber im Allgemeinen nicht alle stabil.

Bekannt wurde zum Beispiel das radioaktive Isotop C_{14} des Kohlenstoffs, anhand dessen Zerfallsrate sich das Alter prähistorischer Skelettfunde bestimmen lässt, während der »gewöhnliche« Kohlenstoff stabil ist.

Genauso weiß man aus theoretischen Berechnungen, dass auch Element 114 noch stabilere Isotope besitzen muss als das, dessen Erzeugung den Wissenschaftlern in Dubna gelungen ist.

Was das ominöse Element 115 betrifft, so scheint es seiner Erforschung durch die Wissenschaft Hindernisse entgegenzustellen. Die nächste Erfolgsmeldung der Schwerionenforscher kam bereits am 9. Juni 1999. Diesmal war es der deutsche Physiker *Victor Ninov* vom Lawrence Berkeley National Laboratory in Kalifornien, dem es in Zusammenarbeit mit seinen Kollegen gelungen war, gleich zwei neue Elemente im Laborexperiment herzustellen.

Sie beschossen Bleiatome mit einem superschnellen Strahl aus Krypton, einem Edelgas. Dabei entstand zunächst ein Atom des Elements 118, das sich nach knapp einer Tausendstel Sekunde in das Element 116 verwandelte. Dieses war bis dahin ebenfalls noch nie beobachtet worden.

Wenn man auch um die vermutete »stabile Insel« noch immer herumschifft, so dürfte es dennoch außer Frage stehen, dass die Wissenschaft nur noch einen Schritt davon entfernt ist, auch Element 115 künstlich zu erzeugen.

Zum ersten Mal wäre es dann möglich, ein Material im Labor künstlich zu erschaffen, von dem man prinzipiell auch eine makroskopische Menge, also einen ganzen Brocken, herstellen könnte. Welche Eigenschaft wird dieses Material haben, das noch keines Menschen Auge gesehen hat?

Wird es wirklich, ähnlich wie Wismut, einen gravitationsabschirmenden Effekt besitzen, möglicherweise sogar in viel stärkerem Maße? Ist dies dann erst der Schritt in ein wahres Raumfahrtzeitalter? Die wenigen Prozent Gewichtsverringerung, die wir bislang erzielen können, reichen weder aus, die Erde zu verlassen noch zu anderen Planeten zu fliegen. Raumfahrttechnisch gesehen ist dies alles noch Steinzeit, aber es sind wichtige Erkenntnisse auf dem Weg zu den wirklich interessanten Techniken und Materialien. Wer weiß, welche Überraschungen uns noch bevorstehen, wenn wir den ersten Klumpen des Elements 115 in Händen halten?

Im Endeffekt können wir keine endgültige Aussage darüber machen, welche Hypothese sich letztendlich bewahrheiten wird, ob also eine funktionierende Antigravitationstechnik im Vakuum eine exotische »Spiegelwelt« anzapft oder ob sie lediglich die vorhandene Schwerkraft mithilfe geeigneter Materialien abschirmt. Vermutlich wird sogar eine Mischung von beiden Techniken zur Anwendung kommen.

Auf jeden Fall ist die Erkenntnis außerordentlich bedeutsam, dass nicht nur durch komplizierte Technik, sondern ganz offenbar auch auf natürliche Weise Antigravitationseffekte möglich sind, etwa in Form einer Kombination aus Vakuumdomänen, Erdverwerfungen und unterirdisch lagernden Erzen.

Müsste man dann nicht auch irgendwo auf der Welt solche Stellen finden können?

In der Tat ist dies der Fall. Es gibt auf unserer Erde einige seltsame Orte, an denen die uns bekannten Gesetze der Physik auf den Kopf gestellt zu sein scheinen.

Woran soll man diese Orte erkennen? Bestimmt nicht an einem Hinweisschild »Achtung: Gravitationsanomalie!« Oder vielleicht doch?

– VIII –

Galilei, der Papst und die Bienen

Wenn die Gravitation verrücktspielt

Wenn man die italienische Hauptstadt Rom in südöstlicher Richtung entlang der Via Appia Nuova verlässt, erreicht man nach etwa 60 Kilometern die idyllische Landschaft der Albaner Berge. Es ist ein uraltes vulkanisches Bergland, aber die Vulkane waren bereits zur Zeit der alten Römer erloschen. In ihren Kratern haben sich teilweise Seen gebildet. Der größte von ihnen, der *Albaner See*, diente schon zur Römerzeit als Wasserreservoir.

Die Verlängerung der Via Appia Nuova, die *Via dei Laghi,* führt den Autofahrer rund um den malerischen See. Doch nicht nur landschaftliche Schönheiten gibt es entlang dieser Straße zu bewundern.

Kurz hinter der Ortschaft *Rocca di Papa* kommt es im Verlauf der Via dei Laghi zu einer seltsamen Anomalie. Flaschen und andere Gegenstände rollen hier in einer schwachen Steigung ohne zusätzliche Antriebskraft bergauf. Selbst schwere Autos lassen sich im Leerlauf bei ausgeschaltetem Motor ohne weiteres den Berg hinaufbewegen.

Berichte über diesen bemerkenswerten Ort wurden in Deutschland erstmals durch den Fernsehjournalisten *Rainer Holbe* bekannt gemacht.[37] Seither gibt es über den seltsamen Effekt erbitterte Diskussionen: Ist das Ganze nur eine optische Täuschung, oder spielt an diesem Ort wirklich die Gravitation verrückt?

Da es ganz offensichtlich bisher keine wissenschaftlich abgesicherten Erkenntnisse darüber gibt, haben wir im Rahmen einer Forschungsreise nach Italien den Fall gründlich untersucht.

Es war noch früh im Jahr, Ende April, aber dennoch schon ein heißer Tag, als wir die Straßen Roms hinter uns ließen und in die Albaner Berge aufbrachen. Die Fahrt war trotz der malerischen Landschaft mit ihren Weingärten und den großen Zypressen entlang der Allee alles andere als ein gemütlicher Ausflug. Die Via Appia Nuova ist Zubringerstraße zum kleineren römischen Flughafen Ciampino, und so bewegten wir uns kilometerlang nur im Stop-and-Go-Tempo weiter.

Dann erreichten wir Rocca di Papa. Es ist ein etwas verschlafenes Bergstädtchen, das allerdings auf eine recht bewegte Geschichte zurückblicken kann. Sie weist einige kuriose Phasen auf, so zum Beispiel eine Episode während der Revolte von 1855. Damals proklamierten die Bewohner des Ortes eine eigene »Repubblica di Rocca di Papa«, die aber nur kurze Zeit Bestand hatte und schließlich mit der Verhaftung von 17 Bewohnern endete.[94] Ein Hinweis auf größere Freigeistigkeit in dieser Gegend, möglicherweise sogar als Ausdruck einer verringerten Gravitation, die das Bewusstsein der Menschen hier nicht so stark trüben kann?

Während wir durch die engen Gassen des Ortes kurvten, war von alledem nicht mehr viel zu spüren. Kaum ein Mensch war zu dieser Zeit, kurz nach Mittag, unterwegs, und selbst die Restaurants hatten geschlossen. Nicht unbedingt eine praktische Situation, wenn man nach der genauen Position der rätselhaften Stelle an der Via dei Laghi fragen will.

Schließlich fanden wir eine kleine Imbissbude, mit deren Inhaber wir uns radebrechend einigermaßen verständigen konnten. Auf das Schlagwort »fenomeno« jedenfalls reagierte er augenblicklich. Nur wenige Meter noch, so seine Auskunft, hatten wir zu fahren, dann an der Ampel abbiegen und - den Motor abschalten!

Es war schon ein etwas unheimliches Gefühl, das vertraute Motorengeräusch nicht mehr zu hören und dennoch in langsamem Tempo die Steigung hinaufzurollen. Auch wenn wir schon viel über das Phänomen gelesen hatten und bereit waren, daran zu glauben - es selbst zu erleben, ist doch etwas anderes.

Als wir aus dem Auto ausstiegen, um die Stelle zu Fuß weiter zu erkunden, gab es eine weitere Überraschung. Die ganze Stimmung des Ortes passte nicht zu der Umgebung. Vorbei war die gleißende Sonnenstrahlung, die uns auf der Fahrt so zu schaffen gemacht hatte. Das ganze Gebiet lag unter einer düsteren Wolkendecke, und es war kalt - so kalt, dass wir uns erst einmal eine warme Jacke überziehen mussten. Wir hielten uns einige Stunden an der Stelle auf, und unsere Hände waren steifgefroren!

Wir mussten an Eugene Podkletnov und sein Antigravitationsexperiment denken. Über der rotierenden Scheibe war lokal der Luftdruck erniedrigt, was den Pfeifenrauch seines Kollegen senkrecht nach oben steigen ließ. Befand sich etwa auch über dieser Region ein lokales Tiefdruckgebiet?

Nach nur einem Besuch kann man hierüber natürlich nichts Abschließendes sagen. Tatsache ist, dass wir auf dem Heimweg nach höchstens 500 Metern an einem Landgasthaus Rast machten, um uns nach der Forschungsarbeit mit einem kräftigen italienischen Essen zu stärken. Der Gasthof lag aber bereits wieder im gleichen Sonnenschein, dem wir auf der Hinfahrt bereits ausgesetzt waren.

Die mutmaßliche Steigung beginnt in einer kleinen Bodensenke und führt bis zu einer Kuppe nach etwa 200 Metern. Läuft man diese Steigung hinauf, so hat man ein eigenartiges Gefühl der Beschleunigung, so als ob man nicht bergauf, sondern eher einen Hügel hinunterlaufen würde. Man muss aufpassen, dabei nicht ins Rennen zu verfallen. Es ist kein Kraftaufwand dabei zu spüren. Nicht nur ein PKW kann ohne Motorkraft die Straße bergauf rollen, sondern dies funktioniert sogar bei vollbesetzten Touristenbussen, wie wir selbst gesehen haben. Ganz offenbar beziehen Touristikunternehmen (hauptsächlich aus Deutschland) diesen seltsamen Ort bereits in ihre Rundfahrten ein.

Dennoch könnte es sich natürlich immer noch um eine optische Täuschung handeln, d. h. hier könnte in Wahrheit ein Gefälle vorliegen, und die »Steigung« würde nur durch die Art der umgebenden Landschaft vorgetäuscht. Dies entspricht der Meinung (oder sollte man lieber sagen: dem Vorurteil?) der meisten Wissenschaftler, von denen allerdings kaum jemand den Ort selbst besucht, geschweige denn dort Messungen durchgeführt haben dürfte. Gegen diese Täuschungshypothese sprechen nämlich bereits einige deutlich sichtbare Befunde:

- Die Straße ist rechts und links von hohen Bäumen eingerahmt. All diese Bäume müssten im exakt gleichen Winkel schief gewachsen sein, um eine Steigung vorzutäuschen, die in Wahrheit ein Gefälle ist.
- Am Ende der Steigung befindet sich, wie gesagt, eine Kuppe, hinter der es tatsächlich bergabgeht. Deutlich sieht man vorbeifahrende Autos hinter der Kuppe verschwinden, was nicht möglich wäre, wenn die Straße schon vorher bergab geführt hätte.
- Das seltsame Phänomen besteht nicht entlang der gesamten Steigung, sondern endet kurz vor der Kuppe abrupt, was zur Folge hat, dass ein im Leerlauf rollender

Wagen an dieser Stelle einfach stehen bleibt. Wäre es eine optische Täuschung, müsste er weiterrollen.

- Die Anomalie verläuft nicht parallel zur Straße, sondern etwas schräg, sodass Flaschen z. B. vom Straßenrand bergauf Richtung Straßenmitte rollen.
- Das größte Rätsel ist aber, dass der Effekt zeitlich pulsiert. Wenn an einer Stelle z. B. eine Flasche eben noch bergauf rollte, funktioniert es einige Minuten später manchmal nicht mehr, dafür aber an einer anderen Stelle.

Ein zeitlich veränderliches Schwerefeld wäre - obwohl rein mathematisch natürlich denkbar - physikalisch eine Ungeheuerlichkeit, die noch nie beobachtet wurde. Aber was kann einen Menschen schon noch erschüttern, der bereits mit Lichtkugeln aus dem Vakuum und negativen Spiegelmassen konfrontiert wurde!

Dennoch begnügten wir uns nicht mit den optischen Eindrücken, sondern führten eine Reihe wissenschaftlicher Messungen durch.

In der Landvermessung werden auch heute noch üblicherweise Nivelliergeräte eingesetzt, die auf dem Prinzip der Wasserwaage basieren, und so setzten wir für einen ersten Test eine elektronische Präzisionswasserwaage mit Winkelmesseinrichtung ein. Sie zeigte anstatt der optisch sichtbaren Steigung ein Gefälle an, und zwar um etwa 5 Prozent.

Dies dürfte der Hauptgrund dafür sein, dass Wissenschaftler den Effekt für eine optische Täuschung halten. In Wahrheit beweist dieser Versuch jedoch überhaupt nichts. Denn falls es sich wirklich um eine Gravitationsanomalie handeln würde, würde diese natürlich auch die Wasserwaage beeinflussen und sie daher falsch anzeigen lassen, genauso, wie sie Autos, Flaschen und andere Gegenstände bergauf anstatt bergab rollen lässt.

Wir zogen auch die prinzipielle Möglichkeit in Betracht, es könnte sich um ein elektromagnetisches oder radioaktives Phänomen handeln. Diese Möglichkeit ist zwar nicht besonders naheliegend, musste aber durch Messungen ausgeschlossen werden. Denn nicht nur die vermutete - wenn auch bis heute nicht offiziell existierende - einheitliche Feldtheorie, sondern auch russische Forschungen zum Vakuum zeigen, dass die physikalischen Grundkräfte miteinander verknüpft sind und sich gegenseitig beeinflussen können.

Daher führten wir als Nächstes Messungen mit dem Geigerzähler sowie mit einem mobilen Feldmessgerät für den Einsatz im Gelände durch. Beide Messungen blieben ergebnislos. Entlang der Straße ließ sich weder eine Erhöhung der natürlichen Radioaktivität noch das Vorhandensein ungewöhnlicher elektrischer oder magnetischer Felder nachweisen.

So blieb als einziges beweiskräftiges Indiz nur noch die direkte Messung der Gravitation an diesem Ort übrig.

Obwohl Geophysiker zur Messung der Schwerkraft heutzutage über hochempfindliche supraleitende Spezialgeräte verfügen, greift man für Untersuchungen im Gelände auch zu professionellen Zwecken heute noch auf klassische Messmethoden zurück, wie sie schon zu Zeiten Galileis bekannt waren. Kernstück eines solchen klassischen Gravimeters ist entweder eine Spiralfeder oder ein siderisches Pendel.

Dabei handelt es sich um exakte physikalische Messungen, die nichts mit der Verwendung eines Pendels für radiästhetische Zwecke zu tun haben. Man lässt die Feder bzw. das Pendel an dem entsprechenden Ort eine gewisse Zeit lang schwingen und stoppt die Schwingungsdauer. Aus dieser Zeitdauer kann man dann mit einer einfachen mathematischen Formel die Gravitationsbeschleunigung errechnen.

Der einzige Haken bei dieser Methode besteht darin, dass man für diese Formel einige Materialkonstanten (z. B. Masse des Pendels und Länge des Pendelfadens) genauer kennen müsste, als es normalerweise der Fall ist.

Dieses Problem umgehen Geophysiker, indem sie das Pendel bzw. das Federgravimeter an einem Ort mit bekannter Gravitation eichen. Das heißt, an einem Ort, an dem eine normale Gravitation angenommen werden kann, wird eine Messung der Schwingungsdauer vorgenommen und notiert. Führt man nun eine weitere Messung an einem anderen Ort durch, lassen sich Gravitationsabweichungen mit ausreichender Genauigkeit bestimmen, indem man einfach die Schwingungszeiten vergleicht. Schwingt das Pendel (bzw. die Feder) langsamer als am Ort der Eichung, so ist die Gravitation geringer. Schwingt es dagegen schneller, ist die Gravitation erhöht.

Wir eichten unser Pendel vor der Abreise nach Italien in unserer Berliner Wohnung, von der man ohne Weiteres annehmen kann, dass dort normale Gravitationsverhältnisse herrschen. Im Mittel benötigte das von uns benutzte siderische Pendel dort eine Zeit von 96,29 Sekunden für 100 vollständige Schwingungen.

An der Via dei Laghi hingegen betrug die Dauer von 100 Schwingungen im Mittel 97,88 Sekunden, also etwa eineinhalb Sekunden mehr. Unserer Auswertung nach war ein Messfehler von höchstens 0,2 Sekunden möglich. *Damit ist bewiesen, dass ein Pendel an der Via dei Laghi signifikant langsamer schwingt. Dies ist nur durch eine Gravitationsabweichung erklärbar, und zwar ist die Gravitation dort um rund 3,2 Prozent geringer als in Berlin.*

Damit ist die optische Täuschung nicht nur als Ursache des Phänomens ausgeschlossen, *sie ist sogar für die Fragestellung vollkommen irrelevant geworden.* Selbst wenn es eine optische Täuschung wäre und die Straße wider Erwarten doch bergab führen würde, so beweist die Anzeige des siderischen Pendels dennoch das Vorliegen einer Gravitationsanomalie, denn diese ist ja nicht von Steigung oder Gefälle abhängig. Sie könnte auch in vollkommen ebenem Gelände vorliegen. Die Steigung ist es lediglich, die das Phänomen für die Menschen sichtbar gemacht hat.

Die Frage ist nun natürlich, wie so etwas möglich ist. Gibt es dort in Italien anormale geophysikalische Effekte, die diese Gravitationsverringerung bewirken? Um dies zu klären, befragten wir Wissenschaftler des Geoforschungszentrums Potsdam.

Dieses Institut besteht bereits seit 1870, und schon im Jahre 1909 wurde hier am alten Telegrafenberg am Rande von Potsdam die erste Absolutmessung des Gravitationsfeldes als internationaler Bezugswert durchgeführt. Das gesamte Gelände ist voller wissenschaftshistorischer Sehenswürdigkeiten. So steht auf dem Gipfel des Telegrafenberges der berühmte Einstein-Turm. Der expressionistische Bau, 1919–1924 von Erich Mendelsohn errichtet, erinnert nicht ganz zufällig an die Architektur Rudolf Steiners. In der großen Kuppel ist ein Sonnenobservatorium untergebracht, das speziell zum Beweis der Richtigkeit von Einsteins Allgemeiner Relativitätstheorie diente.

Hierfür war die Beobachtung einer totalen Sonnenfinsternis notwendig, wie wir sie ja auch im Jahre 1999 wieder in großen Teilen Deutschlands erleben konnten.

Einsteins Voraussage lautete wie folgt: Wenn die Schwerkraft Raum und Zeit krümmt, so dürfte sich das Licht der Sterne auf seinem Weg zu uns nicht mehr geradlinig ausbreiten. Vielmehr würde es in der Nähe großer und massiver Himmelskörper ähnlich wie bei einer optischen Linse gebeugt werden. Unsere Sonne ist solch eine große Masse, und so müsste das Licht von Sternen, die aus unserer Perspektive eigentlich schon knapp von der Sonne verdeckt werden, durch diesen Beugungseffekt dicht neben ihr sichtbar sein. Aufgrund der großen Helligkeit der Sonne wäre ein solcher Effekt natürlich nur während einer totalen Sonnenfinsternis zu beobachten.

Diese theoretische Voraussetzung konnten inzwischen Astronomen weltweit mehrfach bestätigen, nicht nur im Einstein-Turm, sondern überall auf der Welt. Man bezeichnet große Massen, wie sie Sterne, Galaxien, Quasare etc. darstellen, daher auch als *Gravitationslinsen.*

Heute ist das Geoforschungszentrum Potsdam das weltweit einzige Institut, das alle Geowissenschaften unter einem Dach beherbergt. Es ist weiterhin einer von mehreren globalen geodätischen Referenzpunkten der Welt, dessen geografische Position und Gravitationsbeschleunigung als internationale Vergleichswerte besonders genau vermessen sind. Die Gravitation wird hier täglich rund um die Uhr mithilfe eines supraleitenden Gravimeters überwacht. Dieses Gerät ist so empfindlich, dass auch die Auswirkungen der Mondphasen, also der Gezeiten, auf das Schwerefeld der Erde beobachtbar sind.

Wir diskutierten das Phänomen der Gravitationsanomalien mit *Dr. Peter Schwintzer,* dem Leiter der Sektion »Gravitationsfeld und Gestalt der Erde«:

»Was sind nach heutigem Wissen die wichtigsten bekannten Ursachen für lokale Gravitationsanomalien?«

»Für das Schwerefeld generell immer Massen. Genauer gesagt: Masseunregelmäßigkeiten.«

»Etwa unterirdische Erzlager?

»Zum Beispiel, ja. In ganz kleinen Räumen. Das sind die Lagerstätten. Gravitationsmessungen werden sogar zum Auffinden solcher Lagerstätten benutzt. Man nimmt ein Feldgravimeter, geht damit ins Gelände, legt da ein Raster drüber, und anhand der Dichtevariationen kann man schließen, was da unten liegen könnte. Man bekommt ein Signal aus den Schweremessungen und kann dann ausrechnen, ob da ein Salzdom drunter ist oder Erzlagerstätten.

Andere Ursachen für Gravitationsanomalien sind die gegenseitigen Verschiebungen der Kontinentalplatten, da, wo die Lithosphäre (die harte Erdkruste, Anm. d. Autoren) nach unten ins Erdinnere gedrückt wird, in den flüssigen Erdmantel hinein. So etwas spiegelt sich natürlich im globalen Schwerefeld der Erde wider. Oder die sogenannte Mantelkonvektion. Das heißere Material steigt nach oben, und diese Struktur sieht man auch wieder.«

»Gibt es darüber schon weltweite Vermessungen?«

»Ja, etwa durch Satellitenmessungen. Da kommt man nur auf Wellenlängen von etwa 2000 km, aber sehr homogen. Dann kommen dazu die terrestrischen Schwerebeobachtungen durch Gravimeter im Gelände oder vom Flugzeug aus, über Wasser mit Satellitenaltimetrie, d. h. Abstandsmessungen über Laser- oder Mikrowellenverfahren. Wenn Satelliten über die Erde fliegen, messen sie immer den Abstand zum Meer. Die Meeresoberfläche entspricht in erster Näherung dem Geoid, also der Oberfläche, die einer konstanten Schwerkraft entspricht, weil sich das Wasser im Gegensatz zum Land immer entsprechend der Schwerkraft verteilt, abgesehen von Ebbe und Flut natürlich.«

Dr. Schwintzer zeigte uns auch entsprechende grafische Darstellungen, aus denen hervorgeht, dass die Gravitation tatsächlich global nicht einheitlich ist. Das Geoid der Erde, also die geometrische Oberfläche konstanter Gravitation, hat keineswegs eine Kugelgestalt, sondern eher die unregelmäßige Form einer Kartoffel.

Wie man durch solche Messungen heute weiß, hat die Gravitation die höchsten Werte entlang der Hochgebirge wie der Anden oder des Himalaja (weil dort einfach mehr Masse vorhanden ist), aber auch im Nordatlantik und in Mitteleuropa ist sie etwas höher als anderswo. Die niedrigsten Werte hingegen findet man an der Küste Südindiens.

Langsam kamen wir zu der für uns entscheidenden Frage, nämlich, ob möglicherweise eine der von Dr. Schwintzer genannten Ursachen auch für das Phänomen auf der Via dei Laghi verantwortlich sein könnte.

»In welcher Größenordnung bewegen sich die in der Geophysik bekannten Gravitationsvariationen?«

»Wir Geophysiker messen die Erdbeschleunigung in der Einheit Gal, die nach Galileo Galilei benannt ist. 1 Gal entspricht einem Zentimeter pro Sekunde zum Quadrat. Die normale Erdbeschleunigung, wie wir sie alle kennen, beträgt dann 981 Gal. Die Variationen im Schwerefeld - global - bewegen sich im Bereich von bis zu 1000 Milligal.«

»Das sind also Abweichungen von maximal einem Promille. Sind Ihnen Fälle bekannt, wo es zu Variationen von einigen Prozent kommt, so daß zum Beispiel Autos bergauf rollen können?«

»Nein, das halte ich für ein Gerücht. Die Schwerevariationen, die wir kennen, sind so klein, daß sie kein Auto ziehen können. So etwas können nur optische Täuschungen sein.«

Also im Grunde die übliche Antwort, die nur davon zeugt, dass sich die offizielle Wissenschaft mit dem Phänomen der Via dei Laghi noch nie beschäftigt hat. Im Rahmen der ihm zur Verfügung stehenden Daten hat Dr. Schwintzer, das muss der Fairness halber angemerkt werden, das gesagt, was er sagen konnte.

Wir zitierten diesen Gesprächsausschnitt hauptsächlich deshalb, weil er trotzdem eine sehr wichtige Information enthält: Ein international renommierter Geowissenschaftler hat uns nämlich darin bestätigt, dass es auf dem Wissensstand der Geophysik für eine dreiprozentige Verringerung der Gravitation, wie wir sie in Italien festgestellt haben, *keine vernünftige Erklärung* gibt.

Es kann sich also nicht um bekannte unterirdische Ursachen wie Erzlager, Salzdome oder auch die Gesteinsverwerfungen handeln, auf denen die Theorien der russischen Wissenschaftler Dmitrijev und Djatlov basieren, die wir im Zusammenhang mit dem Tunguska-Zwischenfall zitiert haben. Denn deren Auswirkungen sind ja der Geophysik längst bekannt, und sie sind um das Dreißigfache kleiner als die Anomalie, die wir in Italien gemessen hatten.

Andererseits ist natürlich auffällig, dass die von uns gemessene Gravitationsabweichung von etwa 3 Prozent ziemlich genau dem Abschirmungseffekt entspricht, den Eugene Podkletnov mit seiner supraleitenden Scheibe gemessen hat. Wie er der Welt durch sein Experiment demonstriert hat, sind Abweichungen dieser Größenordnung zumindest technisch machbar.

Dies bedeutet natürlich nicht etwa, dass wir glauben, in den Albaner Bergen sei eine Antigravitationsmaschine vergraben, aber es ist zumindest ein Hinweis auf ein großes, noch ungelöstes Geheimnis.

Bevor wir uns noch weitere Gedanken über eine mögliche Ursache machen konnten, erfuhren wir, dass es auf der Erde noch weitere vergleichbare Stellen zu geben scheint.

Eine davon befindet sich gar nicht weit von uns in Polen, genauer: im schlesischen Kurort *Karpacz (Krummhübel)* am Fuße der Schneekoppe. Wir waren gespannt, was wir an diesem Ort entdecken würden.

Äußerlich könnten die beiden Regionen in Polen und Italien nicht verschiedener sein. Während die Via dei Laghi eine einsame Landstraße ist, ist Karpacz ein belebter Kurort, der sommers wie winters von Touristen überlaufen ist. Als Erstes suchten wir eine Buchhandlung auf, um uns mit Landkartenmaterial der Gegend zu versorgen, damit wir die Stelle möglichst schnell fänden. Da wartete eine erste Überraschung auf uns.

Der offizielle Stadtplan von Karpacz enthält nämlich bereits einen Eintrag: »*Miejsce zaburzenia grawitacji*« (»Ort gestörter Gravitation«). Offenbar ist also den offiziellen Stellen in Karpacz das Phänomen seit Langem bekannt, die Stelle wurde bereits vermessen und für echt befunden. Natürlich hat auch in Polen bislang niemand eine vernünftige Erklärung dafür, aber man akzeptiert es und preist es als weitere touristische Sehenswürdigkeit an.

Laut Stadtplan befindet sich die Anomalie an der ulica Strażacka am südlichen Ortsrand des inzwischen eingemeindeten Ortsteils Karpacz Górny (Brückenberg), ganz in der Nähe eines wildromantischen Wasserfalls. Als wir die kleine Brücke über den Bach Łomnica nordwärts überquert hatten, konnten wir bereits den Motor ausschalten und die Gangschaltung auf Leerlauf stellen. Der schwere Volvo, besetzt mit zwei Personen und einem Hund, rollte von nun an von selbst weiter bergauf, und das sogar über eine Strecke von über 400 Metern, durch mehrere Kurven, bis etwa auf Höhe des Gästehauses »Piecuch«. Allein schon die kurvenreiche Straßenführung ließ eine optische Täuschung nicht zu. Außerdem ist, wie wir sahen, diese Straße teilweise mit Häusern bebaut, und das Vermessungsamt sollte eigentlich wissen, ob diese Straße bergauf oder bergab geht. Dass die Strażacka-Straße dennoch offiziell als »Ort gestörter Gravitation« bezeichnet wird, ist im Grunde schon Beweis genug.

An dieser Straße eine Flasche bergauf rollen zu lassen gehörte mittlerweile schon zu unseren leichtesten Übungen.

Um jedoch ganz sicher zu sein, führten wir noch eigene Höhenvermessungen durch. Die moderne Technik bietet mithilfe des satellitengestützten Navigations- und Ortungssystems GPS (Global Positioning System) Autofahrern und Wanderern die Möglichkeit, sich in fremdem Terrain genau zu orientieren. Ein GPS-Empfänger ist heutzutage nicht mehr größer als ein Handy und liefert an jedem Ort der Welt genaue Koordinatenangaben für die Position und die Höhe über dem Meeresspiegel. Im Gegensatz zu herkömmlichen Vermessungsmethoden kann eine GPS-Messung durch lokale Gravitationsanomalien nicht beeinflusst werden, da die Daten von Satelliten gesendet werden, die sich hoch über der Erde im Orbit befinden, weit ab von jeder möglichen Gravitationsstörung.

Natürlich ist die Gravitation auf der Umlaufbahn der Satelliten bereits geringer als auf der Erdoberfläche. Das hat zur Folge, dass die Atomuhren an Bord der Sonden dadurch geringfügig schneller laufen als auf der Erde. Bei der immensen Genauigkeit dieser Uhren spielt also Einsteins Allgemeine Relativitätstheorie durchaus schon eine Rolle. Doch diese Verschiebungen sind für die Wissenschaftler berechenbar und werden von den Bordcomputern regelmäßig korrigiert.

Mithilfe einiger solcher GPS-Positionsmessungen entlang der Strażacka-Straße war es uns daher möglich, einwandfrei nachzuweisen, dass die Straße tatsächlich ansteigt.

Dennoch führten wir auch noch die Gravitationsmessung mit dem siderischen Pendel durch, um festzustellen, wie groß die Anomalie hier im Riesengebirge eigentlich war. Unserem Eindruck nach hätte sie sogar stärker sein müssen als in Italien.

Dieser Eindruck wurde durch die Messungen bestätigt. In Karpacz Górny ist die Gravitation sogar um mehr als 4 Prozent geringer als normal. Einen pulsierenden Effekt wie in Italien konnten wir an dieser Stelle allerdings nicht feststellen.

Die seltsamen Empfindungen, die wir in Italien hatten, waren hier in Polen ebenfalls deutlich spürbar. Und auch das Wetter schlug die gleichen Kapriolen: Obwohl es eigentlich ein sonniger, mäßig warmer Spätsommertag war, war es an der Strażacka-Straße wolkig und kalt, und noch dazu blies ein unangenehm scharfer Wind.

Seltsamerweise war es trotz dieses starken Windes gleichzeitig leicht neblig. Der Dunst war sogar so stark, dass unser Wunsch, einmal aus nächster Nähe die Schneekoppe zu sehen, unerfüllt blieb.

Dieses seltsame, fast widersprüchliche Wetterphänomen ist seit Langem bekannt. Es herrscht rund um die Schneekoppe an fast 300 Tagen im Jahr. Meteorologisch korrekt ausgedrückt bedeutet dies, dass diese Region eine der windigsten von ganz Europa ist, bei gleichzeitigem Vorliegen einer ausgeprägten Inversionswetterlage (d. h. Warmluft liegt in der Höhe über kälterer Bodenluft, wodurch der Luftaustausch behindert ist). Ist dies etwa auch auf die gestörte Schwerkraft in dieser Gegend zurückzuführen?

In der Bezirkshauptstadt *Jelenia Góra (Hirschberg)* erfuhren wir hierzu noch einige interessante Neuigkeiten. Wissenschaftler der Universität Breslau haben nämlich in den vergangenen Jahren in der ganzen Region umfangreiche Satellitenmessungen durchgeführt. Daraufhin wurden im Bereich des Riesengebirges in etwa 2000 Metern Tiefe gewaltige unterirdische Vorräte von kochend heißem Wasser entdeckt. Das Zentrum befindet sich in dem Kurort *Cieplice (Bad Warmbrunn* - Nomen est omen!!), das Gebiet erstreckt sich aber auch bis in die Region Karpacz.

Könnte das vielleicht auch eine Erklärung für das Gravitationsphänomen sein? Endlich haben wir eine Gemeinsamkeit gefunden, denn auch der Albaner See ist ja ein erkalteter Vulkankrater. Andererseits ist das Wasser des Albaner Sees heute nicht mehr heiß. Bedeutet das, dass die Anomalie auch nach Erlöschen des Vulkanismus erhalten bleibt? Wieso sollte dies der Fall sein?

Es wäre jedenfalls nicht verwunderlich, wenn es in der ganzen Region des Riesengebirges noch mehrere solche Orte gestörter Gravitation gäbe, die nur noch keinem aufgefallen sind, denn dafür müssen eine ganze Reihe von Bedingungen zusammenspielen:

- Es muss eine Steigung vorhanden sein, damit etwas – scheinbar entgegen den physikalischen Gesetzen – bergauf rollen kann.
- Es muss eine asphaltierte Straße vorhanden sein, damit das Rollen nicht durch Unebenheiten im Boden behindert wird.

Vielleicht warten ja noch viele Gravitationsanomalien auf ihre Entdeckung – auf einer ebenen Fläche oder auf einem holprigen Acker, wo sie niemand bemerkt? Vielleicht nicht nur in Polen und Italien, sondern auch noch anderswo in der Welt?

In der Tat haben uns die Leser unserer Bücher noch von weiteren Gravitationsanomalien an anderen Stellen berichtet. Wir geben diese Berichte hier unter Vorbehalt wieder, da wir die Plätze nicht selbst untersucht haben. Eine Stelle soll sich in Südfrankreich, im *Languedoc*, befinden, eine andere in *Ost-Jerusalem*, in der Nähe des Jaffa-Tores, wie uns eine Mitarbeiterin der deutschen Botschaft in Tel Aviv mitteilte. In der chinesischen Provinz *Gansu* gibt es einen Hügel, an dem sogar ein Bach bergauf fließt. Dieser Ort wurde von dem Physiker *Fang Xiaoming* von der Universität Lanzhou untersucht, wobei wiederum eine lokale Verringerung des Luftdrucks festgestellt wurde.[98]

Die weltweit stärkste Anomalie soll sich am Sardine Creek bei Gold Hill im US-Bundesstaat Oregon befinden, eine weitere in New Brunswick (Kanada).

Es deutet also alles darauf hin, dass dieses Phänomen auf der Erde gar nicht so selten ist.

Wenn wir ein Fazit ziehen wollen, so müssen wir festhalten: Es kann als wissenschaftlich bewiesen angesehen werden, dass es an der Via dei Laghi und in Karpacz Górny Gravitationsanomalien gibt. Von einer Erklärung dieses interessanten Phänomens sind wir jedoch nach wie vor weit entfernt.

Pulsierende Gravitationsfelder sind in der Physik bislang unbekannt. Es muss irgendetwas unter der Straße in Italien liegen, das sehr merkwürdige Effekte erzeugen kann, ebenso an der Stelle in Polen. Es kann sich weder um ein bekanntes irdisches Material noch um eine uns bekannte Technik handeln.

Das Phänomen dieser Gravitationsanomalien ist und bleibt ein großes Rätsel, das sogar noch weite Kreise ziehen wird. Die Spur beginnt, wo sie im Moment wohl noch keiner vermuten wird - im Vatikan.

Als wir nämlich eines Tages den Petersdom besichtigten, fielen uns an mehreren der großen Steinsäulen, ebenso auch am Hochaltar des Papstes, seltsame Wappen auf, auf denen jeweils drei Bienen zu sehen waren. Diese Wappen erregten unsere Aufmerksamkeit, denn Bienen sind ein uraltes Symbol für das Gruppen- oder Kollektivbewusstsein, das - wie wir inzwischen wissen - eng mit der Gravitation und der Genetik verknüpft ist. Was wir in diesem Moment nicht ahnten, war, dass uns dieses Bienenwappen direkt auf eine Spur bringen würde, die wieder zur Via dei Laghi und zur Antigravitation zurückführt, und dass wir hierzu mehr als 300 Jahre in die Vergangenheit reisen müssten.

Wie unsere Recherchen nämlich ergaben, sind die drei Bienen die Wappentiere der einstmals mächtigen italienischen Adelsfamilie Barberini. Ein Mitglied dieser Familie verdient unser besonderes Interesse - *Maffeo Barberini.*[85]

Er wurde 1568 als Sohn der Florentiner Linie geboren. Sein Vater starb, als er erst drei Jahre alt war, und seine Mutter verfügte, dass der Junge bei den Jesuiten erzogen würde - zunächst in Florenz, später am Collegio Romano. Damit war seine geistliche Laufbahn eigentlich vorgezeichnet - die Barberinis hatten schon eine ganze Reihe von Kardinälen hervorgebracht -, obwohl Maffeo zunächst in Pisa ein Jurastudium absolvierte, das er 1589 mit dem Doktortitel abschloss.

Dann aber begann sein steiler Aufstieg in der katholischen Kirche. Zunächst wurde er 1601 päpstlicher Legat am Hofe Heinrichs IV. von Frankreich, bevor ihn Papst Gregor XV. 1604 zum Erzbischof von Nazareth ernannte, ein Amt, das in Abwesenheit, d. h. in Rom, ausgeübt werden musste, da Palästina damals noch von den Moslems beherrscht wurde.

1606 wurde er Kardinal von St. Peter in Montorio und später von St. Onofrio, und schließlich 1608 Bischof von Spoleto.

Als Papst Gregor XV. 1623 starb, wurde Maffeo Barberini zu seinem Nachfolger gewählt und trug von nun an den Namen Urban VIII.

Der neu gewählte Papst entwickelte ein ausgeprägtes Interesse für Baukunst und Bildhauerei. Der größte Teil der prachtvollen Barockausstattungen des Vatikans wurde während seines Pontifikats durch seinen Hofbaumeister *Gianluca Bernini* angefertigt, ebenso die riesige Anlage des Petersplatzes. Im Inneren des Petersdoms ließ er den gewaltigen päpstlichen Hochaltar errichten - kein Wunder also, dass Maffeo Barberinis Familienwappen bis heute überall im Vatikan zu bewundern ist.

Doch seine Bauaktivitäten beschränkten sich nicht auf Rom. Nur ein Jahr nach seiner Wahl ließ Urban VIII. ebenfalls die bis heute von allen nachfolgenden Päpsten benutzte Sommerresidenz errichten - *Castel Gandolfo* am Ufer des *Albaner Sees.*

Und nun wird es interessant: Warum wählte Urban VIII. für seine Residenz ausgerechnet diese Stelle am Rand des erloschenen Vulkankraters? Das Land gehörte seinerzeit nicht einmal der Kirche, sondern wurde dem Papst eigens zur Errichtung des Schlosses vom Kaiser geschenkt.

Wusste Urban VIII. etwa um die Gravitationsanomalie, und war sie gar ein wichtiger Bestandteil seiner kirchlichen Macht?

Schließlich trägt der Ort, in dessen Nähe dieses seltsame physikalische Phänomen gefunden werden kann, nicht umsonst bis heute den Namen Rocca di Papa - Felsen des Papstes!

Weshalb sollte ein Papst des Barockzeitalters überhaupt etwas über Gravitation wissen oder sich gar dafür interessieren, so fragen Sie jetzt vielleicht? Die Antwort ist überraschend einfach.

Im Jahre 1610 kam nämlich ein Mann nach Florenz, der als erster Mensch die Gravitation gemessen hatte - *Galileo Galilei.*

Maffeo Barberini, damals Kardinal und Erzbischof, bewunderte diesen bedeutenden Wissenschaftler für seine Intelligenz und seinen scharfen Witz.

Während eines höfischen Essens begegneten sich beide Männer erstmals persönlich. Bei dieser Gelegenheit geriet Galilei in Streit mit Kardinal Gorgonza über die Theorie bewegter Körper. Galilei hatte die bis heute gültigen Grundprinzipien der Bewegung formuliert. Danach verweilt ein materieller Körper in Ruhe oder gleichförmiger Bewegung, solange nicht eine äußere Kraft auf ihn einwirkt.

Maffeo Barberini verteidigte damals den Wissenschaftler ganz offen und energisch gegen seinen Kardinalskollegen, und so entstand zwischen den beiden Männern eine Freundschaft, oder besser gesagt: Barberini wurde zu Galileis väterlichem Gönner.[97]

Nach der Wahl Barberinis zum Papst kam Galilei 1623 nach Rom und erhielt insgesamt sechs Audienzen. Während dieser Treffen erteilte ihm der Papst die offizielle Erlaubnis, über die kopernikanischen Theorien zu publizieren, wonach die Erde um die Sonne kreist, unter der Voraussetzung, dass er dies als Hypothese darstellen würde.

Daraufhin veröffentlichte Galilei 1632 sein Werk *Dialogo intorno ai due massimi sistemi del mondo* (Dialog über die zwei Haupt-Weltsysteme). In diesem Buch kommt es zu einem fiktiven Gespräch zwischen drei Personen über die Theorien des

Ptolemäus (der die Erde ins Zentrum des Weltalls stellte) und des Kopernikus: Filippo Salviati (einem Kopernikus-Anhänger aus Florenz), Giovanfrancesco Sagredo (einem Venezianer, der anfangs beiden Theorien gegenüber neutral ist) und dem Aristoteliker Simplicio (einem Anhänger des Ptolemäischen Weltbildes).[97]

Durch dieses Buch kam es nach offizieller Lesart zum offenen Bruch zwischen Galilei und seinem Gönner. Es heißt, der Papst hätte ihm nie verziehen, dass er das Argument von Gottes Allmacht ausgerechnet in Simplicios Mund gelegt hätte, also des Mannes, dessen aristotelische Argumente er gerade auf den vorangegangenen 400 Seiten systematisch widerlegt hatte.

Galilei wurde vor das Tribunal der Heiligen Inquisition zitiert und dort auf Befehl seines früheren Freundes Urban VIII. abgeurteilt.

Der vollständige Text des Urteils gegen Galilei lautete wie folgt:

»Wir sagen, sprechen aus, urteilen und erklären, daß Sie, Galileo, aufgrund dieser Dinge, die im Prozeß genau geschildert worden sind und die Sie bereits bekannt haben, sich nach Ansicht dieser heiligen Organisation vehement des Verdachts der Häresie schuldig gemacht haben, nämlich des Aufstellens und des Glaubens einer Lehre, die falsch und im Gegensatz zur göttlichen und Heiligen Schrift ist: nämlich, daß die Sonne die Mitte der Welt sei und sich nicht von Ost nach West bewegt, und daß man eine Ansicht behaupten und als möglich verteidigen kann, nachdem sie bereits als gegensätzlich zur Heiligen Schrift erklärt und definiert wurde. Infolgedessen haben Sie auf sich alle Zensuren und Strafen zu nehmen, die durch den heiligen Kanon und alle bestimmten und allgemeinen Gesetze gegen solche Delinquenten vorgeschrieben und verkündet sind.

Wir sind bereit, Ihnen Absolution zu erteilen, vorausgesetzt, daß Sie erstens, mit aufrichtigem Herzen und unverhohlenem Glauben, in unserer Anwesenheit von besagten Fehlern und der

Häresie abschwören, sowie von jedem anderen Fehler und jeder Häresie, die im Gegensatz zur katholischen und apostolischen Kirche steht, in der Weise und in der Form, die wir Ihnen vorschreiben. Außerdem, damit Ihre bedauerlichen und schädlichen Fehler und Verstöße nicht insgesamt ungestraft bleiben und damit Sie in der Zukunft vorsichtiger sind und ein Beispiel für andere geben, damit diese sich von Straftaten dieser Art enthalten, bestimmen wir, daß das Buch ›Dialog‹ von Galileo Galilei durch allgemeines Edict verboten wird. Wir verurteilen Sie zur formalen Gefangenschaft in diesem heiligen Büro nach unserem Belieben. Als heilsame Buße erlegen wir Ihnen für die nächsten drei Jahre auf, die sieben bußfertigen Psalmen einmal wöchentlich zu rezitieren. Und wir behalten uns selbst das Recht des Milderns, des Austauschens oder des Aufhebens aller oder eines Teils der besagten Strafen und Bußen vor. Dieses sagen wir, sprechen es aus, urteilen, erklären, ordnen an und reservieren es durch diese oder jede andere bessere Weise oder Form, die wir für angemessen halten. Also sprechen wir, die unterzeichneten Kardinäle aus:

F. Kardinal von Ascoli
B. Kardinal Gessi
G. Kardinal Bentivoglio
F. Kardinal Verospi
Fr. D. Kardinal von Cremona
M. Kardinal Ginetti
Fr. Ant. Kardinal von S. Onofrio«[97]

Der Rest der Geschichte ist allgemein bekannt. Galilei schwörte öffentlich ab und verbrachte den Rest seines Lebens unter Hausarrest der Inquisition.

Insgesamt bleiben allerdings in der ganzen Sache ein paar Unstimmigkeiten bestehen, die diese offizielle Darstellung des Galilei-Prozesses kaum glaubhaft erscheinen lassen.

Erstens ist Galilei überhaupt nicht der Urheber des heliozentrischen Weltbildes, sondern dieses war mehr als hundert Jahre zuvor von Nikolaus Kopernikus in Polen aufgestellt worden. Auch die im Urteil genannte Abweichung von der Heiligen Schrift ist natürlich an den Haaren herbeigezogen: Die ptolemäische Lehre von der Erde als Mittelpunkt des Weltalls war das Werk eines hellenistischen Ägypters, während sich die Bibel wahrlich mit ganz anderen Dingen beschäftigt als mit dem Thema, ob nun die Sonne um die Erde kreist oder umgekehrt.

Der 2006 verstorbene Pater *George Coyne,* ehemaliger Direktor der Vatikan-Sternwarte (mit Sitz in Castel Gandolfo am Albaner See!), stellte klar: *»Die biblische Schöpfungsgeschichte ist kein wissenschaftliches Lehrbuch. Sie sagt uns nicht, wie der Himmel funktioniert, sondern wie wir dort hinkommen.«*[78]

Zweitens war es nur natürlich, dass in dem fiktiven Streitgespräch gerade der Ptolemäiker die Hypothese von Gottes Allmacht zu übernehmen hatte, da ja das geozentrische Weltbild damals noch das allgemein anerkannte war. Nichtsdestoweniger hatte Urban VIII. Galilei seinerzeit die Publikation erlaubt, unter der Voraussetzung, dass es eine hypothetische Darstellung bleibe. Gegen diese Auflagen hatte der Physiker aber mit seinem Buch nicht verstoßen.

Drittens hatte Urban vor seiner Wahl zum Papst Galilei sogar noch mehrfach gegen andere Kirchenvertreter in vergleichbaren Streitfragen in Schutz genommen.

Trotz allem bestand ein besonderes Verhältnis zwischen den beiden Männern, was schon daran erkennbar ist, dass Galilei vergleichsweise milde bestraft wurde. Nur gut 30 Jahre früher hatte die Inquisition *Giordano Bruno* für seine Theorien auf den Scheiterhaufen geschickt. Es war dem Papst wohl nur darauf angekommen, den Wissenschaftler mundtot zu machen. Wusste er zu viel?

In diesem Zusammenhang könnte es erklärlich sein, dass eine etwas an den Haaren herbeigezogene Behauptung zur Anklage führte, denn der Prozess war ja öffentlich und wurde nicht vom Papst selbst, sondern, wie wir gesehen haben, von einem Kollegium von Kardinälen geführt. Vielleicht ging es in Wahrheit um etwas, das auch sie nicht wussten oder das zumindest nicht in die Akten kommen sollte? Etwas, das zwischen Galilei und Urban nur unter vier Augen während der sechs Audienzen zur Sprache gekommen war?

Galileo Galilei hatte es als Erster mit seinen berühmten Pendelversuchen geschafft, die Gravitation zu messen. War ihm dann womöglich auch die seltsame Struktur der Region rund um Castel Gandolfo bekannt? Wussten er oder der Papst schon etwas über Hyperkommunikation mit dem Gruppenbewusstsein, ein Effekt, der an Orten mit gestörter Gravitation außerordentlich begünstigt ist? Wir wissen es nicht.

Papst *Johannes Paul II.* fasste dankenswerterweise den mutigen Beschluss, noch vor Ende des alten Jahrtausends die Archive der Heiligen Inquisition zu öffnen und den Historikern zugänglich zu machen. Möglicherweise wird auf diese Weise eines Tages auch bisher unveröffentlichtes Material über Galileo Galilei und seine merkwürdige, am Ende verhängnisvolle Freundschaft mit Papst Urban VIII. zutage gefördert.

Welches Interesse hätte der Papst daran haben können, das Wissen um Besonderheiten der Gravitation geheim zu halten und sogar ziemlich genau am Ort einer Anomalie sein Schloss errichten zu lassen?

Die moderne Physik kennt Hypothesen, wonach Gravitation und Bewusstsein polare, also im Gegensatz zueinanderstehende Größen sind. Denken wir an Matti Pitkänen und seine bemerkenswerten Theorien. Ihnen zufolge ist Bewusstsein dort, wo die Gravitation hoch ist, getrübt und damit auch leicht lenkbar.

Umgekehrt führt eine verringerte Gravitation (ähnlich wie ein abnehmendes Magnetfeld, vgl. unser Buch »Zaubergesang«[17]) zu einem wacheren Bewusstsein und damit auch zu einem höheren Freiheitsdrang und zu größerer Neigung zu Individualität und Veränderungen bei den Menschen. Die »Repubblica di Rocca di Papa«, jenes kurzzeitige Intermezzo Mitte des 19. Jahrhunderts, spricht dafür, dass an jenem Ort möglicherweise Freigeistigkeit und Veränderungen begünstigt sind. Auf jeden Fall wird durch instabile Gravitationsverhältnisse die Bildung von Vakuumdomänen und damit auch die Hyperkommunikation begünstigt.

Und damit müssen wir nochmals zu dem Punkt zurückkehren, an dem die ganze Geschichte für uns angefangen hatte: zu Urbans Familienwappen mit den drei Bienen.

Bienen sind ein uraltes Symbol der Menschheit, das bereits bei den alten Griechen häufig auf Münzen zu sehen war. In der klassischen Mythologie gelten Bienen als Symbole für Unsterblichkeit und Wiedergeburt, aber auch als *Boten der Götter* und der Gestirne.[7]

Für die ägyptischen Pharaonen waren die Bienen Zeichen der Königswürde, während sie in der alten christlichen Symbolik unter anderem die göttliche Ordnung der Welt repräsentierten. Bei den Kelten standen sie für *geheime Weisheit aus der Anderwelt*.

Die Maya-Indianer kannten sogar Bienengötter, die vom Himmel stürzten und für die Menschen die *Verbindung zur kosmischen Energie* herstellten.[51]

In der europäischen Heraldik treten Bienensymbole übrigens auch häufiger auf als man auf den ersten Blick vermuten würde. Zunächst einmal finden wir Bienen natürlich in den Wappen von Familien, die in irgendeiner Form einen ähnlich klingenden Namen haben.

Darüber hinaus wurden Bienenwappen jedoch auch nach der symbolischen Bedeutung dieser Tiere gestaltet.

So hatten englische Industrielle des 19. Jahrhunderts wie Sir Robert Peel oder Sir Richard Arkwright of Willersley Bienen in ihren Wappen, die hier für Geschäftigkeit standen.[87]

Abb. 11: Ein Maya-Bienengott fährt auf einen Altar nieder, von dem Energiestrahlen ausgehen (Madrider Kodex)

Bei den Barberinis in Italien kamen die Bienen erst auf Umwegen ins Wappen, denn der frühere Name der Familie war Tafani, was soviel wie »Pferdefliegen« bedeutet, und das Familienwappen zierten ursprünglich drei Fliegen. Warum wurden dann später Bienen daraus? Dies musste eine tieferliegende symbolische Bedeutung haben.

Sehen wir weiter. Zu *Napoleons* Zeiten etwa war es ein besonderes Privileg, ein Bienenwappen tragen zu dürfen. Hierzu war ein spezieller Erlass des Kaisers notwendig. Unter denen, denen ein solches Privileg gewährt wurde, waren bedeutende historische Gestalten der Zeit, so z. B. *Talleyrand* oder *Graf Bernadotte*.

Auch einigen bedeutenden europäischen Städten verlieh Napoleon zu jener Zeit ein Bienensiegel: Paris, Aachen, Amsterdam, Bremen, Brüssel, Köln, Dijon, Florenz, Genua, Gent, Hamburg, Lyon und Parma.

Interessant ist, dass es sich dabei durchweg um bedeutende Handelsmetropolen handelte und dass sie genau in den Ländern liegen, die später, in den fünfziger Jahren, die Gründungsmitglieder der Europäischen Gemeinschaft werden sollten.[87]

Es geht also bei den Bienensymbolen nicht nur um Geschäftigkeit, sondern auch um *Zusammenarbeit* und *Vernetzung*, kurz gesagt: um ein *Gruppenbewusstsein*, das ja durch das Bienenvolk, in dem alle Tiere ausschließlich zum Nutzen ihres Volkes agieren, besonders eindrucksvoll repräsentiert wird.

Gruppenbewusstsein als Gegensatz zum Freigeist, zur Individualität des Einzelnen? Was wäre daran geheim zu halten? Vielleicht, dass es einen dritten Weg gibt, eine *Synthese zwischen Gruppengeist und Individualität.* Einen Weg, der herausführt aus alten hierarchischen Herrschaftsstrukturen, hin zu einer hypothetischen Gesellschaftsform, in der Individuen als Gleiche unter Gleichen dennoch für das Ganze arbeiten und dadurch zu viel höheren Leistungen gelangen können, als es uns Menschen mit all unseren Konflikten und Eifersuchtsgefühlen bisher möglich war.

Die moderne Wissenschaft stellt die nötigen Erkenntnisse bereit, um die Wirkung eines solchen Gruppenbewusstseins zu verstehen. Es handelt sich um eine bislang unbekannte Form der Hyperkommunikation, die sich anderer Kanäle als der bekannten fünf Sinne bedient. Unser Rüstzeug liegt bereit: Wir wissen bereits, dass als Kommunikationskanäle Wurmlöcher dienen, die sich an DNA-Moleküle anlagern. Wir wissen auch, dass mithilfe des Tunneleffekts durch solche Kanäle Informationen übertragen werden können. Die Vakuumdomänen zeigen uns, dass solche Wurmlochkanäle überall in unserer Natur vorhanden sind.

Um die Art und Weise dieser Kommunikation zu verstehen, müssen wir jetzt tiefer in das Geheimnis des Erbmoleküls einsteigen, der DNA. Sie wird uns genauere Details darüber geben können, was für Information da eigentlich fließt.

– IX –

Genetico

Unsere Erbsubstanz geht online

Das *Human Genome Project* ist - das kann man wohl mit Recht behaupten - eines der ehrgeizigsten Forschungsprojekte der Menschheitsgeschichte. Ziel dieses gigantischen Vorhabens ist es, die gesamte menschliche Erbsubstanz, das *Genom*, zu entschlüsseln und zu katalogisieren. Fünf Länder sind daran beteiligt: außer den USA noch Großbritannien, Frankreich, Japan und Deutschland.

Einige Zahlenbeispiele mögen verdeutlichen, welche Sisyphosarbeit sich die Wissenschaftler vorgenommen haben.[103]

Die gesamte Erbsubstanz eines Lebewesens ist nach heutiger wissenschaftlicher Erkenntnis in einem einzigen Molekül enthalten, der *DNA* (*deoxyribonucleic acid*, zu deutsch Desoxyribonukleinsäure). Dieses Molekül gehört zu den größten, die in der Natur überhaupt vorkommen. Es besteht aus zwei parallelen Strängen aus Phosphat- und Zuckermolekülen, die in regelmäßigen Abständen von etwa drei Hundertmillionstel Zentimetern durch eine Art von Leitersprossen, den sogenannten *Basenpaaren*, miteinander verbunden sind. Insgesamt kann man sich also ein DNA-Molekül wie einen riesigen Reißverschluss vorstellen.

Entscheidend für die Erbinformation sind dabei gerade die Leitersprossen. Sie bestehen - egal um welches Lebewesen es sich handelt, von den Bakterien bis zum Menschen - nur aus insgesamt vier stickstoffhaltigen Chemikalien, sogenannten Basen. Ihre Namen lauten: *Adenin* (A), *Thymin* (T), *Cytosin* (C) und *Guanin* (G).

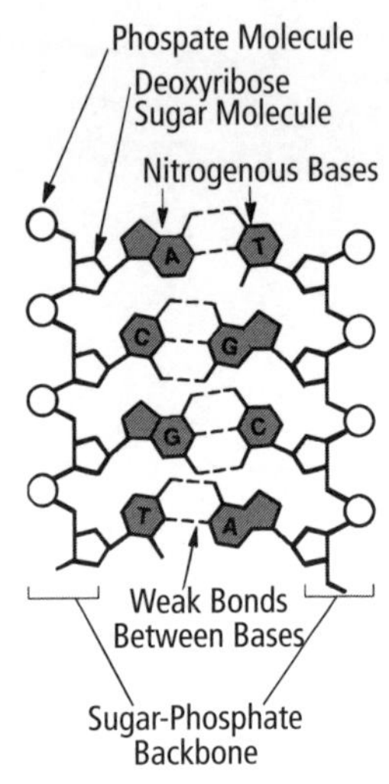

Abb. 12: Aus den vier Basen Adenin, Thymin, Guanin und Cytosin bilden sich im DNA-Molekül Brücken

Nur Adenin und Thymin bzw. Cytosin und Guanin können jeweils miteinander eine solche Brücke bilden, sodass es insgesamt genau vier Möglichkeiten gibt: A-T, T-A, C-G und G-C (vgl. Abb. 12). Durch die Anordnung und Reihenfolge dieser Basenpaare entlang des DNA-Doppelstrangs ergibt sich ein ganz bestimmter Code, so als würden aus den vier Buchstaben A, T, C und G Worte einer Sprache gebildet. Durch diesen Code werden alle Erbinformationen eines Lebewesens festgelegt.

Eine Wortsprache aus nur vier Buchstaben mag auf den ersten Blick nicht sehr reichhaltig erscheinen. Dieser Eindruck täuscht jedoch. Es kommt nur auf die Länge der gebildeten Worte an, dann kann man damit jeden beliebigen Begriff umschreiben. Unsere Computer benötigen dazu sogar nur zwei Informationen (0 und 1, auch als Bits bezeichnet).

Ein menschliches DNA-Molekül würde, lang ausgestreckt, eine Länge von fast zwei Metern haben. Sehen könnten wir es allerdings nicht, denn es wäre gleichzeitig nur etwa 7 Trillionstel Zentimeter dick. Dieses riesige Molekül ist im Kern jeder menschlichen Zelle in Form eines eng zusammengerollten Knäuels auf unvor-

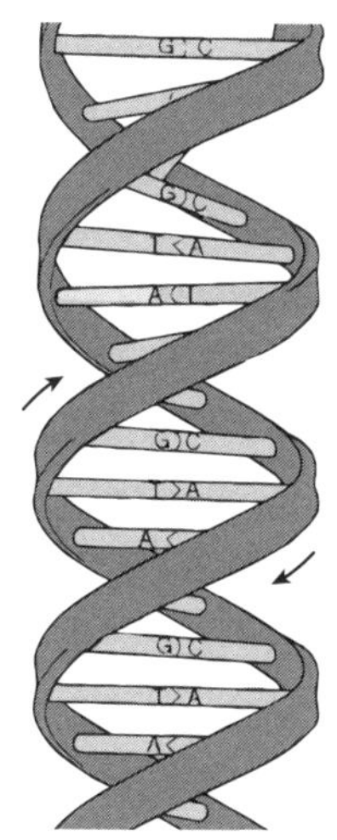

Abb. 13: Die Doppelhelix der DNA

stellbar engem Raum von nur etwa einem Milliardstel Kubikzentimeter eingepfercht. Um sich so klein zu machen, dreht sich der Doppelstrang zunächst einmal wie eine Spiralfeder (man spricht auch von einer Doppelhelix, s. Abb. 13), die dann ihrerseits wieder so lange gedreht und gewendelt wird, bis sie zu dem winzigen Knäuel zusammengerollt ist.

Auf einem einzigen DNA-Molekül befinden sich beim Menschen etwa *drei Milliarden Basenpaare*, also codierte Informationen. Wollte man sie alle auf Papier auflisten, könnte man damit etwa 200 Telefonbücher mit je 1000 Seiten füllen.

Die Gesamtinformation dieses gewaltigen Informationsspeichers ist natürlich viel zu groß, um sie auf einmal erfassen oder gar interpretieren zu können. Das gilt nicht nur für die Wissenschaftler, sondern auch für die Natur selbst, d. h. für die lebende Zelle, die mit der Erbinformation arbeiten soll. Beide - Wissenschaftler wie Zelle - haben den gleichen Weg gefunden, um die Informationen handlicher zu machen: Sie unterteilen die DNA einfach in kleinere Bruchstücke.

Sehen wir zuerst, wie es die Zelle macht. Die im Zellkern liegende DNA teilt sich also, wie gesagt, in kleinere Bruchstücke auf. Dabei hat sie zwei verschiedene Strategien entwickelt, die den unterschiedlichen Aufgaben der DNA entsprechen:

1. Bei der Vererbung ist es wichtig, dass die gesamte Erbinformation möglichst exakt weitergegeben wird. Daher werden für den Vorgang der Zellteilung nur wenige große Bruchstücke gebildet, die Chromosomen genannt

werden. In jeder menschlichen Zelle befinden sich insgesamt 46 solcher Chromosomen - mit Ausnahme der Keimzellen, die nur einen halben Chromosomensatz haben, denn bei der Befruchtung müssen sich ja die Erbanlagen beider Elternteile vereinigen.

2. Für die Arbeit im »laufenden Betrieb« einer Zelle sind auch diese Chromosomen noch zu groß. Sie lösen sich daher weiter auf in noch kleinere Bruchstücke, die funktionalen Einheiten entsprechen. Die funktionalen Einheiten innerhalb der DNA werden Gene genannt. Durch die Basensequenz eines einzelnen Gens können innerhalb der Zelle Eiweiße produziert werden. Dadurch steuern die Gene den Aufbau des gesamten Körpers. Das menschliche Erbgut umfasst etwa 100.000 Gene, die im Durchschnitt jedes »nur noch« aus etwa 3000 Basenpaaren (»Buchstaben«) bestehen.

Vielleicht haben Sie jetzt mitgerechnet und werden sagen, dass man aus 100.000 Genen mit etwa 3000 Basenpaaren nur insgesamt auf 300 Millionen Basenpaare in der DNA kommt und nicht auf 3 Milliarden, wie wir anfangs erwähnten.

Richtig, Sie haben sich nicht verrechnet. *Nur etwa 10 Prozent der DNA besteht aus Genen,* die zur Eiweißsynthese, also zum Aufbau des Körpers, gebraucht werden. Der Rest dient - niemand weiß wozu. Die Wissenschaft weiß es jedenfalls bislang nicht. Diese Tatsache wird uns noch ausführlicher beschäftigen, denn es gibt bereits interessante Ansätze zur Lösung des Rätsels.

Schauen wir uns nun an, wie die Wissenschaftler die Datenflut der DNA in den Griff bekommen haben. Zunächst müssen also auch sie die DNA in kleinere Abschnitte zerteilen. Dafür kann man natürlich keine Schere benutzen, zumindest nicht im wörtlichen Sinne. Die Rolle der Schere übernehmen bestimmte

Restriktionsenzyme, die von Bakterien produziert werden. Mit ihrer Hilfe lässt sich aus einem einzigen riesigen DNA-Strang eine Sammlung von Bruchstücken erzeugen, die in der Regel nicht mehr als 10.000 bis 1 Million Basenpaare enthalten, je nach Art des verwendeten Enzyms.

Dabei muss man natürlich gut aufpassen, damit man weiß, wie die analysierten Stücke wieder zusammengehören, um aus den Einzelanalysen am Ende eine Gesamtübersicht erstellen zu können. Dies erreicht man, indem man überlappende Bruchstücke erzeugt, die jeweils ein kleines Stück am Anfang und Ende mit ihrem Vorgänger und Nachfolger gemeinsam haben.

Da man aus einzelnen Molekülbruchstücken natürlich noch keine für unsere Augen sichtbaren Ergebnisse erhalten kann, muss diese DNA-Suppe nun angereichert werden, d. h. jedes einzelne Bruchstück muss genügend oft vervielfältigt werden. Hierzu dient der Vorgang der *Polymerase-Kettenreaktion* (PCR). Er erlaubt es, mithilfe eines weiteren Enzyms jedes einzelne DNA-Bruchstück tausendfach zu vervielfältigen und damit in kürzester Zeit aus einer dünnen Suppe ein hochkonzentriertes Gebräu zu erstellen.

Dieses Gemisch wird nun in ein elektrisches Feld gebracht, wodurch die Molekülbruchstücke ihrer elektrischen Ladung entsprechend zu der entgegengesetzten Elektrode hingezogen werden. Diesen Vorgang nennt man *Elektrophorese*. Gemeinerweise haben die Forscher aber ein zähes Gel zwischen die Elektroden geschmiert. Je schwerer ein DNA-Bruchstück ist, desto mehr Mühe hat es, sich durch dieses Gelee hindurchzupflügen. Auf diese Weise sortieren sich die Bruchstücke in dem Gel fein säuberlich nach Gewicht aufsteigend. Diesen Zustand braucht man nur noch zu fotografieren, und fertig ist der *genetische Fingerabdruck*.

Dies ist in groben Zügen die Vorgehensweise, die unsere Wissenschaft benutzt, um die Erbinformationen eines Menschen darzustellen. Die Hauptarbeit besteht natürlich darin, diese Informationen dann auch zu verstehen, und darin sind die Wissenschaftler noch längst nicht so weit, wie sie es sich erhofft hatten. Obwohl das Human Genome Project im Jahre 1998 schon »Halbzeit« hatte, waren damals erst 3,6 Prozent der genetischen Information entschlüsselt.

Wir müssen hier ein grundlegendes Missverständnis aufklären. Im Frühjahr 2000 berichteten die Medien in reißerischer Manier, es sei dem amerikanischen Genforscher Craig Venter gelungen, das gesamte menschliche Erbgut zu »entschlüsseln«. Nach der Beilegung eines Streits um die Patentrechte zwischen dem Privatunternehmer Venter und dem öffentlich finanzierten Human Genome Project kam es dann im Juni des gleichen Jahres zu einer groß angelegten Feierstunde im Beisein von Bill Clinton und Tony Blair, der per Fernsehübertragung zugeschaltet war.

Sicher hat Venters Firma einen beachtlichen Erfolg erreicht, aber sie hat keinesfalls unsere Gene entschlüsselt. Was den Forschern gelungen ist, ist lediglich die vollständige *Sequenzierung* des DNA-Moleküls, d. h. man hat in Windeseile die Bruchstücke in der richtigen Reihenfolge wieder zusammengesetzt und kennt nun die vollständige Codierung der A-T bzw. C-G-Kombinationen. Zur Entschlüsselung würde natürlich entscheidend dazugehören, dass man auch über die *Bedeutung* dieser Codes Bescheid wüsste, was jedoch bei weitem noch nicht der Fall ist.

Es ist so, als würde jemand propagieren, er hätte ein chinesisches Buch vollständig übersetzt, und in Wahrheit kennt er nur die richtige Reihenfolge der Schriftzeichen, aus denen das Buch besteht, ohne auch nur die geringste Ahnung von ihrer Bedeutung zu haben.

Wenn wir berücksichtigen, dass die Gene nur 10 Prozent des DNA-Moleküls ausmachen und dass von diesen 10 Prozent wiederum nur einige Prozent wirklich entschlüsselt sind, wird klar, wie wenig die Wissenschaft trotz aller wohlklingenden Erfolgsmeldungen bislang über den genetischen Code weiß - nämlich so gut wie nichts!

Um so anmaßender ist es, wenn Wissenschaftler behaupten zu wissen, die restlichen 90 Prozent der DNA seien »bedeutungslos«. Es ist klar, dass die Natur nicht eine solche Verschwendung begehen würde.

Vielleicht ist die Interpretation von 90 Prozent der DNA als »Datenmüll« (die Wissenschaftler sprechen etwas weniger drastisch von »stummer DNA«) ja nur Ausdruck eines zu dogmatisch-materialistischen Naturverständnisses, wonach das Leben nur durch den materiellen Körper gekennzeichnet ist?

Bislang hat man nämlich angenommen, die einzige Funktion der DNA sei es, anhand der Vorgabe des Codes in den Genen Eiweiße in den Zellen zu synthetisieren, aus denen der Körper aufgebaut ist. Unter diesen Voraussetzungen haben die Genetiker durchaus recht: Die restlichen 90 Prozent werden nicht zum Aufbau von Proteinen benutzt.

Aber vielleicht gibt es ja noch andere Funktionen der DNA, und man hat nur noch nicht danach gesucht? Vielleicht codiert die DNA in ihren übrigen Bestandteilen noch ganz andere Informationen, die nichts mit dem materiellen Körper zu tun haben? Dies sind keine bloßen Mutmaßungen, denn es gibt schon einzelne Wissenschaftler, die etwas über den Tellerrand des materialistischen Dogmas hinausschauen und dabei einige bemerkenswerte Entdeckungen gemacht haben.

Schon jetzt deuten erste Anhaltspunkte darauf hin, dass in der stummen DNA nicht nur »sinnloser Datenmüll« codiert ist, wie es der »Spiegel« etwas voreilig nannte. Für den *genetischen Fingerabdruck* etwa sind diese unbekannten Bestandteile nämlich von sehr großer Bedeutung.

Hierbei geht es ja nicht darum, lediglich festzustellen, ob eine Gewebeprobe menschlichen Ursprungs ist - das weiß man schließlich –, sondern tatsächlich die *einzelne Person* zu erkennen. Die Gene jedoch enthalten in erster Linie das allen Menschen gemeinsame Erbmaterial. Es enthält natürlich auch individuell verschiedene Merkmale wie Haar- oder Augenfarbe, jedoch in der Regel zu wenige, um einen Menschen einwandfrei identifizieren zu können. Selbst wenn man schon in der Lage wäre, alle menschlichen Gene genau zu entziffern – durch die Aussage, dass die Probe z. B. von einem blonden, blauäugigen Menschen stammt, ließe sich weder eine Vaterschaft nachweisen noch ein Sexualverbrecher dingfest machen.

Und doch wissen wir, dass dies mit heutiger Technik schon einigermaßen sicher möglich ist. Dies zeigte der Fall der kleinen Christina, bei dem die Kriminalpolizei durch flächendeckende Untersuchung von Speichelproben aller männlichen Einwohner den Mörder identifizieren konnte.

Voraussetzung hierfür ist aber, dass man auch »Marker« aus Basensequenzen außerhalb der Gene heranzieht, weil diese sich im Verlauf der Evolution durch Mutation viel schneller ändern, ohne dabei körperliche Schäden oder sonstige Veränderungen herbeizuführen.

Solche Marker aus Bereichen der »stummen DNA« werden ebenso vererbt wie körperliche Faktoren. Allerdings sind sie für das Individuum viel charakteristischer als Körpermerkmale, die ja in der Regel auch bei sehr vielen nicht miteinander verwandten Menschen auftreten können.

Damit ist klar, dass die Informationen der »stummen DNA« alles andere als »Müll« sind.

Es gibt jedoch noch einen weiteren wichtigen Hinweis, warum das DNA-Molekül zehnmal größer sein muss, als dies zur Proteinsynthese nötig ist.

Und zwar muss *das DNA-Molekül gerade so lang sein, wie es ist, weil es tatsächlich noch für etwas anderes als zur bloßen*

Proteinsynthese gebraucht wird. Die DNA ist nämlich nicht nur Blaupause für den Aufbau des Körpers, sie ist auch in umfassenderem Sinne *Informationsspeicher* und *Kommunikationsorgan*. Hierfür gibt es bereits heute handfeste Beweise.

Das Problem bei dem Human Genome Project ist es, dass hier wieder einmal Wissenschaft nur einseitig zerlegend und analysierend betrieben wird, ohne auf die Zusammenhänge zu schauen. Die Wissenschaftler erfahren dabei natürlich eine Unmenge über den inneren Aufbau der DNA, und ihre Erfolge sind bewundernswert. Doch gleichzeitig hat keiner von ihnen je ein Erbmolekül bei der Arbeit in vivo, also in der lebenden Zelle, beobachtet. Die klassische reduktionistische Wissenschaft, die auf den Dogmen des vorigen Jahrhunderts beruht, *kann nichts Lebendes untersuchen*, denn um etwas zu erforschen, muss sie es zuerst auseinandernehmen und damit töten.

Bevor wir uns anderen Wissenschaftsprojekten zuwenden, die sich den Fragen des Lebens auf etwas modernere Art und Weise nähern, wollen wir untersuchen, ob uns nicht die menschliche Hyperkommunikation schon Hinweise auf die Funktionsweise der DNA liefern kann. Wenn unsere Erbsubstanz auf dieser Ebene kommuniziert, müssten diese Kommunikationsinhalte doch gerade hierüber auch Informationen bereithalten.

In der Tat gibt es derartige Hyperkommunikationsaussagen, die alle auf eine Kommunikation unter Verwendung von Licht hinweisen, wie etwa die Aussage dieser Frau:

– Ich sehe die Struktur der DNA, von weiter weg. Da ist viel Bewegung, Farben, die hin- und herspringen. Ich weiß nicht, was das bedeutet, aber da ist etwas Gelbliches, es geht durch den ganzen Strang, im Hintergrund.

– Können Sie versuchen, es genauer zu erkennen?

- Eine gelbe Frequenz, wie eine Trägerinformation, es hat etwas mit Zeit und Raum zu tun.
- Erlaubt sie den Menschen, das Gefühl für die lineare Zeit zu gewinnen (Grażyna stellte hier wieder eine Fangfrage.)?
- Nein, es ist eher etwas wie die Zeitauslöschung, die Auslöschung der linearen Zeit. Diese Komponente erlaubt, leichter vorzustoßen in die Bereiche jenseits von Raum und Zeit.
- Hat jeder Mensch diese Trägerfrequenz?
- Ja, aber nicht bei jedem ist sie gleich stark ausgeprägt, aber sie läßt sich mit Bewußtseinsübungen entwickeln.

In einer anderen Aussage hieß es:

- Ich sehe so etwas wie dünne Lichtfäden. Die DNA ist nicht spiralisiert, sondern aufgerollt, und in ihr sind kleine Lichtpünktchen, die leuchten und ab und zu aufblinken.

Nina F. sah sich in ihrem Kommunikationsraum sogar unter einem Helm sitzen, ganz ähnlich wie ihn Dr. Michael Persinger entwickelt hat. Von dort aus konnte sie eine Art holografische Projektion der DNA sehen:

- Ich bin in einem Kommunikationsraum. Der Raum ist rund und hat so etwas wie Säulen.
- Was tun Sie da?
- Man hat mir eine Kappe aufgesetzt, metallisch, aber auch gummiartig. Damit kann man Ströme messen, Energiefluß, Gehirnströme, den Inhalt der Träume, ob jemand geistig labil ist und mehr.
- Was sehen Sie sonst noch?

– Eine Art Spirale, sie ist hübsch. Sieht wie die DNA aus, nur viel größer. Die Spirale flimmert.

– Wozu dient das?

– Sie dient zur Entspannung, wenn man sie anschaut. Diese Spirale ist in einer Röhre wie aus Plexiglas. Ich soll mich entspannen und träumen.

– Haben Sie dazu Ihre Augen geschlossen?

– Ich brauche die Augen nicht zu schließen, kann aber träumen, und alles wird aufgezeichnet.

In diesem Erlebnis diente also die Projektion der DNA dazu, einen veränderten Bewusstseinszustand auszulösen. Von dem Bild her, das die Frau sah, war dies durchaus nicht unlogisch, denn sie sah die Spirale rotieren und flimmern. Genau solche Flimmerreize eignen sich gut zur Einleitung der Hypnose oder eines anderen veränderten Bewusstseinszustandes. Interessant dabei war allerdings in diesem Zusammenhang die Aussage, dass alles, was sie in diesem Moment »träumte«, »aufgezeichnet« würde. Ein Hinweis auf die Fähigkeit der DNA, ganz konkrete Gedankeninhalte zu speichern?

Auf welche Art kommuniziert also die DNA wirklich, und wie speichert sie die zusätzlichen Informationen? Die Antwort ist so einfach wie überraschend, und sie stimmt haargenau mit den zitierten Hyperkommunikationsprotokollen überein: mithilfe von *Licht*, oder allgemeiner gesagt - durch elektromagnetische Wellen (denn es kann auch mit Radiowellen funktionieren).

Dies sind durchaus keine esoterischen Worthülsen. Licht ist im Grunde das älteste und wichtigste Nahrungsmittel der Welt und noch dazu - als elektromagnetische Welle aufgefasst - ein hervorragender Informationsträger.

Wie wir heute wissen, ist *Leben* im Universum ein Prozess, der im Grunde »zeitlebens« gegen den Strom schwimmen muss. Die Physik sagt, dass alles in der Natur auf den Zustand eines thermischen Gleichgewichts zusteuert. Bei jedem energieverbrauchenden Vorgang wird immer auch Wärme erzeugt, die nicht vollständig in Arbeitsenergie zurückverwandelt werden kann. Dies ist jedem Kraftwerksbetreiber bekannt.

Das Universum begünstigt im Grunde eher Unordnung und Zerfall als Ordnung und Aufbau.

In einem solchen Umfeld kann ein Lebewesen nur deshalb für einige Zeit bestehen, weil es seinem Körper ständig mithilfe von Energie neue Ordnungsstrukturen zuführt, kurz gesagt: indem es regelmäßig Nahrung aufnimmt.

Den einfachsten und direktesten Weg hierfür haben die Pflanzen gefunden. Mithilfe ihres Blattfarbstoffs *Chlorophyll* haben sie ein Verfahren entwickelt, um mithilfe von Licht aus Wasser und dem Kohlendioxyd der Luft Zucker zu erzeugen. *Pflanzen ernähren sich also vorwiegend von Licht.* Sie nehmen Energie und Ordnungszustand von Lichtteilchen (Photonen) auf, die sie in ihren Organismus eingliedern und so der Bewegungsfreiheit berauben. Auf diese Weise bauen sie den eigenen Ordnungszustand ihres Körpers immer wieder neu auf.

Die Tiere und damit auch der Mensch haben hingegen einen Stoffwechsel, der nicht auf Chlorophyll, sondern auf *Hämoglobin*, dem roten Blutfarbstoff basiert. Sie können daher nicht selbst durch Photosynthese Licht zu Nahrung verarbeiten, sondern müssen sich dadurch ernähren, dass sie Pflanzen oder andere Tiere essen. Sie sind somit eher Parasiten der Pflanzenwelt, die ja auch ohne uns existieren könnte - wir jedoch nicht ohne sie. Wir sollten dies immer im Hinterkopf behalten, wenn wir aus Profitdenken weitere Wälder abholzen.

Dennoch spielt Licht auch für das tierische und menschliche Leben eine entscheidende Rolle. Nicht nur deshalb, weil wir depressiv werden können, wenn wir nicht genügend Licht auf unseren Körper scheinen lassen (etwa im Winter).

Der deutsche Biophysiker *Fritz-Albert Popp* erforschte über Jahre das Phänomen der *Biophotonen*, also einer natürlichen Lichtstrahlung, die von jedem lebenden Organismus ausgeht. Diese Biophotonenstrahlung ist sehr schwach und nur durch erhebliche Verstärkung in der Dunkelkammer sichtbar zu machen.[17]

Dabei machten Popp und seine Mitarbeiter die erstaunliche Beobachtung, dass die Ausstrahlung immer zu Anfang, kurz nachdem man das Gewebe in die Dunkelkammer brachte, stärker war und erst dann langsam auf einen stabilen Wert, die eigentliche Biophotonenstrahlung, abfiel.[66]

Das heißt, unser Körper strahlt nicht nur Licht ab, sondern ist auch in der Lage, Licht aus der Umgebung aufzunehmen. Dies ist natürlich in der Dunkelkammer nicht mehr möglich, wodurch es zu dem beobachteten Abfall kommt. *Irgendetwas in unserem Körper kann also Lichtenergie speichern,* wodurch bewiesen ist, dass wir uns unabhängig von der Nahrung, die wir zu uns nehmen, zu einem kleinen Prozentsatz auch direkt von Licht ernähren.

Wie sich schnell herausstellte, ist der gesuchte Lichtspeicher unseres Körpers niemand anderes als die DNA, die bekanntermaßen auch am stärksten an der Biophotonenstrahlung beteiligt ist.

Durch die charakteristische Form dieses Riesenmoleküls - eine gewundene Doppelhelix - stellt die DNA nämlich eine *geradezu ideale elektromagnetische Antenne* dar. Einesteils ist sie lang gestreckt und damit eine *Stabantenne*, die sehr gut *elektrische Impulse* aufnehmen kann. Andererseits ist sie, von oben gesehen, *ringförmig* und damit eine sehr gute *magnetische Antenne*.

Was geschieht mit der elektromagnetischen Energie, die die DNA aufnimmt? Sie wird ganz einfach in ihr gespeichert, indem das Molekül - einfach ausgedrückt - in Schwingung versetzt wird. Physikalisch nennt man ein solches System einen *harmonischen Oszillator.*

Ein solcher Oszillator gibt natürlich mit der Zeit seine Energie auch wieder ab, wie auch in der Dunkelkammer beobachtbar ist, und die Zeit, die dieser Vorgang benötigt, ist ein Maß für die Fähigkeit zur Energiespeicherung. Die Physiker nennen dieses Maß die *Resonatorgüte*.

Es stellte sich heraus, dass die Güte des DNA-Resonators *um ein Vielfaches höher* ist als bei Oszillatoren, die die Physiker in ihren Labors aus technischen Geräten aufbauen können. Das bedeutet, die Schwingungsverluste sind unglaublich gering. Dies bestätigt eine lang gehegte Vermutung: Die DNA ist ein *organischer Supraleiter,* der noch dazu bei normaler Körpertemperatur arbeiten kann! Hier kann die Wissenschaft von der Natur noch unendlich viel lernen.

So wurde zum Beispiel die Fähigkeit von Supraleitern, Licht speichern zu können, erst in jüngster Zeit entdeckt. Das klingt vielleicht überraschend, doch man sollte sich deutlich vor Augen halten, dass Licht, obwohl uns allen vertraut, nichts eigentlich Greifbares ist. Licht ist reine elektromagnetische Energie, unterteilt in kleine Quanten, sogenannte Photonen, die - wie der Name schon sagt - ständig mit Lichtgeschwindigkeit unterwegs sind. Man kann Photonen zwar durch bestimmte Teilchenreaktionen vernichten, d. h. ihre Energie vollständig auf andere Materie übertragen. Ein Photon »einsperren« jedoch, das konnte man bislang nicht.

Am Rowland-Forschungsinstitut in Cambridge, USA, stellte nun die Harvard-Physikerin *Lene Vestergaard Hau* fest, dass sich Laserlicht beim Durchqueren von Natrium-Atomen bei fast -270 Grad auf eine Geschwindigkeit von etwa 60 Kilometern pro Stunde abbremsen lässt. Das ist also in etwa das Tempo, mit dem wir uns mit dem Auto auf Landstraßen vorwärtsbewegen. Für Lichtteilchen dagegen ist es ein absolutes Schneckentempo.

Grundvoraussetzung für diesen Bremseffekt ist, dass das Medium in einen sehr exotischen Aggregatzustand übergehen muss, ein sogenanntes Bose-Einstein-Kondensat, was ebenfalls die Fähigkeit zur Supraleitung miteinschließt.

Wie man schon seit Langem weiß, gilt die eigentliche Lichtgeschwindigkeit, die laut Einstein für alle Materie eine Grenze im Universum darstellt, nur für das Vakuum. Beim Durchgang durch Materie, etwa durch Wasser oder Glas, liegt die Lichtgeschwindigkeit bereits niedriger. Der Nachteil ist, dass gleichzeitig auch das Licht selbst vom umgebenden Medium absorbiert wird. Das kennen wir vom Wasser her, das mit zunehmender Tiefe immer dunkler wird.

Nicht so bei Supraleitern. Obwohl die Natrium-Atome das Licht viel stärker abbremsten als jedes herkömmliche Material, blieben sie transparent. Es traten keine Verluste auf.

Solche Möglichkeiten können in der Zukunft sehr interessant werden, wenn man nicht nur die Energie des Lichtes speichern will (wie es etwa beim Sonnenkollektor der Fall ist), sondern das Licht als Ganzes mit all seinen Eigenschaften wie z. B. der Fähigkeit, Informationsträger zu sein.

Supraleitende Computerchips werden also imstande sein, Licht zu speichern und es damit zur Datenspeicherung zu nutzen. Die Natur hat das alles, wie wir sehen, schon vor Milliarden von Jahren erfunden.

Wir Menschen tragen also in jeder Zelle unseres Körpers ein technisches Hochleistungsgerät: einen Mikrochip mit 3 Gigabits Speicherfähigkeit, der elektromagnetische Informationen aus der Umwelt aufnehmen, speichern und - möglicherweise in veränderter Form - auch wieder abgeben kann.

Die technischen Daten der DNA als Oszillator-Antenne sind schnell ermittelt. Wir wissen, dass das Molekül ausgestreckt etwa zwei Meter lang wäre. Damit hat es eine Eigenfrequenz von 150 Megahertz. Schon wieder eine bemerkenswerte Zahl, denn diese Frequenz liegt *genau im Bandbereich unserer menschlichen Radar-, Telekommunikations- und Mikrowellentechnik.* Auch wir benutzen also gerade diesen Frequenzbereich für Kommunikations- und Ortungszwecke. Ein Zufall?

Außerdem kann die DNA natürlich auch alle harmonischen Oberwellen von 150 Megahertz speichern, also natürlich auch sichtbares Licht. Die 22. Oktave von 150 Megahertz liegt gerade in diesem Bereich. Die Farbe dieser Lichtstrahlung ist übrigens Blau. Ist es Zufall, dass die Sonnenstrahlung von der Erdatmosphäre gerade so gebrochen wird, dass wir auf einer Welt mit blauem Himmel leben?

Jetzt sind wir an der gleichen Stelle angelangt wie die Professoren Nimtz und Chiao vor einigen Jahren bei ihren Experimenten zum Tunneleffekt. Wir wissen, dass die DNA Licht speichern und abgeben kann. Sie ist aber grundsätzlich auch ein Informationsspeicher. Nimmt die DNA dann nur die Licht*energie* auf, oder kann sie auch in der elektromagnetischen Schwingung enthaltene *Informationen* aus dem Licht speichern bzw. durch ihre Ausstrahlung wieder abgeben? Ist die DNA ein weiteres Kommunikationsorgan unseres Körpers, und lässt sie sich durch elektromagnetische Strahlung vielleicht sogar manipulieren?

Tatsächlich ist dies der Fall. Unabhängig von der biochemischen Funktion als Eiweißproduzent ist die DNA ein komplizierter elektronischer Biochip, der mit seiner Umwelt kommuniziert, wie Forschungen aus Russland ergeben haben.

Im Jahre 1990 fand sich in Moskau eine Gruppe von Wissenschaftlern zusammen, denen die Erforschung des menschlichen Genoms ausschließlich mithilfe der Biochemie zu eingeschränkt war.[24] Sie hatten erkannt, dass uns durch diese Betrachtungsweise, die eher auf orthodoxem Dogmatismus als auf objektiven wissenschaftlichen Erkenntnissen beruht, eine Menge Informationen verschlossen bleiben.

Zu den Mitgliedern dieser Gruppe gehören hochqualifizierte Wissenschaftler, größtenteils von der Russischen Akademie der Wissenschaften. Neben Physikern des renommierten Lebedev-Instituts nehmen auch Molekularbiologen, Biophysiker, Genetiker, Embryologen und Linguisten teil. Leiter des Projekts ist Dr. *Pjotr Garjajev,* ein Biophysiker und Molekularbiologe. Er ist Mitglied der Russischen Akademie der Wissenschaften sowie der Akademie der Wissenschaften in New York.

Wir haben schon in einem früheren Kapitel Garjajevs bahnbrechende Entdeckung der Phantom-DNA erwähnt. Lebendes Zellgewebe kann die Struktur des Vakuums verändern, indem sich Wurmlöcher an DNA-Bruchstücke als Kommunikationskanäle anlagern, und diese Strukturen können, selbst nach Entfernung der Gewebeprobe, über lange Zeit stabil bleiben.

In den zehn Jahren seit Gründung des Projekts kam die Moskauer Gruppe jedoch noch zu weiteren revolutionären Erkenntnissen, die unser Verständnis der DNA und des menschlichen Erbguts in einem völlig neuen Licht erscheinen lassen.

Zum Beispiel sprechen wir heute fast selbstverständlich vom »genetischen Code«, also von einer systematischen Informationsverschlüsselung. Doch die bisherige Genetik blieb an dieser Stelle stehen und erledigte den Rest der Arbeit ausschließlich mithilfe der Chemie, anstatt auch einmal Sprachexperten heranzuziehen.

Anders in Moskau. Hier wurde, wie schon erwähnt, der genetische Code auch einer genauen Untersuchung durch *Linguisten* unterzogen.

Die Linguistik ist die Wissenschaft von der Struktur und dem Aufbau der Sprachen. Sie erforscht dabei nicht nur die natürlichen Sprachen, die sich in den einzelnen Ländern und Kulturen entwickelt haben, sondern auch künstliche Sprachen, die zum Beispiel zur Programmierung von Computern benutzt werden und die in den vergangenen Jahrzehnten systematisch unter Nutzung linguistischer Erkenntnisse entwickelt wurden.

Bei einer Sprache untersucht man Gesetzmäßigkeiten wie die *Syntax* (Regeln zum Aufbau von Worten aus Buchstaben), die *Semantik* (Lehre von der inhaltlichen Bedeutung der Worte) sowie die Grundlagen der *Grammatik*.

Wendet man diese wissenschaftlichen Erkenntnisse auf den genetischen Code an, so erkennt man, *dass dieser Code den gleichen Regeln folgt wie unsere menschlichen Sprachen.*[70]

Wohlgemerkt: Nicht den Regeln einer bestimmten Sprache (in diesem Fall z. B. des Russischen), sondern Regeln auf einer so grundlegenden Ebene, auf der Gemeinsamkeiten zwischen allen existierenden Sprachen der Menschheit existieren. Man kann also den Aufbau des genetischen Codes mit jeder existierenden Sprache der Menschheit in Beziehung setzen.

Seit Jahrhunderten suchten Wissenschaftler nach der menschlichen Ursprache - Pjotr Garjajev und seine Mitarbeiter haben sie möglicherweise gefunden.

Wir müssen die Relationen umkehren: Die Struktur der DNA entspricht nicht dem menschlichen Sprachaufbau, sondern die menschlichen Sprachen folgen in ihrem Aufbau den Regeln des genetischen Code! DNA und genetischer Code existierten schließlich schon lange, bevor der erste Mensch ein artikuliertes Wort von sich gab! *Jede der seither entstandenen menschlichen Sprachen folgte dem Grundmuster, das bereits in der Struktur des genetischen Code angelegt ist.*

Man darf diese Erkenntnis nicht missverstehen: Es geht hier *nicht* um ein orthodox-materialistisches Weltbild, wonach die Fähigkeit zum Sprechen nur Sekundäreffekt von Eiweißkörpern wäre, die in irgendwelchen Genen angelegt sind. *Die Anordnung der elementaren Basen in der DNA selbst folgt einer festen Grammatik, einem immateriellen Plan, der dem Aufbau unserer Sprachen analog ist.*

Dass es sich hierbei nicht um einen körperlichen Vorgang handelt, beweist schon die nächste Entdeckung von Garjajevs Team: *Die Analogie zwischen dem Aufbau der DNA und der menschlichen Sprache ist gerade in den Teilen des Riesenmoleküls am ausgeprägtesten, die nicht zur Proteinsynthese benutzt werden!*

Hierin liegt eine umwälzende Erkenntnis für das gesamte Gebiet der Genetik. Wer nur die bekannten Gene untersucht und den Rest abfällig als »stumme DNA« bezeichnet, dem entgeht möglicherweise das Wesentliche. Es ist schon paradox: Gerade die »stumme DNA« ist es, die - bildlich gesprochen - eine Sprache spricht!

In ausgedehnten Experimenten konnte die Moskauer Gruppe nämlich beweisen, dass diese in der DNA angelegten umfangreichen Codes keineswegs zur Synthese bisher unbekannter Bausteine unseres Körpers benutzt wird, wie es bei den Genen der Fall ist. Dieser Code wird vielmehr tatsächlich zur *Kommunikation* benutzt, genauer gesagt - zur *Hyperkommunikation*.

Hyperkommunikation ist also ein Datenaustausch auf DNA-Ebene unter Verwendung des genetischen Codes. Da dieser Code eine Struktur besitzt, die allen menschlichen Sprachen zugrundeliegt, werden natürlich auf diese Weise auch höhere Informationen transportiert, die in der Lage sind, ins menschliche Bewusstsein zu steigen und dort interpretiert zu werden.

Wir haben bereits den Phantom-DNA-Effekt kennengelernt, also den Effekt, dass die DNA auf kohärentes Laserlicht reagiert und daraufhin ihrerseits magnetisierte Wurmlochstrukturen im Vakuum aufbaut, also im Prinzip mikroskopische Kommunikationskanäle.

Wie wir ferner aus den Forschungen von Fritz-Albert Popp wissen, ist die DNA zugleich Antenne, Supraleiter und Licht-Informationsspeicher.

Garjajev und seine Kollegen gingen noch einen Schritt weiter. Sie analysierten das Schwingungsverhalten der DNA und fanden heraus, dass es recht komplizierten Gesetzen folgt, die jedoch in der Physik der unbelebten Materie schon seit Langem bekannt sind.[23]

Es war im Jahre 1834, als der Ingenieur *John Scott Russell* hoch zu Ross durch die Landschaft seiner schottischen Heimat unterwegs war. Während er an einem Kanal in der Nähe von Edinburgh entlangritt, fiel ihm ein Kahn auf, der von Pferden am Ufer vorangezogen wurde.

Alles Weitere lassen wir John Scott Russell selbst berichten:

»Plötzlich stoppte das Boot - nicht so aber die Masse des Wassers im Kanal, die es in Bewegung gesetzt hatte; es akkumulierte rund um das Schiff in einem Zustand heftiger Erregung; dann plötzlich das Schiff zurücklassend, rollte es mit großer Geschwindigkeit vorwärts, indem es die Form einer großen einzelnen Erhebung annahm, ein abgerundeter, glatter und wohldefinierter Berg aus Wasser, der seinen Weg entlang des Kanals offenbar ohne Änderung seiner Form oder Verringerung seiner Geschwindigkeit fortsetzte. Ich folgte ihm zu Pferde und überholte ihn, immer noch rollend mit einer Geschwindigkeit von etwa acht bis neun Meilen pro Stunde, wobei er seine originale Gestalt, etwa 30 Fuß lang und ein bis eineinhalb Fuß hoch, beibehielt. Seine Höhe verringerte sich nur graduell, und nach einem Ritt von ein oder zwei Meilen verlor ich ihn in den Windungen des Kanals.«[15]

Ungeachtet der Begeisterung, die Russell bei seiner Beobachtung empfand, nahm die Fachwelt seiner Zeit diesen Effekt kaum zur Kenntnis. Es dauerte bis in die sechziger Jahre des letzten Jahrhunderts, bis die Physik in der Lage war, das Phänomen zu verstehen.

In dieser Zeit begann man *nichtlineare Wellenformen* zu studieren, die so komplizierten Gesetzmäßigkeiten folgen, dem sogenannten *Fermi-Pasta-Ulam-Gitter,* dass man Computer zu ihrer Berechnung benötigt. Mit visionären Worten hatte Russell bereits im 19. Jahrhundert diese Wellenart, die man auch *Soliton-Welle* nennt, als eine in sich abgeschlossene dynamische Einheit bezeichnet, die insofern einem Materieteilchen ähnelt. Heute kann man mit der Theorie der Soliton-Wellen viele komplizierte Vorgänge in der Natur korrekt beschreiben, von optischen Effekten über Schockwellen bei Erdbeben bis hin zum berühmten roten Fleck auf dem Jupiter.

Solche Soliton-Wellen sind, wie schon Russell beobachtete, außerordentlich langlebig und verändern dabei kaum ihre Form.[14] Sie sind also prädestiniert dafür, Informationsmuster über lange Zeit zu speichern und auch über große Distanzen zu transportieren. Und genau eine solche Wellenform liegt, wie Pjotr Garjajev herausfand, im Schwingungsverhalten der DNA vor.

Wenn man all diese Erkenntnisse zusammenfasst, kommt man zu einer vollkommen neuen Form der Gentechnik, möglicherweise sogar der Gentherapie.

Hierzu schreibt Pjotr Garjajev: »*Die Mehrheit versucht die Prinzipien des DNA-Biocomputers zu verstehen, indem man sich ausschließlich auf die DNA-Watson-Crick-Chargaff-Regeln beruft: A-T, G-C. Das ist korrekt, aber es ist so nicht genug! Das DNA-chromosomale Kontinuum in lebenden Systemen hat Wellenattribute, die uns Unbekanntes ableiten läßt, ein computerähnliches Programm zum Aufbau der Organismen. Der bekannte genetische Code ist ein Code zur Proteinsynthese und nichts weiter. Chromosomen in vivo arbeiten als solitonisch-holographische Computer unter Verwendung der endogenen DNA-Laserstrahlung.*«[24]

Dies klingt wie Zukunftswissenschaft und ist es wohl auch. Aber vergessen wir nicht: Garjajevs Aussagen sind wissenschaftlich fundiert in Theorie und Experiment belegt.

Die Konsequenzen dieser Erkenntnisse sind so unfassbar wie einfach und logisch:

Moduliert man einem Laserstrahl ein Frequenzmuster auf, so kann man damit die Information der DNA-Wellen und somit die *genetische Information selbst beeinflussen*.

Hierzu braucht man nicht einmal in mühevoller Arbeit die Sprache der Basenpaare zu entschlüsseln, um daraus künstlich genetische Informationen zu formulieren, sondern *man kann ganz einfach Worte und Sätze der menschlichen Sprache benutzen!* Die Grundlagen des Sprachaufbaus sind ja, wie wir inzwischen wissen, die gleichen.

Auch diese verblüffende Schlussfolgerung konnte die Moskauer Forschergruppe bereits experimentell unter Beweis stellen. DNA-Substanz in vivo (d. h. im lebenden Gewebe, nicht im Reagenzglas) reagiert auf sprachmoduliertes Laserlicht, ja sogar auf Radiowellen, wenn man die richtigen Resonanzfrequenzen einhält.

Auf diese Weise werden der Medizin ungeahnte Möglichkeiten eröffnet. Man kann Geräte konstruieren, mit denen sich durch geeignet modulierte Radio- oder Lichtstrahlung der Zellstoffwechsel beeinflussen lässt, ja sogar die Reparatur genetischer Defekte ist möglich, ohne all die Risiken und Nebenwirkungen der klassisch-biochemischen Vorgehensweise.

Garjajevs Forschergruppe gelang der Nachweis, dass mit dieser Methode Chromosomen repariert werden können, die z. B. durch Röntgenstrahlung geschädigt wurden. Die Auswirkungen auf medizinische Therapiemöglichkeiten des kommenden Jahrhunderts sind immens: Man kann Geräte für eine neue, sanfte Krebstherapie entwickeln, auch zur Behandlung von AIDS und zur Verlangsamung des Alterungsprozesses.

Auch in deutschen Universitätskliniken sind Geräte im Einsatz, mit deren Hilfe Krebspatienten einer frequenzmodulierten Magnetfeldbestrahlung ausgesetzt werden. Die Ergebnisse sind vielversprechend.

Wir sehen hier, dass die Zielrichtungen der Moskauer Forscher von denen des westlichen Human Genome Project grundsätzlich abweichen. Während in der westlichen Wissenschaft der Trend dahin geht, aus möglichst vielen Einzelinformationen aus den Genen neue *chemische Medikamente* zu entwickeln - ein Vorgang, der zwar ein potenzielles Riesengeschäft, dabei aber nicht frei von erheblichen Risiken ist, wie wir alle wissen -, zielen die russischen Wissenschaftler auf ein eher ganzheitliches Verständnis der DNA und auf die Entwicklung von *Therapiegeräten*, die auf lange Sicht so manches teure und gefährliche Medikament ersetzen können.

Ganz nebenher folgen aus der neuen Wellentheorie des genetischen Codes noch einige weitere interessante Fakten. Zum Beispiel weiß man seit Langem, dass sich nahezu alle Körperfunktionen, speziell auch im Stoffwechsel und in der Hormonproduktion, durch die suggestive Kraft des gesprochenen Wortes beeinflussen lassen, obwohl sie vollkommen autonom, also unter Ausschaltung des bewussten Willens, ablaufen. Darauf basiert ja die Wirkungsweise der medizinischen *Hypnose*. Diese Fakten sind bekannt, konnten aber bislang nicht wissenschaftlich erklärt werden.

Das medizinische Modell der Psycho-Neuro-Immunologie führte die Wirkung hypnotischer Suggestionen bislang allein auf Steuerungsmechanismen im Gehirn zurück, speziell in den Regionen, die dem »Unterbewusstsein« zugerechnet werden.

Jetzt sieht es danach aus, dass es viel einfacher ist: Die DNA selbst ist in der Lage, direkt auf das gesprochene Wort zu reagieren.

Auch andere Therapieverfahren, deren Wirkungsweise bislang unerklärbar war, wie etwa die chinesische Akupunktur, lassen sich mithilfe der DNA-Wellentheorie nach Ansicht Garjajevs möglicherweise wissenschaftlich erklären.

Doch die Natur hat diesen komplizierten Informationsspeichermechanismus mittels elektromagnetischer Wellen nicht ausgerechnet deshalb entwickelt, damit Ende des zwanzigsten Jahrhunderts Wissenschaftler ihn zu Therapiezwecken benutzen können. Er hatte natürlich bereits zuvor eine Funktion.

Von wem oder was konnte die DNA aber in früheren Zeiten Signale auffangen? Garjajev vermutet dahinter eine immaterielle Schöpfungsstrategie, die die Entwicklung der Organismen im Sinne eines vorgegebenen Bauplans steuert. Als Kanäle stehen hierzu die Wurmlöcher zur Verfügung, die sich den einzelnen DNA-Sequenzen bekanntlich anlagern. Hier steht erstmals eine Möglichkeit offen, Rupert Sheldrakes Theorie der *morphogenetischen Felder* bzw. des *Gruppenbewusstseins* physikalisch zu untermauern.

Allerdings ist die DNA bei diesem Vorgang nicht rein passiv, wie schon der Effekt der Phantom-DNA beweist. Sie funktioniert nicht nur als Antenne, also als Empfänger, sondern auch als Sender. Die russischen Wissenschaftler waren in der Lage, Informationsmuster aufzufangen, die von der DNA zusammen mit der natürlichen Biophotonenstrahlung ausgesandt werden.

Leitet man diese Muster von einer DNA-Probe auf eine andere weiter, so bedeutet dies *eine Übertragung genetischer Information.* Dies funktioniert nachweislich sogar bei Zellen unterschiedlicher Arten. Es ist Garjajev und seinen Kollegen tatsächlich schon gelungen, auf diese Weise Zellen genetisch auf ein anderes Genom umzuprogrammieren. Kurz gesagt, haben sie es dadurch geschafft, Frosch- in Salamanderembryonen zu verwandeln!

Es ist noch unabsehbar, welche Konsequenzen noch aus den Entdeckungen der Moskauer Wissenschaftlergruppe folgen werden, und es ist auch noch längst nicht klar, ob die technische Nutzung all dieser Konsequenzen im ethischen Sinne auch wünschenswert ist.

Bedeutungsvoll ist die zentrale Erkenntnis, dass Lebewesen über die Informationskanäle ihrer Erbinformationen auf subtile Weise miteinander kommunizieren können. Der deutsche Biophysiker Fritz-Albert Popp hatte hierfür Beispiele zur Hand: Die Biophotonenstrahlung von kleinen Tieren wie z. B. Insekten bildet manchmal Trägerwellen aus, deren Wellenlänge größer ist als die Tiere selbst. Diese Trägerwellen sorgen dann für den ordnungsgemäßen Aufbau von Tierschwärmen, indem sich die einzelnen Tiere genau nach dem entstandenen Wellenmuster anordnen.[66]

Wie wir hier bereits sehen, geht es bei den in der DNA gespeicherten Informationen nicht nur um physiologische Faktoren zum Aufbau und Erhalt des Körpers, sondern auch um Formen des geordneten Zusammenlebens innerhalb von Tiergruppen - kurz gesagt: um das Gruppenbewusstsein.

Dass derartige Fähigkeiten noch nicht stärker im Körper verankert sind, insbesondere bei uns Menschen, dürfte auf die Tatsache zurückzuführen sein, dass wir eben nur 10 Prozent der genetischen Information wirklich in die Materie unseres Körpers umzusetzen vermögen.

Dies ist im Grunde kein Wunder, denn wenn der Informationstransfer über Wurmlöcher und damit durch den Tunneleffekt geschieht, dann wissen wir bereits von den Experimenten von Professor Nimtz zur »Überlichtgeschwindigkeit«, dass dabei Datenverluste in dieser Größenordnung auftreten können.

Wenn also hinter dem tierischen und menschlichen Leben ein Gruppenbewusstsein in Form eines Informationsfeldes steht, das einen Idealzustand repräsentiert, dann genügen wir diesem Ideal auch deshalb noch nicht, weil wir nicht in der Lage sind, die Information über unsere körpereigenen Antennen vollständig und unverzerrt aufzufangen. Was wir heute sind, ist das Resultat einer langen Evolution, in der wir es geschafft haben, mittlerweile 10 Prozent dieses Idealbildes körperlich umzusetzen. Damit haben wir noch ein enormes Entwicklungspotenzial in uns.

Es gibt heute viele Bestrebungen, den Menschen durch fragwürdige Gentechnik »verbessern« zu wollen - ein Anspruch, der eher zu einem totalitär-rassistischen Regime als zu einem freiheitlichen Gesellschaftssystem passen würde.

Erkennen wir stattdessen lieber, welche Möglichkeiten in uns stecken, uns weiterzuentwickeln, ohne - im chemischen Sinne - an unserer Erbinformation etwas zu ändern. Wenn es uns gelingen sollte, das Gruppenbewusstsein unserer Art - des Menschen - bewusster zu leben, werden wir diese Informationen mehr und mehr unverfälscht empfangen können.

Wir wissen nun, wie das Gruppenbewusstsein physikalisch-genetisch funktioniert. Welche immensen Möglichkeiten in ihm stecken, zeigen uns Beispiele aus dem Tierreich. Die Leistungen, zu denen Tiere als Gruppe fähig sind, die als Einzelwesen einem Menschen intellektuell weit unterlegen sind, verschaffen uns nur eine schwache Ahnung davon, was die Menschheit gemeinsam eines Tages erreichen könnte.

Schauen wir sie uns also an - Amöben, die »Reisegesellschaften« bilden, Agrarhandel treibende Ameisen, blinde Termiten-Architekten und Wale, die schon vor 50 Millionen Jahren neuronale Netzwerke erfunden haben.

– X –

Alles schläft, einer wacht

Blinde Baumeister und Gentechnik im Ameisenhaufen

Wenn wir von »Bewusstsein« sprechen, so denken wir in der Regel automatisch an unser menschliches Individualbewusstsein, das in der Psychologie auch als Ego bekannt ist. Dabei übersehen wir, dass es in der Natur eine ganze Reihe weiterer Bewusstseinsformen gibt, durch die oft auch ganze Gruppen von Organismen zu einem höheren Ganzen zusammengeschlossen werden. Diese höheren Bewusstseinsstrukturen sind gerade in der heutigen Zeit auch für uns Menschen außerordentlich bedeutsam.

Um von vornherein keine Missverständnisse aufkommen zu lassen: Es geht uns bei dem Begriff »Gruppenbewusstsein« nicht um den menschlichen Herdentrieb oder um Versuche, Menschen durch Ideologien gleichzuschalten. Die »blauen Ameisen« im China der Kulturrevolution waren, genau wie vergleichbare Entwicklungen in anderen totalitären Systemen, nur pervertierte Auswüchse, die das menschliche Gruppenbewusstsein in den Dienst eines diktatorischen Regimes stellten. Bei den Tieren ist das völlig anders. Im Grunde stellt schon die Bezeichnung »blaue Ameisen« eine Beleidigung dar – für die Ameisen!

Was unter Gruppenbewusstsein zu verstehen ist, verdeutlicht uns die Schilderung eines jungen Mannes, der in Trance bei uns in der Praxis ein Hyperkommunikationserlebnis nach einer UFO-Erfahrung hatte.

Er erklärte uns, er sei die ganze Zeit an eine Art *kollektives Denken* angeschlossen gewesen. Unsere Fragen hätten ihn dabei sogar ein wenig gestört. Er hatte allerdings Schwierigkeiten, seine Erlebnisse im Nachhinein während der Trancesitzung wiederzugeben.

Dann sagte er plötzlich: *»Am ehesten könnte ich es so beschreiben, daß ›einer wacht‹ und die anderen ›schlafen‹.«*

Dies erinnert stark an die Verhältnisse in einem Insektenstaat, in dem Hunderttausende von Insekten geordnet zusammenarbeiten, wobei die Steuerzentrale bei einem Tier, der Königin, liegt. Der junge Mann hatte Zugriff auf Bewusstseinsinhalte, die seine eigene Persönlichkeit überschritten und eher der gesamten Menschheit oder zumindest einer Teilgruppe zu eigen waren. Gleichzeitig wussten die anderen Menschen nichts davon, dass er diesen Zugang gerade erhalten hatte. Die anderen »schliefen« also, und er war »wach«.

Es ist wie beim Internet. Millionen von Menschen stellen Informationen in dieses gigantische Netzwerk hinein, und sie ermöglichen es damit anderen, darauf zuzugreifen. Ob und wann dies geschieht, darüber haben sie keine Kontrolle.

Die Möglichkeit, dass unterschiedliche Individuen als Gruppe handeln und damit mehr darstellen als nur die Summe ihrer Teile, ist jedoch keine Entwicklung unseres Computerzeitalters, sondern eine uralte Erfindung der Natur. Gäbe es das Gruppenbewusstsein nicht, dann gäbe es auch keine Menschen, Tiere und Pflanzen, wie wir sie kennen, sondern nur einzellige Lebewesen.

Die kleinste Einheit des Lebens – die Zelle – ist ja, wie wir alle wissen, eine durchaus individuell überlebensfähige Form des Lebens. Vor etwa 3,5 Milliarden Jahren entstand das erste Leben auf der Erde in Form solcher Einzeller, und es gibt sie bis heute in jedem Wassertropfen tausendfach.

In unserer typisch menschlichen Arroganz bezeichnen wir diese Lebensformen als »primitiv«, so als hätten wir vergessen, dass unser vielgerühmter menschlicher Körper aus nichts anderem aufgebaut ist.

Sehr früh in der Evolution des Lebens nämlich - vor etwa einer Milliarde Jahre - begannen diese Einzeller bereits, sich zu Gruppen zusammenzuschließen. Anfangs erfolgte dies vermutlich vorrangig zum gemeinsamen Schutz vor äußerer Bedrohung. Noch heute gibt es primitive Organismen wie die aus unseren Meeren bekannten bizarren Schwämme. Sie stellen im Grunde nur löcherige Faserskelette dar, deren Löcher von mikroskopisch kleinen Lebewesen bewohnt sind. Es sind also sozusagen riesige Wohnstädte für einzellige Lebewesen, die noch völlig undifferenziert und untereinander gleichartig sind.

Im nächsten Schritt zum echten vielzelligen Organismus begannen dann die einzelnen Mitglieder solcher Gruppen irgendwann, sich gegeneinander abzugrenzen und zu spezialisieren. Dies erwies sich für die Evolution ganz einfach als nützlich. So entstanden die ersten echten vielzelligen Lebewesen, wie sie alle heutigen höheren Pflanzen und Tiere sowie der Mensch darstellen. Sie besitzen einen Körper, der aus Milliarden von Zellen zusammengesetzt ist, die nicht mehr undifferenziert und gleichartig sind. Da gibt es Transportspezialisten für Sauerstoff und Kohlensäure - die roten Blutkörperchen - oder Spezialzellen, die Kalk in sich einlagern und dadurch ein festes Knochengerüst bilden. Andere wiederum leiten elektrische Impulse und damit Informationen weiter - die Nervenzellen. Wieder andere können sich rhythmisch zusammenziehen und ausdehnen. Sie bauen die Muskeln auf und ermöglichen es dem Körper, sich zu bewegen.

Zu den faszinierendsten Spezialisten der »Zellgruppe Körper« gehören sicher die Zellen des Abwehrsystems. Sie bilden die Polizei und die Feuerwehr der Gruppe und sorgen für Ordnung und Abfallbeseitigung. Sie sind teilweise frei im Körper beweglich - etwa die weißen Blutkörperchen - und daher in der Lage, zwischen Blutkreislauf und Gewebe hin- und herzuwandern.

Nur durch die hohe Spezialisierung und *gleichzeitige harmonische Zusammenarbeit* kann das Ganze - der Körper - für die Dauer seines Lebens in Funktion gehalten werden. Er ist kein mechanisches Uhrwerk, wie man noch bis ins vorige Jahrhundert hinein annahm, sondern ein unendlich komplexes und subtiles Netzwerk von Wechselwirkungen zwischen den unterschiedlichsten Zelltypen. Man könnte dieses Netzwerk als ein *»Gruppenbewusstsein erster Art«* bezeichnen.

Schert nur einer aus dem harmonischen Gesamtverbund aus und versucht, sich auf Kosten der anderen zu bereichern, gerät sofort das Gesamtgefüge in akute Gefahr - ein Krebstumor entwickelt sich.

Im Gegensatz dazu, wie sich im Verlaufe der Jahrmillionen die Tierarten durch Mutationen auseinanderentwickelten, wie die offizielle heutige Lehrmeinung besagt, ist es kaum vorstellbar, dass dieser Übergang vom Einzeller zum vielzelligen makroskopischen Körper lediglich auf »Zufallsmutationen« zurückzuführen sein sollte. Wie sollten sich durch bloße Mutationen Hunderttausende bislang unabhängiger einzelliger Wesen zu einem Körper zusammenschließen und dann auch noch innerhalb dieses Körpers eine komplizierte Arbeitsteilung eingehen? Es muss wohl eher eine Art Gruppenbewusstsein am Werk gewesen sein.

Dies sind keine philosophischen Spekulationen, denn der Übergang vom Einzeller zum Mehrzeller lässt sich heute noch am lebenden Beispiel beobachten. So unglaublich es klingt: *Es gibt nämlich noch heute eine Tierart, die manchmal als Einzeller und manchmal als Vielzeller lebt!*

Dabei handelt es sich um die Amöbe *Dictyostelium*, von den Wissenschaftlern liebevoll auch »Dicty« genannt. Diese einzelligen Lebewesen leben normalerweise in den oberen Schichten des Erdbodens und ernähren sich von Bakterien.

Da die Dictys sehr gefräßig sind, kommt es irgendwann dazu, dass sie ihren Lebensraum total leergefressen haben. Aufgrund ihrer Winzigkeit haben sie keine Chance, neue Weidegründe aufzusuchen. Sie wären nicht schnell genug, sie zu erreichen, ohne zu verhungern.

Also geschieht jetzt das Ungeheuerliche: Mehr als 100.000 Dictys schließen sich zu einem gemeinsamen Organismus zusammen, der nun etwa die Größe eines Sandkorns erreicht und unter dem Mikroskop wie eine winzige Nacktschnecke aussieht. Dieses Gebilde kann jetzt immerhin mit einer Geschwindigkeit von einem Millimeter pro Stunde vorwärtskriechen.

Doch das ist nicht alles. Die Zellen dieses Körpers entwickeln in der kurzen Zeit seiner Existenz bereits Spezialisierungen. So besitzt der »Super-Dicty« primitive Sinnesorgane und kann damit auf Licht und Wärme reagieren. Einige Tausend Dictys hingegen wandern nach oben in eine Art rudimentäres Geschlechtsorgan und gehen dort in einen inaktiven Sporen-Zustand über. Sobald diese Sporen durch Regen oder Wind oder durch ein Tier in eine neue, nahrungsreiche Gegend fortgetragen werden, sterben die anderen Zellen des »Super-Dicty« ab. Sie haben ihre Schuldigkeit getan, indem sie einem Teil der Sippe erlaubt haben, woanders weiterzuleben.

Wir sehen hier, dass das Gruppenbewusstsein, verglichen mit den Individuen, die es aufbauen, höhere Organisations- und Bewusstseinsstrukturen schafft. Es ermöglicht der Gruppe

Leistungen und Differenzierungen, zu denen das Einzelindividuum nicht in der Lage wäre.

Wir können nun natürlich auch rückwärts blicken und eine weitere Gruppenbewusstseinsstruktur *»nullter Art«* erkennen. Damit meinen wir nichts anderes als die *Gravitation*. Auch diese bislang als rein physikalisch, also unbelebt, aufgefasste Kraft schafft ja höhere Organisationsstrukturen im Kosmos, indem sie die Materiebausteine dazu zwingt, sich gegenseitig anzuziehen und so erst makroskopische Materie zu schaffen. Ohne Gravitation gäbe es im Universum nur fein verteilte Elementarteilchen. Dies wäre sicher die tiefste Stufe möglicher Bewusstheit im Universum, und viele Menschen würden sie wohl nicht einmal als »Bewusstsein« ansehen. Doch das Beispiel zeigt uns auch, dass die Ansicht vieler Naturwissenschaftler, Gravitation und Bewusstsein als zwei Seiten einer Medaille zu betrachten, sicher nicht von der Hand zu weisen ist.

Nachdem sich also stabile vielzellige Lebewesen gebildet hatten, bestand der nächste Schritt der Evolution - das »Gruppenbewusstsein zweiter Art« - darin, dass auch diese Lebewesen, also z. B. Tiere, die jedes über einen eigenen makroskopischen Körper verfügen, sich wiederum zu Gruppen zusammenschlossen. Das Prinzip ist dabei wieder das Gleiche, es wird nur auf der nächsthöheren Ebene verwirklicht.

Unter dem Gruppenbewusstsein der Tiere versteht man zunächst oft nur die für die jeweilige Tierart charakteristischen angeborenen Instinkte, die also Tiere einer Art veranlassen, sich mehr oder weniger ähnlich zu verhalten. Doch im Grunde steckt hinter dem Begriff viel mehr: Echte Instinkte neigen dazu, Stereotypien zu erzeugen. Sie laufen starr nach einem festen Programm ab, ganz egal, ob es der Situation angepasst ist oder nicht.

Echtes Gruppenbewusstsein dagegen ist hoch anpassungsfähig. Es ermöglicht einer Tiergruppe, blitzschnell auf veränderte

Bedingungen in der Umwelt zu reagieren. Manche Tierarten sind auf diese Weise in der Lage, *gemeinsam koordiniert zu handeln* und dadurch wiederum Leistungen zu vollbringen, zu denen das Einzeltier nicht fähig wäre.

Man kennt heute viele Tierarten, die in mehr oder weniger enger Form sozial zusammenleben, aber zu den eindrucksvollsten Beispielen gehören sicher die staatenbildenden Insekten, also die Bienen, Ameisen oder Termiten.

Bei diesen Tieren dient der soziale Verbund nicht nur dem gegenseitigen Schutz und der Vermehrung, wie es auch bei vielen sozial lebenden Säugetieren der Fall ist, sondern ein solches Insektenvolk schafft gemeinsam ein höheres Ganzes. Jedem von uns sind die kunstvollen Bienenstöcke, Ameisenhaufen und Termitenhügel bekannt.

Dabei sind die einzelnen Tiere in diesem komplizierten Gesamtgefüge alles andere als gesichtslose, gleichgeschaltete »blaue Ameisen«. In einem Insektenvolk gibt es eine bemerkenswerte Arbeitsteilung zwischen Arbeitern, die zum Aufbau des gemeinsamen Hauses herangezogen werden, Putztrupps, die die Abfälle entfernen, oder anderen, die die Nahrung herbeizuschaffen haben. Dann gibt es Soldaten zur Verteidigung, Kindermädchen zur Betreuung des Nachwuchses und, und, und.

Kernstück eines Insektenvolkes ist immer eine Königin (bei Termiten ein Königspaar). Sie ist nicht nur als einzige zur Vermehrung befähigt, sondern stellt auch so etwas wie das Gehirn, die Kommandozentrale des gesamten Volkes, dar. Sie hat in der Regel eine Lebensdauer von mehreren Jahren, während die anderen Individuen aufgrund der schweren Arbeit meist bereits nach wenigen Wochen sterben. Auch hier gibt es eine Analogie zu den Zellen des Körpers: Fast alle Körperregionen unterliegen einem ständigen Ab- und Aufbau von Zellen, die durch die unterschiedlichen physiologischen Aufgaben einem regelmäßigen Verschleiss unterliegen. Nur die Gehirnzellen sind langlebig und müssen im Grunde ein Leben lang reichen, wenn auch nach neuesten medizinischen Erkenntnissen in bestimmten Gehirnregionen in begrenztem Maße ein Neuaufbau von Gehirnmasse möglich ist.

So wie eine einzelne Körperzelle nicht mehr lebensfähig ist, wenn man sie bei einer Gewebeprobe aus unserem Körper entfernt, so kann auch eine einzelne Biene oder Ameise ohne ihr Volk nicht mehr überleben. Systembiologen bezeichnen daher manchmal das ganze Insektenvolk als ein einziges Individuum, dessen Teile nur nicht zusammenhängen, sondern frei beweglich sind. Diese Sichtweise ist es, die uns letztendlich zum Begriff des Gruppenbewusstseins führt.

Jahrzehntelang schon ist es für die Biologen ein Rätsel, wie es möglich ist, dass diese Tiere gemeinsam zu solch gewaltigen Bauten wie dem Bienenstock oder gar dem Termitenhügel befähigt sind. Hierzu muss es ein ganz ausgeklügeltes Kommunikationssystem geben, damit auch jeder an seinem Platz das Richtige tut, um das Bauwerk als Ganzes zusammenwachsen zu lassen.

Wir wissen, wie schwer uns Menschen dies fällt. Wenn wir zum Beispiel anfangen, von zwei Seiten einen Tunnel zu bauen, dann sind ständige Kontrollen nötig, zum Beispiel durch genaue Vermessungen und telefonische Kommunikation, damit die beiden Teile sich in der Mitte treffen. Wie machen es aber zum Beispiel die Termiten? Sie verfügen über keine Sprache, keine Handys, keine modernen GPS-Satellitenempfänger zur genauen Vermessung und – sie sind blind!

Glauben Sie, dass eine Gruppe von einigen Tausend blinden Menschen in der Lage wäre, ein großes Gebäude von verschiedenen Seiten beginnend so zu errichten, dass hinterher ein harmonisches Ganzes entsteht? Vermutlich ja – *wenn die*

Menschen sich auf das besinnen würden, was auch ihnen zu eigen ist und was die Tiere ganz selbstverständlich seit Jahrmillionen nutzen: das Gruppenbewusstsein.

Wenn man den Bau eines Termitenhügels in seinen einzelnen Phasen verfolgt, so sieht man Erstaunliches. Tatsächlich beginnen die blinden Tiere an verschiedenen Stellen zu bauen, und am Ende treffen sie sich so exakt, wie es unseren Bauingenieuren und Architekten nur unter Anwendung komplizierter Technik möglich wäre.

Lange Zeit glaubte man, hierbei spielten Geruchsstoffe, sogenannte Pheromone, eine entscheidende Rolle. Überall im Tierreich, vom kleinsten Insekt bis zum Hund, der am Baum seine Duftmarke hinterlässt, sind Gerüche ja ein wichtiger Aspekt bei der Kommunikation. Man vermutete weiter, dass Bienen unter anderem auch durch Gerüche ihren Mitbewohnern mitteilen, wo welche Blüten zu finden sind. Gleichzeitig geben sie durch bestimmte »Tanzbewegungen« Richtung und Entfernung an. Orientieren sich auch die Termiten an Gerüchen?

Der bekannte britische Biologe *Rupert Sheldrake* gibt Hinweise darauf, dass dies als Erklärung nicht ausreicht. Für den weltbekannten Entdecker der *Theorie der morphogenetischen Felder*, im Grunde eine erweiterte Definition des Gruppenbewusstseins, ist die Erforschung der Termiten eines der »sieben Experimente, die die Welt verändern werden«.[75]

Sheldrake zitiert zum Beispiel Beobachtungen, bei denen man mitten in eine »Termitenbaustelle« eine Glasscheibe stellte, die keine Gerüche durchließ. Dennoch wurde das Gebäude ordnungsgemäß fertiggestellt, trafen sich die einzelnen Bauabschnitte exakt an der richtigen Stelle, nur durch die Glasscheibe voneinander getrennt.

Dies ist nur scheinbar ein Wunder, denn es zeigt sich, dass man zur Erklärung des Phänomens nur das Gruppenbewusstsein heranzuziehen braucht – das morphogenetische Feld bzw. nach neuesten Erkenntnissen: die Hyperkommunikation auf DNA-Ebene. Über diesen Kanal kann der Bauplan des Termitenbaus wie eine Architektenzeichnung jedem Tier verfügbar gemacht werden, d. h. jedes am Bau beteiligte Tier wird auf geheimnisvolle Weise bei der Arbeit direkt auf den richtigen Weg geführt.

Wer ist die steuernde Instanz? Die Antwort ist überraschend. Die *Königin* des Termitenvolkes ist nicht nur für die Vermehrung zuständig, indem sie ständig Nachwuchs für den Staat zur Welt bringt, sondern sie koordiniert auch die Aktivitäten des gesamten Volkes, und das, obwohl sie selbst nicht einmal am Bau beteiligt ist. Sie wäre hierzu gar nicht in der Lage, denn aufgrund ihres aufgedunsenen Hinterleibes, der die gewaltige Anzahl von Eiern für das ganze Leben enthält, ist sie praktisch bewegungsunfähig.

Untersuchungen haben ergeben, dass auch die Königin ihre »Untertanen« nicht durch bloße Geruchssignale steuert, wie man lange angenommen hatte. Denn selbst wenn man sie aus dem Bau entfernt, gehen die Arbeiten unvermindert weiter. Die Kommunikation scheint außerhalb von Raum und Zeit über den Hyperkommunikationskanal zu erfolgen.

Wird die Königin jedoch getötet, so stoppt die Aktivität des gesamten Termitenvolkes augenblicklich, so als ob niemand mehr wüsste, was nunmehr zu tun wäre.

Dabei ist es unerheblich, ob die Tiere bei dem Mord an ihrer Königin anwesend sind und damit über normale Sinneswahrnehmungen von dem Vorfall Kenntnis erhalten haben. Man kann die Königin zunächst lebend entfernen – was, wie gesagt, vom Volk praktisch nicht bemerkt wird – und sie dann irgendwo weit entfernt töten. Sofort kommt jede Arbeit am Bau vollkommen zum Erliegen.

Wie man an diesem Beispiel deutlich sieht, läuft beim Bau des Termitenhügels in den Tieren nicht nur ein starres genetisch vorgegebenes Programm stereotyp ab, sondern es ist ein kompliziertes Kommunikationsnetzwerk dazu nötig, das sich keines bekannten Kommunikationskanals, der unseren fünf Sinnen entsprechen würde, bedient - ein Gruppenbewusstsein.

Das ist die einzige Erklärung für diesen seltsamen Vorgang, denn nur die Hyperkommunikation über die DNA-Ebene verläuft mithilfe von Wurmlöchern und damit über Raum und Zeit hinweg.

Es wäre sicher ein äußerst spannendes Forschungsgebiet, wenn sich Biologen mit diesen Gesetzmäßigkeiten einmal umfassender beschäftigen würden, viel interessanter vielleicht als so manches, was in der heutigen Molekularbiologie erforscht wird. Dennoch wird in diesem Bereich eher wenig getan. *Aber es wäre ja auch ein Experiment, das die Welt verändern würde ...*

Unsere analytischen Methoden der Wissenschaft, die immer nur nach Einzelteilen schaut, hat uns lange Zeit den Weg zu wichtigen Erkenntnissen versperrt - zum Beispiel über das Gruppenbewusstsein.

Haben Sie gewusst, dass die amerikanischen Blattschneiderameisen schon vor über 50 Millionen Jahren den Handel mit Agrarprodukten erfunden haben? Und dass sie mindestens schon genau so lange die Gentechnik beherrschen und Pilze klonen können?

So unglaublich es klingt - es ist wahr! Diese Ameisenart ernährt sich nicht nur auf einfache Art durch »Jagen und Sammeln«, sondern die Tiere kultivieren in ihrem Bau bestimmte Pilze, von denen sie sich ernähren. Sie sind in der Lage, die Zellen dieser Pilze zu trennen und künstlich zur Teilung anzuregen. Und wenn ihnen die Pilze nach einiger Zeit nicht mehr schmecken - wer will schon sein Leben lang immer dasselbe essen! –, tauschen sie sie sogar mit anderen Ameisenvölkern, die nicht einmal einer verwandten Art angehören müssen.[93]

Es ist klar, dass die einzelne Ameise - nach unserer menschlichen Sichtweise das »Individuum« - davon nichts weiß und nichts versteht. Die Tiere werden von einem übergeordneten Bewusstsein gelenkt, so wie unser Gehirn die Muskeln unserer Hand steuert, und in diesem höheren Bewusstsein des Ameisenvolkes ist das Wissen über das Klonen und den Agrarhandel gespeichert.

Keiner hat diese geheimnisvollen Mechanismen wohl eindrucksvoller beschrieben als der englische Schriftsteller *Lewis Carroll,* der Autor von *»Alice im Wunderland«.* In seinem Roman *»Sylvie and Bruno«* schildert Carroll eine Diskussion zwischen dem Erzähler, Lady Muriel und dem alten Earl über Bienen:

»Sie erwähnten gerade die Arbeitsteilung«, sagte ich, »sicher wurde dies in wundervoller Perfektion in einem Bienenschwarm realisiert?«

»So wunderbar - so vollkommen übermenschlich -«, sagte der Earl, »und so vollkommen inkonsistent mit der Intelligenz, die sie in anderen Lebensbereichen zeigen, daß ich keinen Zweifel daran habe, daß es purer Instinkt ist, und nicht, wie manche glauben, ein hoher Grad an Vernunft. Sehen Sie sich die völlige Dummheit einer Biene an, die versucht, ihren Weg durch ein Fenster zu finden. Sie versucht es nicht, in irgendeinem vernünftigen Sinn dieses Wortes, sondern sie knallt einfach dagegen! Wir würden einen Hund schwachsinnig nennen, wenn er sich so verhalten würde! Und doch verlangt man von uns zu glauben, daß ihr intellektueller Level höher ist als der von Sir Isaac Newton!«

»Also glauben Sie, daß purer Instinkt absolut keine Vernunft enthält?«

»Im Gegenteil«, sagte der Earl, »Ich glaube, daß die Arbeit eines Bienenschwarms Vernunft höchsten Grades beinhaltet. Aber nichts davon wird von der einzelnen Biene geleistet. Gott hat das alles durchdacht, und er hat in den Geist der Biene nur die Schlußfolgerungen seiner Denkprozesse eingesetzt.«

»Aber wie kommt es, daß die Geister der Bienen dann so zusammenarbeiten können?« fragte ich.

»Welches Recht haben wir anzunehmen, daß sie Geister haben?«

»Einspruch, Einspruch!« rief Lady Muriel in einem nicht tochtergemäßen Ton des Triumphs. »Warum hast du gerade gesagt, ›der Geist der Biene‹?«

»Aber ich sagte nicht ›Geister‹, mein Kind«, antwortete der Earl zärtlich. »Es erscheint mir als die wahrscheinlichste Lösung des Bienen-Mysteriums, daß ein Bienenschwarm nur einen Geist hat. Wir sehen oft einen Geist, wie er eine komplexe Ansammlung von Gliedern und Organen beseelt, die zusammengehören. Woher wissen wir, daß dazu ein materieller Zusammenhang nötig ist? Mag nicht bloße Nachbarschaft genug sein? Wenn das so ist, ist der Bienenschwarm ganz einfach ein einziges Tier, dessen viele Glieder nur nicht so nahe beisammen sind!«

Wenn also Papst Urban VIII. seinerzeit Galilei kritisierte, dieser habe in seinen Schriften die Allmacht Gottes zu wenig berücksichtigt, so hatte er damit im Grunde nach heutigem Stand der Wissenschaft auch das Gruppenbewusstsein - und damit die Antigravitationskraft magnetischer Wurmlöcher - im Auge, selbst wenn er damals noch nichts davon gewusst haben sollte.

Bei den - nach unseren menschlichen Begriffen - höher entwickelten Tieren, bei denen das Einzeltier bereits eine immer höhere individuelle Intelligenz besitzt, geht naturgemäß der Zugriff auf das Gruppenbewusstsein mehr und mehr zurück. Säugetiere zum Beispiel stellen im Allgemeinen nicht mehr ihr ganzes Leben ausschließlich dem Wohl der Gruppe zur Verfügung, sondern können durchaus ganz egoistische Ideen entwickeln, wie man aus vielen Verhaltensbeobachtungen weiß. Futterneid oder der Kampf um die Möglichkeit, sich selbst fortzupflanzen, sind da nur einige Beispiele. An der Spitze dieser Entwicklung stehen natürlich wir Menschen mit unseren zuweilen recht asozial wirkenden Verhaltensweisen.

Dies heißt nicht, dass der Mensch oder die höheren Säugetiere »schlechter« wären als die Insekten. Im Zuge der Entwicklung des Bewusstseins, wie wir es kennen, musste auch das Ego zum Tragen kommen und erprobt werden.

Und doch gibt es auch unter den höchsten Tieren einige interessante Ausnahmen. Da ist zunächst eine sehr seltsame Tierart, die in Äthiopien, Somalia und Kenia heimisch ist, der sogenannte *Nacktmull*. Es handelt sich um Nagetiere, die ausgedehnte unterirdische Höhlensysteme bewohnen, ähnlich wie unser Maulwurf, mit dem sie aber nicht verwandt sind. Als Bewohner unterirdischer Bauten wirken Nacktmulle, genau wie die Termiten, unfertig und fast ein wenig wie Embryos. Ihre Haut ist, wie der Name schon sagt, völlig haarlos.

Nacktmulle leben in unterirdischen Kolonien, die bis zu hundert Tiere umfassen. Sie werden, ähnlich wie die Insekten, von einem weiblichen Tier, der Königin, »regiert«, die als einziges weibliches Tier der Kolonie geschlechtsreif wird und Junge zur Welt bringt. Die anderen Tiere fungieren als Arbeiter und Soldaten. Manche arbeiten daran, mit ihren schaufelbaggerähnlichen Zähnen den Bau zu erweitern, andere suchen nach Nahrung, und einige, die sich sogar körperlich etwas von den anderen unterscheiden, haben lediglich die Aufgabe, die Königin zu füttern.

Im Gegensatz zu den Termitenvölkern sind diese Tiere aber nicht so spezialisiert, dass jedes von ihnen von Geburt an nur eine ihm zugewiesene Aufgabe erfüllen könnte. Durch ihre - im Vergleich zu den Insekten - höhere Intelligenz sind sie in der Lage, bei Bedarf auch andere Arbeiten in der Kolonie zu übernehmen. So bricht das Leben auch nicht zusammen, wenn die Königin stirbt, sondern ein anderes weibliches Tier erreicht dann die Geschlechtsreife und übernimmt die Aufgabe. Hier sehen wir also bereits ein Zusammenspiel zwischen Individualität und Gruppenbewusstsein auf einer höheren Ebene - das »Gruppenbewusstsein dritter Art«.

Während die Nacktmulle eher ein kurioser Seitenarm der Evolution sind, gibt es aber im Tierreich ein noch viel bedeutsameres Beispiel für diese Art des Zusammenwirkens von Individuum und Gruppe.

Es geht um die *Wale* und *Delphine*. Viele Wissenschaftler sind heute der Ansicht, dass diese wundervollen Tiere uns Menschen intelligenzmäßig am ähnlichsten, ja dass sie vielleicht sogar intelligenter als wir selbst sind.

Wenn auch wissenschaftliche Forschungsprojekte nichts unversucht ließen, die Intelligenz der Delphine herunterzuspielen - so hieß es etwa, ihre Fähigkeit zum Erkennen einfacher geometrischer Symbole sei nicht höher entwickelt als bei Tauben und Ratten -, so bleiben diese Forschungsergebnisse doch umstritten. Sie zeigen nur auf, wie eingeschränkt unsere Methoden zur Messung von Intelligenz nach wie vor sind. Auch unsere menschlichen Intelligenztests kranken ja daran, allein mathematisch-rationale Denkfähigkeiten in den Vordergrund zu stellen und andere Intelligenzformen wie die *soziale* oder *künstlerische Intelligenz* vollkommen zu vernachlässigen.

Gerade auf diesen Gebieten liegen jedoch die hervorragendsten Leistungen der Delphine. Bereits der antike griechische

Philosoph *Plutarch* schrieb über sie: »*Allein dem Delphin hat die Natur, abgesehen von allem anderen, etwas gegeben, wonach die besten Philosophen suchen: Freundschaft ohne persönlichen Vorteil.*«[2]

Delphine sind wohl die einzigen Tiere, die bewusst Freundschaft mit anderen Tierarten oder mit Menschen schließen. Es kann sich also nicht nur um ein darwinistisches Sozialverhalten »zur Erhaltung der Art« (Standardargument orthodoxer Biologen) handeln. Sie sind auch sehr humorvoll, und wenn sie gerade nicht auf Beutefang sind, lieben sie es, mit Fischen oder Seevögeln ihren Schabernack zu treiben, jedoch ohne ihnen dabei ernstlich etwas anzutun.

Das Gehirn eines ausgewachsenen Delphins wiegt ungefähr 1700 Gramm und ist damit rund 300 Gramm schwerer als das des Menschen. Es ist auch genauso reichhaltig gefurcht, was auf hohe Intelligenz hinweist. Da Delphine rund doppelt so schwer werden wie Menschen, ist das Verhältnis Gehirnmasse zu Körpermasse beim Menschen dennoch etwas günstiger.

Seit Langem ist bereits bekannt, dass Delphine über eine eigene Sprache verfügen, deren Differenziertheit weit über die üblichen Tierlaute anderer Arten hinausgeht und nur mit der menschlichen Sprache vergleichbar ist. Ihre Sprache besteht aus unterschiedlichen Pfeif- und Knacklauten, die zum großen Teil im Ultraschallbereich, also außerhalb des menschlichen Hörbereiches liegen. Sie sind aber durchaus auch in der Lage, einige menschliche Worte nachzuahmen, wobei ganz klar erkennbar ist, dass sie den Sinn dieser Worte verstehen.

Umgekehrt ist uns Menschen die Entschlüsselung der Delphinsprache noch nicht gelungen. Der Grund dürfte sein, dass wir Menschen auf eine falsche Weise an die Sache herangehen. Als einzige wissenschaftlich anerkannte Untersuchungsverfahren stehen uns nach wie vor nur analytische Methoden zur Verfügung, also ein Verfahren, um ein Problem oder einen Vorgang in immer elementarere Einzelteile zu zerlegen, über die wir dann auch allerhand lernen können. Viele subtile Zusammenhänge entgehen dabei aber unserer Aufmerksamkeit.

Delphine dagegen scheinen Vorgänge ganzheitlich erfassen zu können, was nach außen hin den Eindruck erweckt, sie wären telepathisch begabt. Der bekannte Meeresbiologe *Dr. John Lilly* baute zum Beispiel einmal an einem Delphinarium einen Testapparat zusammen, bei dem der Delphin hinterher einen bestimmten Knopf drücken sollte. Der Delphin beobachtete Lillys Arbeit aufmerksam und hatte offenbar schon die Funktionsweise der Apparatur begriffen, bevor sie überhaupt fertig zusammengebaut war. Spielerisch drückte er den - noch funktionsunfähigen - Knopf bereits im Voraus. Als das Gerät fertig war, konnte er es bereits perfekt bedienen.[2]

Hatte der Delphin etwa Dr. Lilly »abgezapft«, wozu das Gerät dienen sollte? Tatsächlich scheint es darauf hinauszulaufen, wenn es auch nicht auf telepathischem Wege geschieht, wie uns dies bei Menschen bekannt ist! Delphine verfügen nämlich über ein ausgeklügeltes Unterwassersonar, mit dem sie ihre Umgebung durch die Aussendung von Ultraschallwellen untersuchen können. Sie besitzen hierzu ein kleines Spezialorgan unterhalb ihrer Nasenhöhlen. Diesem ist ein weiteres Organ, die sogenannte Melone, vorgelagert, die als Linse fungiert und den Echopeilstrahl fokussiert.[106]

Damit können die Delphine unter Wasser zum Beispiel Fische orten. Dabei erhalten sie nicht nur Informationen über Größe und Entfernung der potenziellen Beute, sondern ein regelrechtes Röntgenbild, das ihnen auch die inneren Strukturen des Fischkörpers liefert.

Im Grunde ist dies nichts Sensationelles, denn auch jeder Arzt hat heute Ultraschallgeräte in seiner Praxis, um innere

Organe sichtbar machen zu können, ohne den Patienten der Belastung durch Röntgenstrahlen aussetzen zu müssen. Das Echosonar der Delphine ist aber etwas so Ausgeklügeltes, dass menschliche Techniker bis heute davon nur träumen können.

Wie man nämlich vermutet, nutzen Delphine diese Technik auch untereinander, sozusagen als Scanner für die gegenseitigen Gehirnstrukturen. Auf diese Weise könnte der Delphin die komplette momentane Struktur eines Artgenossen berechnen und hätte damit Zugang zu seinen Gedanken. Funktioniert das etwa auch beim Menschen? Verstehen Delphine daher so gut, was wir von ihnen wollen?

Untereinander jedenfalls können Delphine einer Gruppe nichts voreinander verbergen. Was ein Tier herausgefunden hat, steht automatisch auch den anderen sofort zur Verfügung. Hier sehen wir ganz deutlich die höher entwickelte Form des Gruppenbewusstseins, in der jedes Tier über hohe intellektuelle Fähigkeiten verfügt und daher auch nicht - wie bei den Insekten - starr auf eine feste Rolle im Gesamtgefüge fixiert ist und dennoch seine Fähigkeiten voll in den Dienst der Gruppe stellt.

Bereits aus der Antike sind zahlreiche Berichte überliefert, wonach Delphine Menschen vor dem Ertrinken gerettet haben. Wenn auch nicht klar beweisbar ist, wie viel davon Erzählung und wie viel Wahrheit ist, so nutzt man heute Begegnungen mit Delphinen zu therapeutischen Zwecken, etwa bei der Behandlung von kindlichem Autismus.

Es mag die für uns so fremdartige, fischähnliche Körperform sein, die uns so lange Zeit nicht begreifen ließ, dass wir hier auf ein Lebewesen treffen, das es vielleicht durchaus mit uns aufnehmen kann - in geistiger Hinsicht. Delphine haben keine Hände und konnten daher keine technische Zivilisation aufbauen, so wie wir. Dafür haben sie sich in den rund 100 Millionen Jahren ihrer Existenz auf der Erde geistig enorm weiterentwickelt. Mit unserer oberflächlichen Sicht haben wir dies bis heute nicht richtig erkannt, sodass einige Länder der Erde immer noch glauben, diese wunderbaren Geschöpfe jagen und töten zu müssen.

Es ist umgekehrt kein Fall bekannt, in dem ein Delphin einen Menschen angegriffen hätte, und das, obwohl er durchaus ein wehrhaftes Gebiss hat. Selbst wenn der Mensch ihn töten will, wehrt er sich bis zu seinem Ende nicht dagegen - so als würde er uns besser kennen als wir ihn, so als hätte er einen Einblick in eine umfassendere Existenz, für die der Tod seines Körpers genauso bedeutungslos ist wie der Profit, den wir Menschen aus der Verwertung dieses Körpers ziehen.

Unsere Beobachtungen im Tierreich bringen uns nun zu folgender Schlussfolgerung: *Das Gruppenbewusstsein ist weitaus mehr als nur eine Art von Datenbank, als die auch das morphogenetische Feld oft fälschlicherweise angesehen wird.* Es ist mehr als nur eine Sammlung ererbter Instinkte, die die Einzelindividuen einer Art veranlassen, sich gleichartig zu verhalten. *Stattdessen ist es eine globale Bewusstseinsvernetzung,* durch die eine Tiergruppe zu höheren Leistungen befähigt wird, als es der Summe der Individuen entsprechen würde.

Das bedeutet, dass durch diese Bewusstseinsvernetzung nicht nur eine Arbeitsteilung erfolgt, durch die eine komplexe Arbeit lediglich schneller erledigt wird, als es dem Einzelnen möglich wäre. *Es werden dadurch nämlich auch Handlungen möglich, die dem Einzelindividuum auch mit noch so viel Zeitaufwand nie gelingen würden.* Das analytisch-wissenschaftliche Denken unserer Zeit, das immer auf der Suche nach den kleinsten Einzelteilen ist, tut sich natürlich schwer damit, diese Gesetzmäßigkeiten zu verstehen, die gerade auf den subtilen Wechselwirkungen beruhen, die erst dieser höhere Organisationszustand mit sich bringt.

Es wäre jedoch äußerst wichtig, diese Regeln genauer zu erforschen, denn auch in unserer modernen Computertechnik spielt sich Ähnliches ab. Als man auf der Suche nach immer schnelleren Computern an die Grenze der Lichtgeschwindigkeit zu stoßen drohte, begann man bereits in den siebziger Jahren durch Vernetzung mehrerer Rechner beträchtliche Geschwindigkeitserhöhungen zu erzielen. Die ersten Generationen solcher parallel vernetzter Computer ergaben tatsächlich nur die Möglichkeit, das gleiche Programm, das prinzipiell auch auf einem Einzelrechner ablaufbar war, in Teile zu zerlegen und diese Teile wesentlich schneller von mehreren Prozessoren parallel abarbeiten zu lassen.

Inzwischen ist die Rechnerarchitektur aber viel weiter, und bei den neuesten Generationen vernetzter Rechnersysteme, den sogenannten *neuronalen Netzwerken*, ergeben sich erste Anzeichen dafür, dass derartige Maschinen etwas entwickeln, das man als Eigenintelligenz bezeichnen könnte. Diese Rechner sind bereits in der Lage, sich in gewissem Maße selbst zu korrigieren, sie können lernen, und eines Tages werden sie imstande sein, sich selbst zu programmieren und zu reparieren. Werden sie auch ein Bewusstsein entwickeln, so wie es der Physiker *Frank Tipler*[80] vermutet? Werden sie uns dann bewusstseinsmäßig überholen und die Weltherrschaft antreten?

Hier denken wir vermutlich wieder einmal viel zu menschlich und projizieren nach außen, was wir selbst mit einer solchen Macht anfangen würden. Das Beispiel der Delphine hingegen, der ersten Lebewesen auf unserer Erde, die das vernetzte Gruppenbewusstsein bewusst und aus freiem Willen einsetzen, zeigt deutlich, dass auf diese Weise Aggressionstriebe offenbar ganz automatisch verschwinden. Was sollten Hass und Intrigen auch noch nützen, wenn die Psyche jedes Einzelnen vor den anderen ausgebreitet liegt wie ein offenes Buch? Wer weiß schon, wie sich dann intelligente, bewusste Computer verhalten würden?

Es ist schwer für uns Menschen, die Auswirkungen eines bewusst und mit freiem Willen gelebten Gruppenbewusstseins zu ermessen, ganz einfach, weil wir selbst kaum über Erfahrung darin verfügen. Wir werden die Mechanismen wohl nicht verstehen können, bevor wir nicht eingehend erforscht haben, wie neuronale Netzwerke höherstrukturiertes Bewusstsein schaffen.

Natürlich gibt es auch bei uns Menschen Gruppenphänomene, die uns aber meist eher in frühere, instinktive Verhaltensstrukturen zurückfallen lassen. Ein bekanntes Beispiel sind die Fangruppen bei Sportveranstaltungen. Auch das Militär mit seinen starren Macht- und Befehlsstrukturen dient eher dazu, Gruppenbewusstsein durch Ausschalten des freien Willens des Einzelnen herbeizuführen.

Als Folge davon fallen Menschen oft auf Bewusstseinsstufen zurück, die man nur noch als primitiv bezeichnen kann - ganz anders als bei den Tieren, wie wir gesehen haben.

Natürlich gibt es bei uns Menschen auch positive Formen der Zusammenarbeit, eben all das, was wir als Teamgeist und Kooperation bezeichnen. Wir wissen, dass wir auf diese Weise Dinge erreicht haben, die uns als Einzelwesen nicht möglich gewesen wären.

Der Flug zum Mond etwa ist hierfür ein Beispiel. Selbst wenn am Ende nur zwei Männer aus der Mondlandefähre ausgestiegen sind - es wäre ihnen nicht möglich gewesen ohne die Mitarbeit zahlreicher Namenloser, die auf der Erde bleiben mussten.

Und doch hat dies alles nicht viel mit dem »Gruppenbewusstsein« zu tun, von dem wir hier sprechen. Deutlich wird es, wenn man sich an die sechziger Jahre und daran erinnert, wie hart darum gerungen werden musste, wem nun das Privileg zuteilwerden sollte, als erster den Mond zu betreten. Das Fazit ist: Auch Teamwork unter uns Menschen muss sich oft genug den Eitelkeiten Einzelner unterordnen.

Bei den Tieren kommt das Bewusstseinspotenzial einer Gruppe ebenfalls häufig einem Einzelnen zugute. Von einem wirklichen Gruppenbewusstsein kann man allerdings nur dann sprechen, wenn dieser Eine dann völlig uneigennützig handelt.

Ein wahres Gruppenbewusstsein »vierter Art«, das unsere Menschheit entwickeln könnte, wäre sicher nicht nur durch Teamgeist gekennzeichnet, sondern es würde, entsprechend den früheren Stufen, höheres Bewusstsein schaffen, als es dem einzelnen Menschen zur Verfügung steht. Ameisen als Gruppe sind in der Lage, Pilze zu klonen, obwohl wir davon ausgehen können, dass die einzelne Ameise diesen Vorgang keineswegs versteht. Zu welchen Leistungen wäre die Menschheit fähig, wenn sie ihr Gruppenbewusstsein tatsächlich konstruktiv und bewusst nutzen könnte?

Noch wissen wir viel zu wenig über die Kultur der Delphine, um ermessen zu können, zu welchen Leistungen sie durch ihr »bewusstes Gruppenbewusstsein« imstande sind. Ohnehin können wir von ihnen nur begrenzt lernen. Zu verschieden sind unsere Lebensräume voneinander.

Vom Standpunkt des Individuums aus gesehen gibt es stets höhere und tiefere Gruppenbewusstseinsstufen. Aus den tieferen - Gravitation, Körperbewusstsein, Instinktbewusstsein - sind wir als denkende Wesen hervorgegangen. Ein höheres Gruppenbewusstsein unter Wahrung der Individualität könnten wir in Zukunft entwickeln. Unser Ego ist nicht nur ein Hindernis auf diesem Weg, sondern es schützt uns gleichzeitig vor dem Rückfall auf eine der tieferen Stufen (in der Regel auf das instinktive Bewusstsein).

Doch es wäre zu einfach, nur unsere menschliche Individualität, das Ego, dafür verantwortlich zu machen, dass wir die höhere Gruppenbewusstseinsstufe bislang nicht erreicht haben. Natürlich treibt es uns oft zu sehr in Richtung konkurrierender Eigeninteressen. Ohne das Ego jedoch würden wir, wie gesehen, sogar

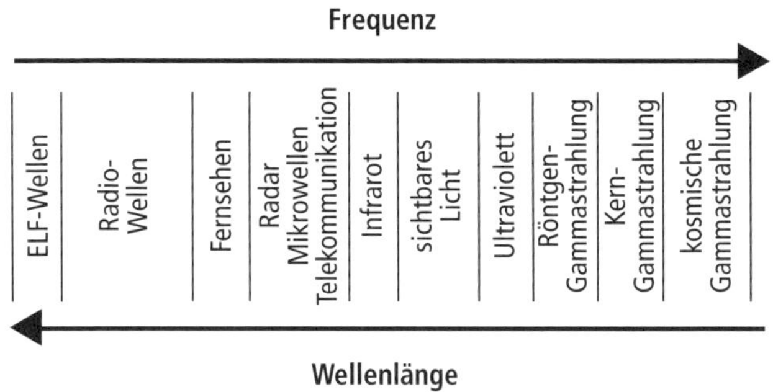

Abb. 14: Das elektromagnetische Spektrum

auf eine primitivere Bewusstseinsstufe zurückfallen. Das wäre aus unserer heutigen Sicht ein Alptraum!

Hierzu sagte Andrea M. im Verlauf eines Hyperkommunikationserlebnisses in Trance:

– Es ist wichtig, daß der Mensch sich im Laufe seiner Geschichte stark individuell entwickelt hat, damit er auch zur Freiheit fähig ist.
  Ich habe im Moment das Bild der DNA im Kopf, kann aber damit nichts anfangen, das hat etwas mit rot und grün in der DNA zu tun.

Hierzu an dieser Stelle eine Anmerkung: Unterschiedliche Personen haben in mehreren Hyperkommunikationsaussagen darauf hinwiesen, dass den vier Basen der DNA (Adenin, Thymin, Guanin, Cytosin) bestimmte »Farben« zuzuordnen seien. Dies ist zwar momentan noch nicht wissenschaftlich nachvollziehbar, klingt aber durchaus nicht unvernünftig. Es könnte sich dabei um bestimmte Trägerfrequenzen handeln, oder auch ganz einfach um Quanteneigenschaften, wie es etwa bei den kleinsten bekannten Materiebausteinen, den Quarks, der Fall ist, denen die Wissenschaft ebenfalls »Farben« zuordnet.

	Wellenlänge [nm]	Frequenz [10^{14} Hz]	46. Oktavve [Hz]	Gehirnwellen-Frequenzband
rot	686,7	4,37	6,2	Theta
orange	656,3	4,57	6,4	Theta
gelb	589,6	5,09	7,2	Theta
grün	527,0	5,69	8,0	Alpha
blau	430,8	6,96	9,8	Alpha
violett	393,4	7,63	10,8	Alpha

Tabelle 2: Umrechnung der Wellenlängen des sichtbaren Lichts in Gehirnfrequenzen

Eine Hyperkommunikationsaussage wies uns sogar darauf hin, dass diese Farben »in den Bereich der Alpha-Frequenzen transformiert« werden müssten.

Wir rechneten nach. Alpha-Frequenzen gehören zum bekannten Wellenspektrum des Gehirns und befinden sich am unteren Ende des elektromagnetischen Spektrums, etwa zwischen 8 und 12 Hertz. Sichtbares Licht dagegen liegt in einem viel höheren Frequenzbereich, etwa bei 10^{14} Hertz.

Dennoch kann man derartige Frequenzen ineinander umrechnen, und zwar mithilfe der sogenannten Oktavierung (Frequenzverdopplung bzw. -halbierung). Dabei ergibt sich, dass tatsächlich die Farben Grün, Blau und Violett im Alpha-Bereich landen, sofern man insgesamt 46 Oktaven nach unten geht. Eine interessante Zahl, denn sie stimmt exakt mit der Anzahl der Chromosomen des Menschen überein.

Diese Hyperkommunikationsaussagen haben, wie gesagt, momentan in der Wissenschaft noch keine Bestätigung gefunden. Das heißt natürlich nicht, dass sie sich nicht in naher Zukunft doch als richtig herausstellen könnten.

Fahren wir jedoch mit der Aussage von Andrea M. fort. Sie schilderte nun den Hyperkommunikationsvorgang, wie er auch aus der Sicht der Wissenschaft ablaufen dürfte:

– Zuerst geschieht es auf der DNA-Basis, wird aber auch mehr und mehr mit dem Bewußtsein verbunden.

– Wie soll das vonstattengehen?

– Wie sich das abspielt, hängt von der Reife des Menschen ab, wie er seine Individualität auslebt. Individualität ist sehr wichtig. Ohne eine ausgeprägte Individualität kann man ein kollektives Bewußtsein nicht vernünftig einsetzen.

– Heißt das, daß die Menschen dann zu sehr in einen primitiven Herdentrieb zurückfallen würden?

– Es kann passieren, daß manche Menschen zu sehr im kollektiven Bewußtsein versinken, es ist nicht gut, so soll es nicht laufen.

– Umfaßt die Hyperkommunikation tatsächlich nur die Kommunikation mit dem menschlichen Gruppenbewußtsein?

– Nein. Es ist ein wichtiger Teil, aber das Ganze ist noch viel komplexer. Das Gruppenbewusstsein ist nur ein Aspekt der Sache. Die weiteren Aspekte werden wir noch kennenlernen.

– Früher, als Sie diese Hyperkommunikationserlebnisse noch auf archetypische Weise erlebten, fühlten Sie sich immer ausgenutzt oder auf irgendwelche Art und Weise mißbraucht, wie Sie uns gesagt haben. Haben Sie dieses Gefühl jetzt auch noch?

– Nein, auf keinen Fall, überhaupt nicht, ich fühle mich auf keinen Fall von jemand anderem mißbraucht oder so ... Ich merke im Gegenteil, daß ich mich momentan sehr wohl fühle, ich fühle mich sehr geborgen, ich könnte ewig so ... Ich fühle mich mit etwas Überwältigendem verbunden.

– Macht Ihnen das Angst?

– Ich habe keine Angst und könnte es auch in jeder Sekunde unterbrechen. Ja. Ich weiß, daß ich mich aus diesem Zustand ganz schnell herausholen könnte, indem ich ein ganz starkes Körperbewußtsein entwickeln würde. Es ist irgendwas in mir passiert, daß ich mehr Selbstvertrauen habe, ich habe mehr Kraft, ich fühle mich jetzt nicht mehr so ausgeliefert.

– Was uns dennoch nachdenklich und besorgt macht, ist, daß diese Erlebnisse an den Schnittstellen des Bewußtseins für viele Menschen so traumatisch und schmerzhaft sind. Das ist wirklich ein Problem.

– Es liegt daran, daß das Gruppenbewußtsein der Menschen unterentwickelt ist und dort die Kommunikation auf der Ebene der Archetypen stattfindet.

Die abschließende Aussage von Andrea stimmt nicht nur voll mit den Beobachtungen überein, wie unvorbereitete Menschen die Hyperkommunikation erleben. Sie zeigt auch die Ursachen auf. Seit etwa 3000 Jahren, seit also die frühen Menschen aufhörten, innerlich mit ihren »Göttern« zu reden, hat die Hyperkommunikation in uns geschlummert. Sie hat nur auf DNA-Ebene, also vollkommen unbewusst, stattgefunden und sich demzufolge auch nicht weiterentwickelt.

Wenn nun in unseren Tagen diese Kommunikationsform wieder an die Oberfläche unseres Bewusstseins dringt, ist es sicher nicht verwunderlich, dass sie sich zunächst wieder genau so äußert wie damals.

Jetzt muss jedoch eine nächsthöhere Stufe entwickelt werden - eine *Synthese von Gruppenbewusstsein und Individualität*. Nur so kann eine Struktur entstehen, die höher und weiterentwickelt ist als das individuelle menschliche Bewusstsein mit seinen doch sehr beachtlichen Entfaltungsmöglichkeiten.

Das Ego an sich ist nicht der Hinderungsgrund auf diesem Weg. Vielmehr scheinen wir deshalb weiterhin in einem zu stark abgrenzenden Individualbewusstsein zu verharren, weil uns ein seltsamer Sperrmechanismus daran hindert, uns weiterzuentwickeln. Um diesen zu erkennen, müssen wir leider im wahrsten Sinne des Wortes »bei Adam und Eva« anfangen.

– XI –

Die Äpfel von Eden

Biblische Verbote, Bewusstseinskontrolle und Börsenkurse

Wenn man sich das Alltagsleben einmal genauer anschaut, so bemerkt man, dass die meisten Menschen den größten Teil ihres Lebens Nebensächlichkeiten hinterherjagen. Jahrhundertelang hatte der Kampf ums tägliche Brot, ums Überleben, Ziel und Antrieb unseres Handelns bestimmt. Seit die moderne Wohlstandsgesellschaft den meisten von uns diese Sorge abgenommen hat, sollten die Menschen eigentlich mehr zur Ruhe gekommen sein und nun die Gelegenheit haben, sich auf Wesentlicheres zu konzentrieren. Jedoch weit gefehlt.

Immer noch jagen Menschen in ihrem Leben Dingen hinterher, die oft gar nicht fundamental für den Erhalt der Existenz sind. Das können überflüssige Statussymbole sein, ein trotz Übersättigung immer weiter angekurbelter Konsumzwang. Aber auch das gerade in den letzten Jahren zu beobachtende Streben nach Selbsterkenntnis treibt zuweilen seltsame Blüten und lässt die Menschen heutzutage zu Tausenden bizarren Meinungen und Anschauungen folgen, die wir seit den Tagen des Mittelalters eigentlich für überholt hielten.

Die Erfahrung zeigt, dass es dabei *nicht einmal darauf ankommt, ob die Dinge, denen der Mensch nachjagt, wirklich wichtig sind oder ob sie überhaupt existieren.* Entscheidend sind nur zwei Punkte:

1. Der Mensch muss glauben, dass die Verfolgung dieses Ziels für ihn wichtig ist. Das, was er anstrebt, muss in irgendeiner Form einen Anker für ihn bilden, über den er Halt gewinnen bzw. seine Identität definieren kann.
2. Das Ziel muss für ihn momentan unerreichbar sein.

So überraschend es vielleicht klingen mag, aber dies führt zu einer der machtvollsten Methoden, um Menschen beschäftigt und damit unter Kontrolle zu halten. Vor allem lenkt man sie dadurch so stark ab, dass sie nicht auf die Idee kommen, nach anderen Erkenntnissen und Zielen Ausschau zu halten, die sie möglicherweise wirklich voranbringen und ihnen mehr Freiheit und Entfaltungsmöglichkeiten gewähren würden. Diese Methode ist wohl der hauptsächliche Hinderungsgrund, der uns von einer stärkeren bewussten Teilnahme an der Hyperkommunikation und damit von der Erlangung eines globaleren Bewusstseins abhält.

Es mag überraschend sein, dass es sich um eine im Grunde so subtile Methode handelt. Schließlich - wenn wir an die aus der Geschichte bekannten Möglichkeiten herrschender Systeme denken, ihre Untertanen zu disziplinieren, so denken wir vorrangig an die drei Hauptmechanismen: *Gewalt, Propaganda und Religion.* Auf diese Weise haben es jahrtausendelang geistliche und weltliche Herrscher geschafft, ganze Menschenmassen ihres freien Willens zu berauben und sie sich in Form eines primitiven Gruppenbewusstseins, des reinen Herdentriebs, gefügig zu machen.

Wie wir jetzt lernen, kommt noch eine vierte Sonderstrategie dazu, die hauptsächlich anwendbar ist auf die in jeder Gesellschaft vorhandenen Abweichler, also auf Menschen, die sich ihre persönliche Individualität bewahren und auf diese Weise nicht so schnell in das Korsett einer offiziellen Doktrin pressen lassen.

Unser tägliches Leben in der modernen Gesellschaft ist voll von Beispielen für diese Doppelstrategie.

So sind etwa die USA einerseits der weltweit größte Produzent von Pornografie, wurde in Amerika die Potenzpille Viagra entwickelt und millionenfach auf den Markt geworfen, und gleichzeitig wird der gesamte Bereich menschlicher Sexualität in Amerika dermaßen tabuisiert, dass es sogar möglich wurde, gegen den Präsidenten wegen eines ehelichen Seitensprungs ein Amtsenthebungsverfahren anzustrengen und diesen Vorfall bis zur Geschmacklosigkeit auszuquetschen.

Man bohrte so lange nach, bis man Bill Clinton nachweisen konnte, dass er zum Schutz seiner Persönlichkeit gelogen hatte. Egal, welche Meinung man nun dazu vertritt, ob ein amtierender US-Präsident einen Meineid schwören durfte - man darf nicht von dem eigentlichen Skandal ablenken: Was hatten derartige Befragungen über Clintons Privatleben inklusive seiner außerehelichen Beziehungen zu einer volljährigen Frau, die ganz offenbar »einverstanden« war, überhaupt vor Gericht zu suchen?

Obwohl die Mehrheit der Amerikaner sich bald kaum noch für die Lewinsky-Affäre interessierte und sogar Verständnis für Bill Clinton zeigte, beherrschte das Thema monatelang weiter die Schlagzeilen der einzigen verbliebenen Supermacht und lenkte dadurch natürlich hervorragend von den wirklichen Problemen der Zeit ab, als da sind: Globalisierung, Klimaentwicklung, Arbeitslosigkeit usw.

Wer Zweifel daran hegt, dass es in dem ganzen Spiel gar nicht um Clinton selbst ging, sondern darum, die Bevölkerung geistig beschäftigt zu halten, für den sei ein Zitat aus einer Studie des Tavistock-Instituts angefügt:

»... *Schließlich bewegen wir uns in ein Zeitalter hinein, in dem bedeutungsvolle Arbeit nur für eine Minderheit möglich sein wird: In einem solchen Zeitalter werden chemische Aphrodisiaka vielleicht als übliche Mittel zum Zeitvertreib anerkannt* ...«[44]

Und bereits in den sechziger Jahren schrieb der spätere Sicherheitsberater von Präsident Carter, *Zbigniew Brzezinski,* über eine kommende »*Informationsgesellschaft, deren Wettbewerbsbasis ersetzt wird durch Fokussierung auf Vergnügen auf der Grundlage von Zuschauerereignissen (Massensport und Fernsehen), die Opiate für die zunehmend ziellosen Massen liefern.*«[44]

Auch diverse esoterische und sonstige Außenseitergruppen, die im Grunde glauben, mit ihrer Meinung gegen den Strom der Masse zu schwimmen, werden auf diese Weise zu leicht lenkbaren Gruppierungen. Ihre Existenz wird zwar von den Mächtigen der Welt nach außen hin bekämpft, insgeheim aber durchaus gefördert. Hierzu bedient man sich einer gezielten Mischung von ausgestreuten Gerüchten und anschließenden Dementis, egal, ob es sich bei der Gruppe nun um UFO-Anhänger handelt oder ob sie an eine grundlegende Transformation unseres Körpers und die Ernährung durch Licht glauben. Das Muster ist immer dasselbe:

1. Man streut eine Information aus - egal, ob es die Wahrheit oder eine Falschmeldung ist.
2. Man unternimmt anschließend alles, um diese Information zu dementieren und diejenigen, die sie weiterhin verbreiten - die »Gläubigen« -, zu diskreditieren.
3. Dadurch wird die Information für die »Gläubigen« noch glaubwürdiger. Verschwörungstheorien entstehen.
4. Man veröffentlicht offizielle Dokumente, die so unglaubwürdig sind, dass sie

5. den Glauben an die Wahrheit der Information weiter steigern.
6. Als Resultat formiert sich unter den »Gläubigen« eine relativ homogene Gruppe von Gleichgesinnten, die als Ganzes gelenkt und manipuliert werden kann.
7. Es wird verhindert, dass die Öffentlichkeit sich mit den wahren Ursachen und Hintergründen des gesamten Themenbereiches auseinandersetzt.

Ein typisches Beispiel für diese Strategie ist die Art und Weise, wie die US Army seit 70 Jahren den Mythos um den umstrittenen Absturz eines angeblichen UFOs bei Roswell am Leben hält, indem sie die Bevölkerung in ein ständiges Wechselbad von unglaubwürdigen Dementis und angeblich durchsickernden Insiderinformationen stürzt. Der neutrale Beobachter weiß oft nicht, welche Seite nun unglaubwürdiger ist. Klar ist, dass auf diese Weise eine ganze Gruppe von UFO-Gläubigen an der langen Leine des Militärs hängt.

Wer redet, weiß nichts, wer etwas weiß, redet nicht ...

Die genannten Beispiele suggerieren, diese Methode des Gebens und Nehmens sei ein Phänomen unserer heutigen Zeit, in der zumindest in den Demokratien westlichen Musters die klassischen Kontrollverfahren Gewalt, Religion und Propaganda nicht mehr so unverblümt angewendet werden wie früher.

In Wahrheit ist die Methode jedoch uralt, so alt wie die Menschheit. In unserer eigenen heiligen Schrift, der Bibel, wird ganz deutlich gesagt, dass sie praktisch gleichzeitig mit der Erschaffung des Menschen auf Erden installiert wurde:

»Und Gott der HERR pflanzte einen Garten in Eden gegen Osten hin und setzte den Menschen hinein, den er gemacht hatte.

Und Gott der HERR ließ aufwachsen aus der Erde allerlei Bäume, verlockend anzusehen und gut zu essen, und den Baum des Lebens mitten im Garten und den Baum der Erkenntnis des Guten und Bösen.« (I. Mose 2,8-9)

...

»Und Gott der HERR nahm den Menschen und setzte ihn in den Garten Eden, daß er ihn bebaute und bewahrte.

Und Gott der HERR gebot dem Menschen und sprach: Du darfst essen von allen Bäumen im Garten,

aber von dem Baum der Erkenntnis des Guten und Bösen sollst du nicht essen; denn an dem Tage, da du von ihm issest, mußt du des Todes sterben.« (I. Mose 2,15-17)

Man zeigt also dem Menschen zunächst etwas Verlockendes und verbietet ihm gleichzeitig unter Todesdrohung, sich damit zu beschäftigen.

Wir alle wissen, wie die Geschichte weitergeht. Die listige Schlange, angeblich eine Inkarnation des Teufels, überredet Eva, doch von den Früchten des Baumes der Erkenntnis zu essen. Nicht nur, weil sie vielleicht besonders gut schmecken, sondern weil sie eine wichtige Bedeutung für die Menschen haben:

»Da sprach die Schlange zum Weibe: Ihr werdet keineswegs des Todes sterben,

sondern Gott weiß: an dem Tage, da ihr davon esset, werden eure Augen aufgetan, und ihr werdet sein wie Gott und wissen, was gut und böse ist.« (I. Mose 3, 3-4)

Die Sache flog auf, da Adam und Eva sich vor Gott versteckten, als er im Garten spazierenging, und zwar, weil sie nackt waren.

Hieraus entstand der Mythos, die Erbsünde hätte etwas mit Sexualität zu tun. Nichtsdestoweniger ist diese Interpretation falsch. Es wird auch in der Bibel klar gesagt. Adams und Evas Frevel war nicht die Nacktheit, sondern die Tatsache, *daß sie sich ihrer Nacktheit bewusst wurden,* da sie vom »Baum der Erkenntnis von Gut und Böse« gegessen hatten.

»Und er sprach: Wer hat dir gesagt, daß du nackt bist? Hast du nicht gegessen von dem Baum, von dem ich dir gebot, du solltest nicht davon essen?« (I. Mose 3,11)

Ferner war ihre Strafe nicht, wie angekündigt, der Tod, sondern die Verbannung aus dem Garten Eden auf die Erde, wo sie »im Schweiße ihres Angesichts« ihren Lebensunterhalt zu bestreiten hatten. Da die Bibel uns sicher nicht weismachen will, Gott habe gelogen, kann das nur bedeuten, dass den Menschen nunmehr ihre Sterblichkeit lediglich *bewußt* wurde.

Die Menschen verloren also das Paradies wegen einer gewonnenen *Erkenntnis.* Es ging dabei gar nicht so sehr darum, dass sie nun wussten, was »Gut und Böse« ist, sondern dass sie *die Fähigkeit erlangt hatten, zwischen Gut und Böse bewusst zu wählen.* Der Sündenfall war also die Geburtsstunde des *freien Willens,* des Egos und damit der *Fall aus dem Gruppenbewußtsein.* Dem entspricht auch die eigentliche Bedeutung des Wortes *Sünde*, das eng mit dem Wort *absondern* verwandt ist.

Kurz gesagt: Der Schöpfungsbericht beschreibt im Grunde nicht den Moment der Erschaffung des Menschen, sondern den Moment, da der Mensch aus dem Gruppenbewusstsein in die Individualität fiel, was Julian Jaynes etwa für die Zeit um 1000 v. Chr. ansetzt.[40] Die Entdeckung der Individualität jedoch war gleichbedeutend mit dem Verlust eines paradiesischen, aber auch unbewusst-naiven Friedenszustandes. Die innere Stimme, die den Menschen so lange geleitet hatte, verstummte jetzt. Von nun an musste er selbst Verantwortung für seine Taten übernehmen, und gleichzeitig wurde seine Welt, in der ja auch noch andere Menschen mit dem gleichen freien Willen lebten, eine problematische Welt der Interessenkonflikte und Auseinandersetzungen.

Laut Genesis wurden anschließend Vorkehrungen getroffen, damit die Menschen auf keinen Fall das Paradies - also das Gruppenbewusstsein - wieder erreichen konnten:

»Und Gott der HERR sprach: Siehe, der Mensch ist geworden wie unsereiner und weiß, was gut und böse ist. Nun aber, daß er nur nicht ausstrecke seine Hand und breche auch von dem Baum des Lebens und esse und lebe ewiglich!

Da wies ihn Gott der HERR aus dem Garten Eden, daß er die Erde bebaute, von der er genommen war.

Und er trieb den Menschen hinaus und ließ lagern vor dem Garten Eden die Cherubim mit dem flammenden, blitzenden Schwert, zu bewachen den Weg zu dem Baum des Lebens.« (I. Mose 3,22-24)

Das heißt ganz klar: *Aus einem ganz bestimmten Grund mußte der Mensch, nachdem er einmal den göttlichen Funken des freien Willens entdeckt hatte, an der Wiedererlangung des Gruppenbewusstseins unter allen Umständen gehindert werden.* Der Grund wird auch genannt: *Der Mensch würde auf diese Weise eine gottähnliche Macht erhalten.*

Wir wollen jetzt nicht weiter darüber diskutieren, ob der biblische Schöpfungsbericht nun lediglich psychologische Mechanismen der menschlichen Bewusstseinsentwicklung in allegorischer Form darstellt oder ob es sich hier um einen Bericht über die gezielte Bewusstseinsprogrammierung eines primitiven Menschen durch eine überlegene Intelligenz handelt, die sich zwar als »göttlich« bezeichnet, aber mit dem eigentlichen Gott als Schöpfer des Universums nicht viel gemein haben dürfte (immerhin wird er ja als verkörpertes Wesen beschrieben, das im Garten Eden spazieren ging). »Gott« dürfte damals zu den Menschen eher nach Art einer inneren Stimme gesprochen haben, d. h. er steht auch hier eher als Sinnbild der Hyperkommunikation.

Die Handlungen, die ihm dabei zugeschrieben werden, wirken überdies alles andere als göttlich. Sie dienen nur dazu, eine Machtposition zu festigen, so als ob die innere Stimme der Menschen ihren Machtverlust nicht widerstandslos hätte hinnehmen wollen. Es ist kaum vorstellbar, dass ein wirklicher allmächtiger und allgütiger Gott, Schöpfer des Universums, so etwas nötig hätte. An *seiner* Macht könnte kein Mensch ernsthaft rütteln, und er wäre sicher froh, wenn der Mensch sich weiterentwickeln würde.

Es ist eher wahrscheinlich, dass das zarte aufkeimende Individuum in der ersten Zeit mit den Kräften des Gruppenbewusstseins tatsächlich in eine Art inneren Konflikt geraten ist, wie es ja auch bei den sehr archetypischen Irrfahrten des Odysseus geschildert wird, die etwa in jener Epoche entstanden sind.

Vergessen wir schließlich nicht, dass die Bibel zwar als Wort Gottes gilt, dennoch aber von Menschen verfasst wurde, und sie beschreibt hier ganz klar Mechanismen, die seit Menschengedenken von *Menschen gegen Menschen* angewendet werden, um die Bevölkerung unter Kontrolle zu halten:

- Man zeigt einem Menschen oder einer Gruppe ein verlockendes Ziel (hier: den Baum mit den Früchten).
- Man nimmt ihm oder ihnen dieses Ziel dann augenblicklich wieder weg (hier: durch das Verbot, davon zu essen).

Durch diese Doppelstrategie schafft man es, die besagte Gruppe beschäftigt zu halten, und zwar damit, das erstrebte Ziel zu erlangen. Auf diese Weise ist es Machtinstitutionen möglich, sich leicht lenkbare Gruppen zu erschaffen, die sie zu ihren eigenen Zwecken benutzen können.

Indem man den Menschen daran hindert, das Gruppenbewusstsein vierter Art, also auf bewusster Basis und unter Wahrung des freien Willens, zu erlangen, wird vor allem Macht zementiert. Nicht nur äußere politische Macht, wie wir sie kennen, es geht um etwas ganz anderes.

Es geht darum, dass ein höheres Gruppenbewusstsein in einer Population so hoch spezialisierter Wesen wie uns Menschen ganz anders funktioniert als noch vor 3000 Jahren. Es verleiht jedem Einzelnen ein geradezu unbeschränktes Potenzial.

Es ist wie beim Internet. Man wählt sich als Einzelperson ein und hat Zugriff auf das gesamte Wissen, das im Internet gespeichert ist. Auf die Hyperkommunikation übertragen heißt das: Ein Individuum verfolgt ein Ziel, und die anderen Menschen stellen nur ihre Energie zur Erreichung dieses Ziels zur Verfügung. »Alles schläft, einer wacht.« Die anderen brauchen nicht einmal davon zu wissen. Über die DNA-Ebene hat jeder Mensch Zugang zum Bewusstsein und Wissen der gesamten Menschheit. Umgekehrt kann auch sein eigenes persönliches Wissen auf dem gleichen Wege anderen Menschen direkt zugutekommen, so als ob man seine eigene Internet-Site angelegt hätte, die dann ebenfalls von Millionen anderer Menschen gelesen werden kann.

Das Internet bereitet uns im Grunde schon auf den globalen Bewusstseinszustand der Menschheit durch Hyperkommunikation vor. Die ungehinderte Verbreitungsmöglichkeit für Meinungen von jedermann, ohne Zensur oder sonstige Vorauswahl, hat zu einer Informationsdichte geführt, die es früher nicht gegeben hat. Natürlich ist auch jede Menge Unsinn im Internet zu finden, aber gleichzeitig fällt es Meinungsmachern und -manipulatoren zunehmend schwerer, Dinge vor der Öffentlichkeit zu verheimlichen. So wurde nur aufgrund des privaten Nachrichtenkanals irgendeines Hobby-Internet-Nutzers aus den USA die Lewinsky-Affäre überhaupt publik.

So viel persönliche Freiheit ist den Machthabern der Welt natürlich ein Dorn im Auge. Nicht nur, dass sie dem Internet gegenüber höchst argwöhnisch sind (wenn auch der Zug zur Kontrolle dieses einzigen wirklich freien Mediums der Welt längst abgefahren ist). Erst recht können sie nicht an einer bewussten Hyperkommunikation, einem bewussten Netzwerk, das alle Menschen verbindet, interessiert sein. Das Resultat wären ja freie, machtvolle und vor allem nicht mehr manipulierbare Bürger. Daher versucht man weiter, die Menschen mit Kleinigkeiten nach Art der Äpfel von Eden beschäftigt zu halten und vor allem darauf zu achten, dass sie dabei untereinander in einer Konkurrenzsituation bleiben. Nicht zufällig sind heute Intrigen, Mobbing und andere Scheußlichkeiten gerade im direkten zwischenmenschlichen Bereich so verbreitet. Seichte Vergnügungen, besonders wenn sie etwas anrüchig sind, sorgen für die entsprechende Zerstreuung am Feierabend.

Divide et impera - Teile und herrsche!

Was würde es uns aber bringen, wenn sich das höhere Gruppenbewusstsein, gepaart mit unserer individuellen Intelligenz, tatsächlich durchsetzen würde?

Im Kleinen kann man dies schon anhand des Beispiels Internet abschätzen. Die Möglichkeiten der freien und ungehinderten Kommunikation haben wir schon erwähnt. Doch das Internet bietet sogar die Chance, Projekte durchzuführen, die einzelnen Menschen, ja sogar einzelnen Instituten nicht mehr möglich wären.

Ein Beispiel ist das sogenannte SETI-Projekt. In der Hoffnung, aus dem kosmischen Hintergrundrauschen eines Tages intelligente Signale einer außerirdischen Zivilisation herausfiltern zu können, lauschen die Mitarbeiter dieses Projekts mithilfe des großen Spiegelteleskops von Arecibo (Puerto Rico) Tag und Nacht ins All hinaus.

Doch das Lauschen allein genügt nicht. Man muss die hereinkommenden Daten auch analysieren, um herauszufinden, ob vielleicht eine sinnvolle Information darin verborgen ist, die nicht aus irdischen Quellen stammt.

Dies entpuppt sich jedoch als Sisyphosarbeit. Tag für Tag fallen etwa 35 Gigabyte an Daten an, also so viel wie ein Buch mit 35 Milliarden Buchstaben. Kein noch so teurer Supercomputer, der heute auf der Welt verfügbar ist, könnte diese Datenflut bewältigen.

So besannen sich die SETI-Wissenschaftler auf das Gruppenbewusstsein und entschlossen sich, die größte Rechnerkapazität der Welt auszunutzen, das Internet.

Die meisten Internet-Benutzer verfügen zwar nur über handelsübliche Personal Computer, doch dafür sind es insgesamt unermesslich viele! Die Universität Berkeley stellte ein Computerprogramm zur Verfügung, das auf jedem PC laufen kann und dort die Funktion eines Bildschirmschoners einnimmt, d. h. es schaltet sich immer dann automatisch ein, wenn der Besitzer des PC gerade nichts tut.

Dieser Bildschirmschoner bearbeitet in solchen »Totzeiten« des Rechners ein kleines Häppchen der SETI-Daten, das er sich nach Bedarf aus dem Netz holt. Sobald er den Datenabschnitt fertig analysiert hat, schickt er seine Resultate nach Berkeley zurück und holt sich einen neuen Datensatz.

Seti@home – so heißt das Programm – wurde seit seiner Veröffentlichung im April 1999 binnen vier Wochen bereits von mehr als einer halben Million Internet-Nutzern installiert. Die dadurch verfügbare Rechnerkapazität überstieg alles, was mit einem einzelnen Computer möglich wäre. Ein erstes Beispiel für eine echte Gruppenleistung einer sehr großen Menschengruppe, die sich nicht einmal untereinander zu kennen braucht und ein Projekt bearbeitet, das auf andere Weise technisch nicht machbar wäre.

Ganz offenbar lässt sich die Frage nach der Existenz fremder Intelligenzen nur durch gemeinsame Anstrengungen der gesamten Menschheit beantworten!

Es ist schwer, die weiteren Konsequenzen einer höheren Gruppenkommunikation als Ganzes zu ermessen, denn sie dürften bei Weitem über unseren heutigen Horizont hinausgehen. Ein Vergleich macht es deutlich: Sie wird uns Dinge ermöglichen, die so weit über unseren individuellen Verstand gehen wie das Klonen von Pilzen über den Verstand einer einzelnen Ameise!

Einige Möglichkeiten lassen sich aber schon absehen. Vor allem labile, chaotische Systeme, die durch kleine Wirkungen einfach zum Kippen zu bringen sind, könnten hier am Anfang stehen. Dazu gehört natürlich auch das Wetter.

Wie wir heute wissen, werden unsere globalen Wettererscheinungen ohnehin stark durch die Erdresonanzfrequenzen, die sogenannten Schumann-Frequenzen, beeinflusst.[17] Diese produziert aber auch unser Gehirn, und wenn es dazu käme, dass viele Menschen ihr Denken synchronisieren könnten, wären sie durchaus in der Lage, unsere Wetterstrukturen zu beeinflussen.

Diese Möglichkeit wird noch dadurch begünstigt, dass sich in der Atmosphäre, besonders im Bereich des nördlichen Jetstreams, vielfach Vakuumdomänen ausbilden, die - wie wir gesehen haben - auch eine ernsthafte Gefahr für den Flugverkehr darstellen können.

Das höhere Gruppenbewusstsein könnte also auf jeden Fall dazu beitragen, dass wir zu einer *Typ-I-Zivilisation* werden, wie es der Princeton-Physiker *Michio Kaku* ausdrückt. Er versteht darunter eine planetare Zivilisation, die die Energien ihres Planeten als Ganzes technisch beherrscht (dazu gehören auch das Wetter sowie Naturkatastrophen wie Erdbeben und Vulkanausbrüche) - im Gegensatz zu weiterentwickelten hypothetischen Typ-II-Zivilisationen (die die Energien ihres Sonnensystems komplett beherrschen) und Typ-III-Zivilisationen (die sogar die Energien ihrer Heimatgalaxis insgesamt kontrollieren können).[42]

Eine Typ-I-Zivilisation hätte keine Umweltprobleme mehr, aber auch keine Energieknappheit, denn sie könnte auf die archaischen Verbrennungsmethoden oder die gefährliche Kernkraft auf jeden Fall verzichten.

Kaku warnt aber davor, dass unser Fortschritt immer einseitig auf dem technischen Sektor stattfindet und die geistig-soziale Entwicklung der Menschheit dem weit hinterherhinkt. Dies birgt natürlich große Gefahren.

Speziell gilt dies, wenn Antigravitationskräfte ins Spiel kommen. Die Forschungen von Dmitrijev und Djatlov haben gezeigt, welche immensen Gefahren eine Technologie, die auf Antigravitation basiert, möglicherweise in sich birgt.

Antigravitation destabilisiert das gesamte Raum-Zeit-Gefüge und kann durch die Ausbildung von Vakuumdomänen gewaltige Kräfte aneinander koppeln. Die Tunguska-Katastrophe sollte uns hierbei als Warnzeichen in Erinnerung bleiben.

Wenn wir also auf diesem Gebiet weiterkommen wollen, sollten wir erkennen, dass Technik nicht immer materialistisch sein muss, sondern auch geistige Komponenten hat und heutzutage mehr und mehr haben sollte. Vakuumdomänen und magnetisierte Wurmlöcher sind ebenfalls etwas, mit dem unser Bewusstsein direkt umgehen kann, ohne Zuhilfenahme von Apparaten.

Dies ist sogar nicht nur Zukunftsmusik, sondern es geschieht schon hier und jetzt, nur bislang noch außerhalb unserer bewussten Kontrolle.

Es ist lediglich schwer, dies nachzuweisen. Am einfachsten ist es vielleicht noch auf der genetischen Ebene, wo sich die DNA immer ihre Sollwerte zur Korrektur des Ist-Zustandes holt und dadurch den Körper in Funktion hält. Aber fließen auch schon jetzt höhere Bewusstseinsinhalte?

Um dies zu messen, braucht man wieder ein möglichst instabiles System, ähnlich wie das Wetter, das schnell auf kleine

Veränderungen reagiert, diesmal allerdings bezogen auf menschliches Massenverhalten.

Eine weitere Grundanforderung ist, dass dieses System lange genug überwacht und seine Werte aufgezeichnet werden müssen, um Langzeitaussagen machen zu können.

So ein System gibt es tatsächlich, und zwar den weltweiten Börsenhandel!

Wie man weiß, reagiert die Börse zwar auch auf globale Ereignisse in der Wirtschaftspolitik, jedoch die kleinen, oft sehr ausgeprägten Schwankungen sind häufig völlig irrational und kaum logisch begründbar.

Interessanterweise gibt es jedoch Anzeichen dafür, dass einige solcher Schwankungen deutlich mit den Wanderungen der Vakuumdomänen, also der Hyperkommunikationskanäle, in der Atmosphäre korrelieren.

Das Jahr 1998 eignete sich dafür besonders gut, da der weltweite Aktienmarkt durch die Finanzkrise in Asien in mächtige Turbulenzen gekommen und dadurch für jedwede Störung besonders anfällig war.

Wie allgemein angenommen wird, reagieren die großen Finanzmärkte in Windeseile aufeinander. Daher ist es einigermaßen überraschend, dass das Jahrestief der großen europäischen Aktienindizes, des FTSE-100 in London und des DAX in Frankfurt, gegenüber dem Jahrestief des Dow Jones an der New Yorker Wall Street um 36 bzw. 40 Tage hinterherhinkte.

Dies entspricht exakt der Zeit, die auch der hypothetische TLR-Faktor, also der durch Vakuumdomänen ausgelöste Risikofaktor für den Flugverkehr, zum Überqueren des Atlantiks braucht.

Genauer: Diese Daten stimmen sogar fast überein. Der Dow Jones-Index stürzte am 31.8.1998 um mehr als 500 Punkte ab und hatte damit sein Jahrestief durchschritten (vgl. Abb. 15), und zu dieser Zeit lag der TLR-Faktor über New York. Nur zwei

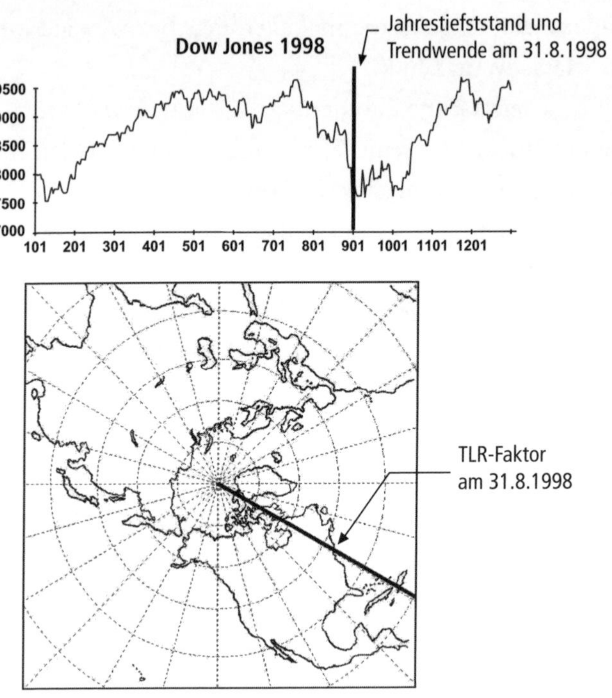

Abb. 15: Zusammenhang zwischen TLR-Faktor und Dow-Jones-Index an der New Yorker Börse

Tage später war er nach Neuschottland weitergezogen, wo dann die Swissair-111 abstürzte.

Auch das Jahrestief an der Londoner Börse am 8.10.1998 (vgl. Abb. 16) lag genau parallel zu dem Flugzeugzwischenfall in Manchester am gleichen Tag.

Aufgrund der engen europäischen Wirtschaftsverflechtungen reagierte der DAX in Frankfurt bereits auf diese Entwicklung, dümpelte dann vier Tage in diesen Niederungen herum, bis er am 12.10., als der TLR-Faktor bereits das europäische Festland überquerte, den Umkehrpunkt erreichte und danach im großen und ganzen wieder anstieg (s. hierzu Abb. 17).

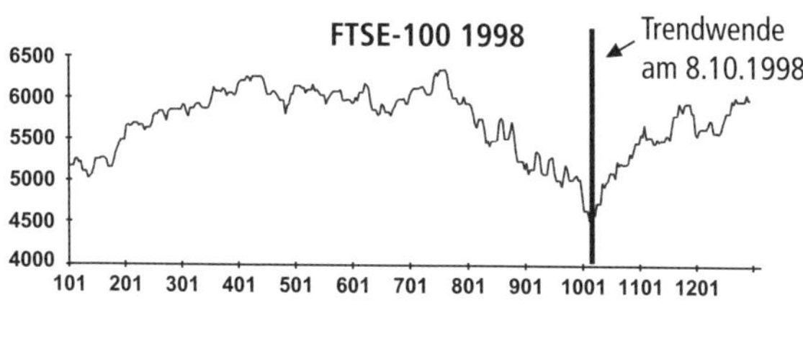

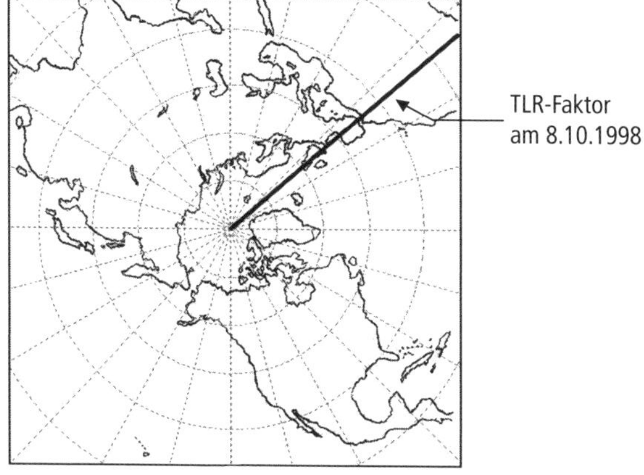

Abb. 16: Zusammenhang zwischen TLR-Faktor und FTSE-100 an der Londoner Börse

In früheren Jahren sind ähnliche Tendenzen zu erkennen, wenn auch nicht so ausgeprägt wie 1998. Die Ursache ist, dass 1996 und 1997 die Aktienkurse im Grunde weltweit ständig anstiegen.

Bedenken wir: Der DAX lag Anfang 1996 bei nur 2285 Punkten, am 20. Juli 1998, beim Jahreshöchststand, dagegen bei 6171 Punkten!

Dadurch gab es in den vergangenen Jahren keine echten Tiefpunkte, bzw. diese lagen immer am 1. Januar des jeweiligen Jahres. Ein echter mathematischer Tiefpunkt ist jedoch immer ein Umkehrpunkt, der aus einer Baisse in eine Hausse führt.

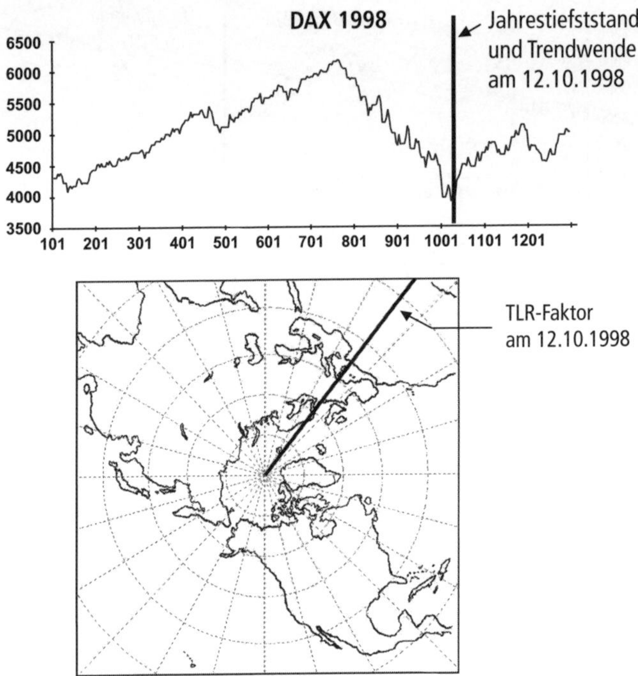

Abb. 17: Zusammenhang zwischen TLR-Faktor und DAX an der Frankfurter Börse

Im Kleinen sind solche Schwankungen jedoch auch innerhalb einer global ansteigenden Kurve immer zu sehen, und diese fanden auch 1996 und 1997 zu den passenden Zeitpunkten statt, so zum Beispiel an der Wall Street am 8. 8. 1997, einen Tag vor dem Swissair-Zwischenfall mit der Vakuumdomäne vor Long Island. Wieder zogen Europas Finanzmärkte erst im passenden Zeitabstand später nach: in London am 11.9. und in Frankfurt am 15.9.

Am 15.7.1996, zwei Tage vor der TWA-Katastrophe, fiel der Dow Jones an einem Tag um 160 Punkte und zog erst am 18.7. wieder etwas an.

Es soll nicht der Eindruck entstehen, die Börse würde nun etwa durch das Wetter beeinflusst. Es sind vielmehr gleiche Ursachen, die sowohl für atmosphärische Effekte als auch für Massenbewusstseinsreaktionen (hier bei den Brokern) verantwortlich gemacht werden müssen: Hyperkommunikationskanäle, die teilweise zu der jeweiligen Zeit sogar am Himmel beobachtbar waren.

Könnte man also durch bewusste Hyperkommunikation die Börsenkurse beeinflussen? Vielleicht ja, vielleicht auch nein. Das ist nicht restlos zu klären. Es geht eher darum, dass die Börse bekanntermaßen ein gutes Barometer für Stimmungsschwankungen im Gruppenbewusstsein darstellt, und in diesen Schwankungen zeichnen sich Vorgänge ab, die ganz eindeutig mit Hyperkommunikationskanälen zu tun haben.

Es geht vor allem um Beobachtungen von Massenbewusstseinsreaktionen, und da ist die Börse nun einmal weltweit das einzige System, über das seit Jahren täglich genau Buch geführt wird und das daher einer wissenschaftlichen Analyse offensteht.

Andere Beobachtungsmöglichkeiten ergeben sich, wenn man Massenphänomene beobachtet, wie etwa die Love Parade, zu der jährlich rund eine Million junger Menschen nach Berlin kommen, um auf den Straßen der Hauptstadt zu ihren wilden Techno-Rhythmen zu tanzen.

Interessanterweise ist es dabei in all den Jahren nie zu ernsthaften Ausschreitungen gekommen. Denken wir einmal daran, welch brutale Gewalt zum Beispiel am Rande von Fußballspielen und anderen Sportveranstaltungen wir schon erleben mussten!

Untersuchungen ergaben, dass die Teilnehmerzahl der Love Parade einfach schon *zu groß* ist, um ein Abkippen in Gewalt zu ermöglichen.

Das mag seltsam klingen, aber tatsächlich scheinen nur Menschengruppen bis zu einer bestimmten Maximalgröße ein gefährliches Gewaltpotenzial zu haben. Aggression aus der Masse heraus entspringt ja dem archaischen Revierverhalten. Vergessen wir nicht, dass das menschliche Gruppenbewusstsein mehrstufig ist, da es Gruppen unterschiedlicher Größe gibt, mit denen sich ein Mensch identifizieren kann.

Dies fängt im kleinen Kreis der Familie oder Freunde an und setzt sich dann fort über Gefühle des Lokalpatriotismus (Identifikation mit Einwohnern der Region oder Stadt), wozu dann auch die Fangruppen der Sportvereine gehören, schließlich das Nationalbewusstsein und am Ende das globale planetare Menschheitsbewusstsein.

Es scheint so zu sein, dass sich das Menschheitsbewusstsein bei einer Menschengruppe oberhalb von einigen Hunderttausend Mitgliedern bereits durchzusetzen beginnt. Möglicherweise kommt es sogar zu einer Art Trägerwelle der Hyperkommunikation, so wie sie Fritz-Albert Popp bei Tierschwärmen beobachtete.

Wir sehen, dass die Hyperkommunikation bereits heute für jeden von uns allgegenwärtig ist. Ihre Kanäle beeinflussen das Wetter und unsere Flugsicherheit. Sie kann Börsenkurse umkippen lassen und Menschen in einer großen Gruppe einen. Sie kann krankes Zellmaterial reparieren und so vielleicht eines nicht mehr fernen Tages Krankheiten wie Krebs oder AIDS ihre Schrecken rauben.

Doch wir sollten gerade in diesem Bereich nicht ausschließlich auf die Technik schauen. Hyperkommunikation ist das erste in der Wissenschaft bekannt gewordene Beispiel für eine *Hybridtechnologie*, die sich sowohl materiell als auch geistig umsetzen lässt. Dadurch können wir Menschen unsere kreativen Potenziale zu einer Höhe entwickeln, die heute noch kaum abzusehen ist. Nicht nur naturwissenschaftliche Erkenntnisse können auf diese Weise verfügbar werden, wenn diese auch im Verlauf des Buches mehr im Vordergrund standen.

In unseren Akten finden sich noch ganz andere Aussagen von Menschen im Zustand der Hyperkommunikation. Aussagen, deren Wert im Moment noch unklar ist, die uns aber in Zukunft noch zu ganz anderen Erfahrungshorizonten führen können, zum Beispiel in den Bereichen Kunst und Kultur.

Da gab es Menschen, die darüber berichteten, dass sich im virtuellen Kommunikationsraum vollkommen fremde Welten vor ihnen eröffnet hätten, mit Farben, die sie nie zuvor auf der Erde gesehen hatten, oder auch mit einer fremden Ästhetik. Andere hatten das Gefühl eigenartiger Bewegungen, die sie während der Kommunikation durchzuführen glaubten. Es gibt bereits jetzt Künstler, die diese Eindrücke visuell umzusetzen versuchen.

Wenn wir an die zweite Hälfte des vergangenen Jahrhunderts denken - welche Themen kommen uns dann vorrangig in den Sinn? Die Atomkraft? Die Weltraumfahrt? Das Ende des blinden Fortschrittsglaubens? Die ökologische Krise? Die Globalisierung? Das Internet?

All diese Themen sind natürlich wichtig und prägend für die letzten fünfzig Jahre gewesen, und doch haben wir etwas Entscheidendes vergessen: Es waren auch Jahrzehnte der *Unruhe*, der verstärkten *Sinnsuche*.

Die zunehmende Selbstzufriedenheit der Gesellschaft der fünfziger und sechziger Jahre, die Verkrustung der offiziellen Kirchen, aber auch eine zunehmende Kommerzialisierung der Wissenschaft - all dies ließ Menschen mehr und mehr nach menschlicheren Sinninhalten des Lebens suchen.

Manches davon führte zu einem Umdenken, auch in Kreisen der Wissenschaft. Ohne ein ganzheitlicheres Weltbild auch bei Avantgardisten der Wissenschaft wäre die Theorie der morphogenetischen Felder niemals aufgestellt worden, wäre ein Phantom-DNA-Effekt nie entdeckt worden, hätte vielleicht auch niemand je versucht, ein Musikstück durch einen Tunnel zu schicken.

Die breitere Masse der Bevölkerung jedoch driftete gleichzeitig immer mehr ab. Der Wunsch nach dem Geheimnisvollen in unserer mehr und mehr entzauberten Welt war so groß, dass jede noch so absurde Publikation begierig aufgesogen wurde wie das Wasser von einem Schwamm.

Und so stehen wir jetzt vor der paradoxen Situation, dass einerseits unser wissenschaftliches Wissen sich alle paar Jahre verdoppelt, andererseits entwickeln Menschen zur selben Zeit wieder geradezu mittelalterliche Ängste, zum Beispiel vor der totalen Sonnenfinsternis im August 1999 oder dem Auftauchen von Kometen, wie geschehen, als der Jahrhundertkomet Hale-Bopp 1997 an unserem Sternenhimmel so faszinierend zu beobachten war, und Tausende von Menschen fürchteten sich vor einem angeblichen »Raumschiff«, das ihn begleiten sollte.

Es ist klar, dass in unserer Wissenschaft einiges falsch gelaufen ist. Wie könnte unsere Genetik jemals einen so wichtigen Effekt wie die Hyperkommunikation entdecken, wenn das Erste, was unsere Wissenschaftler tun, stets Zerstörung, Zerschneiden und Zerhacken ist? Natürlich kann nur die lebendige DNA in der lebendigen Zelle kommunizieren.

Genforschungsinstitute in aller Welt schlagen sich mehr und mehr um Patentrechte an mikroskopischen DNA-Schnipseln, alle in der Hoffnung, das große Los gezogen zu haben, einen Abschnitt »sein eigen nennen zu können«, der möglicherweise die Entwicklung eines wichtigen Medikaments erlaubt.

Ist es nicht im Grunde Plagiat, sich etwas patentieren zu lassen, was man nicht einmal selbst erfunden hat? Die DNA ist eines der größten Wunder, das die Natur je hervorgebracht hat. Doch vergessen wir nicht – die DNA als Ganzes ist das Wunder. Wir aber zerschneiden sie zu Konfetti, um die Bruchstückchen hinterher meistbietend auf dem Markt zu verscherbeln.

Auf diese Weise hat die Wissenschaft wichtige Fakten wie den Zusammenhang zwischen Gravitation, Genetik und Gruppenbewusstsein jahrelang schlichtweg übersehen.

Durch immer größere Spezialisierung, durch immer stärkeres Aufteilen in Einzelteile können keine wirklich bedeutsamen Entdeckungen mehr gemacht werden. Die Wissenschaft des nächsten Jahrtausends muss stattdessen ganzheitlich und interdisziplinär arbeiten.

Auf diese Weise kam es bereits in den vergangenen Jahren zu erstaunlichen Entdeckungen. Es gelang, die Schwerkraft zu manipulieren, und man konnte tiefe Einblicke in die Kommunikation unserer Erbsubstanz gewinnen.

Doch die Konsequenzen dieser Forschungsergebnisse gehen weit über die Niederungen des Alltags hinaus. Die Menschheit, möglicherweise sogar das ganze Universum, erweist sich plötzlich nicht mehr nur als Ansammlung einzelner Individuen, sondern als ein gigantisches Selbsterhaltungssystem, das sich durch gegenseitige Wechselwirkungen ständig weiterentwickelt und verbessert.

Computerexperten nennen ein solches System ein neuronales Netzwerk. Dass unser Gehirn solch ein Netzwerk darstellt, ist uns schon lange klar. Doch wie die Natur uns längst gezeigt hat, müssen neuronale Netzwerke nicht an ein materielles Organ oder einen zusammenhängenden Körper gebunden sein.

Niemals wurden diese Grundsätze so deutlich wie in unserem heutigen Zeitalter zunehmender Globalisierung.

Dabei kommt es natürlich zwangsläufig auch zu Berührungen und Überschneidungen zwischen dem Individualbewusstsein eines Menschen und anderen Bewusstseinsstrukturen, sei es von anderen Menschen, sei es gar von anderen Bewusstseinsformen, die die Evolution hervorgebracht hat.

So ist zwischen den beiden Extremen – einer zu stark kommerzialisierten Wissenschaft auf der einen Seite, die nicht mehr wertfrei forschen kann, und einer oft zu naiv-leichtgläubigen Bevölkerung auf der anderen Seite - genügend Raum für die Avantgardisten der Wissenschaft geblieben, uns behutsam in die Zukunft zu führen.

– XII –

Vernetzte Intelligenz

Die »Theory of Everything« in der Praxis

Vor über 300 Jahren, zu Lebzeiten von *Isaac Newton,* schien die Welt noch in Ordnung zu sein. Nachdem *Nikolaus Kopernikus* die Erde aus dem Zentrum des Universums gerückt und *Johannes Kepler* die Geometrie der Planetenbahnen entschlüsselt hatte, war es Newton gelungen, diesem neuen Weltbild durch Aufstellung des Gravitationsgesetzes eine fundierte physikalische Grundlage zu geben.

Durch die Vorstellung, dass jeder materielle Körper um sich herum ein Kraftfeld aufbaut, das andere Körper anzieht, fügte sich plötzlich eine Vielzahl von physikalischen Effekten zu einem Ganzen zusammen. Die gleiche Kraft, die einen Apfel vom Baum fallen lässt, veranlasst auch die Planeten, um die Sonne zu kreisen.

Nunmehr schien das gesamte Universum klar, einfach und bis in alle Zukunft vorausberechenbar geworden zu sein, und so bezeichnete Newton Gott als den »großen Uhrmacher«, der den Kosmos wie ein Uhrwerk erschaffen, die Uhr aufgezogen und dann laufen gelassen hatte.

Es dauerte mehr als 200 Jahre, bis klar wurde, dass dieses Weltbild trotz seiner bestechenden Klarheit und Einfachheit nicht stimmte. Im 19. Jahrhundert hatte *James Clerk Maxwell* die Gesetze des Elektromagnetismus aufgestellt. Doch diese Gesetze fügten sich nicht mehr in das mechanistische Weltbild von Newton und Galilei.

Erst die Spezielle Relativitätstheorie *Albert Einsteins* fasste Mechanik und Elektrodynamik unter einem gemeinsamen Dach zusammen.

Doch die Natur ließ sich nicht so schnell festnageln, und so gelang es auch nicht, Gott vom Uhrmacher zum Elektriker zu befördern. Plötzlich hatte nämlich Newtons ehrwürdiges Gravitationsgesetz einen Fehler! Es beschreibt ein Kraftfeld, das sich augenblicklich, also mit unendlicher Geschwindigkeit, im gesamten Universum ausbreitet. Dies ist mit der Speziellen Relativitätstheorie unvereinbar. Nichts kann sich schneller als das Licht bewegen!

Der Versuch Einsteins, das Problem zu lösen, führte etwa zehn Jahre später zu seinem wohl größten Werk, der *Allgemeinen Relativitätstheorie*. Um die Schwerkraft zu bändigen, musste er eine vollkommen neue Geometrie einführen, wonach Raum und Zeit durch Materie gekrümmt werden. Genauer ist es eine Wechselbeziehung: *Die Materie bestimmt, wie sich Raum und Zeit zu krümmen haben, während Raum und Zeit bestimmen, wie sich Materie zu bewegen hat.*

Dass seine Gleichungen im Prinzip auch eine abstoßende *Antigravitationskraft* zuließen, ignorierte Albert Einstein damals geflissentlich, wie wir schon in Kapitel V erwähnten. Eine solche Kraft war damals noch nie beobachtet worden, und sie hätte seine Gleichungen instabil gemacht. Einstein – wie alle Physiker ein ausgeprägter Ästhet – hasste es, seine Theorien durch Zusatzannahmen und übermäßige Korrekturfaktoren zu verkomplizieren und zu verunstalten.

Doch es sollte noch schlimmer kommen. In den zwanziger Jahren stießen Physiker in aller Welt auf weitere Widersprüche zum klassischen Weltbild, als sie in die kleinsten Dimensionen der Atome und Elementarteilchen eindrangen. Dies führte zur Aufstellung der *Quantentheorie*, der zweiten großen physikalischen Entdeckung des 20. Jahrhunderts.

Genau wie die Relativitätstheorie in der Welt des unendlich Großen, vermag die Quantentheorie physikalische Effekte im Mikrokosmos korrekt zu beschreiben. Beide Theorien sind experimentell außerordentlich gut bestätigt und können im Grunde von niemandem mehr angezweifelt werden. Doch sie passen nicht zusammen!

Jeder Versuch, die Gravitation der Quantenwelt einzuverleiben, führte zu einer Katastrophe, denn die Schwerkraft hat die unschöne Eigenschaft, in der Welt kleinster Abmessungen unendlich groß zu werden, so als wäre jedes atomare Teilchen sein eigenes schwarzes Loch!

Diese unbefriedigende Situation, zwei Theorien zur Verfügung zu haben, die jede für sich ihr Gebiet korrekt beschreibt, im Ganzen gesehen jedoch der anderen widerspricht, ist im Grunde bis heute nicht endgültig bereinigt, obwohl es bereits vielversprechende Ansätze gibt.

Doch es geht hier nicht nur um die Unzufriedenheit der Theoretiker, die der Vorstellung anhängen, es müsse eine endgültige »Weltformel« von schlichter Eleganz geben, ohne zu wissen, ob die Natur tatsächlich eine solch klare Struktur aufweist.

Auch Beobachtungsergebnisse und Experimente beweisen, dass Quantenphysik und Relativitätstheorie noch nicht das letzte Wort der Wissenschaft sein können.

Einige Beispiele haben wir in diesem Buch kennengelernt, wie etwa die Beobachtungen des Hubble-Teleskops und die daraus folgende Entdeckung der Antigravitation, derzeit noch unerklärliche, zeitlich fluktuierende Gravitationsanomalien, aber auch exotischere Dinge wie den Phantom-DNA-Effekt oder die Hyperkommunikation.

Gravitationsforschung wird also in unserem dritten Jahrtausend zu einer der zentralen Aufgaben der Wissenschaft, wie es einer der ganz Großen unserer Zeit, der theoretische Physiker Edward Witten von der Princeton-Universität, formulierte: *»Das 21. Jahrhundert wird ein Jahrhundert der Quantengravitation sein.«*[42]

Dem tragen auch seine experimentierenden Kollegen Rechnung. So befindet sich in der Nähe von Hannover ein gewaltiges Gravitationsobservatorium im Rahmen des Projekts GEO600. Beteiligt sind neben der Universität Hannover noch die Universitäten von Cardiff und Glasgow, das Max-Planck-Institut für Quantenoptik und das neugegründete Albert-Einstein-Institut in Golm bei Potsdam.

Ziel ist es, die von der Relativitätstheorie vorhergesagten Gravitationswellen nachzuweisen. Wenn ein Himmelskörper sich durch den Raum bewegt, so beult er diesen etwas ein. Im Verlauf seiner Bewegung müsste dadurch der Theorie nach ein wellenförmiges Muster in der Raumzeit entstehen, so wie bei einem Schiff, das sich durchs Wasser pflügt.

Nachgewiesen hat dies bislang niemand, denn die Scherkräfte, die Gravitationswellen auf ein materielles Objekt ausüben, sind den Berechnungen der Wissenschaftler zufolge minimal. Selbst ein hypothetischer Körper, der so groß wäre, dass er von der Sonne bis zum nächsten Fixstern, Alpha Centauri, reichte (ca. 4,5 Lichtjahre), würde durch eine Gravitationswelle nur um einen Betrag verformt, der der Dicke eines menschlichen Haares gleichkommt.

So unglaublich es klingt: Die Wissenschaftler des GEO600-Projekts glauben dennoch, diesen Effekt messen zu können.

Hierfür muss die Interferenz zweier Laserstrahlen ermittelt werden, die durch zwei im rechten Winkel zueinanderstehende »Arme« der Messstation geleitet werden, die jeweils 600 Meter lang sind. Das GEO600-Projekt war ein offizielles Projekt der EXPO 2000 in Hannover.

Die theoretischen Physiker der Welt warten natürlich nicht darauf, dass ihnen ihre experimentierenden Kollegen neuen Denkstoff liefern, sondern zerbrechen sich unabhängig davon den Kopf über Ursprung und Aufbau des Universums, und das mit teilweise überraschenden Resultaten.

Ende der 1960er Jahre kamen z. B. mehr oder weniger durch Zufall zwei junge theoretische Physiker vom CERN-Forschungszentrum in Genf, *Gabriel Veneziano* und *Mahiko Suzuki*, unabhängig voneinander auf eine bahnbrechende neue Idee. Es geht darum, Materieteilchen nicht mehr als punktförmig, sondern als vibrierende geschlossene Schleifen, sogenannte *Strings,* zu beschreiben.

Ähnlich wie bei Keplers Planetenbahnen handelte es sich um einen rein geometrischen Ansatz, ohne bekannte physikalische Grundlage. Doch da auf diese Weise einige Wechselwirkungen bekannter Elementarteilchen korrekt beschrieben werden konnten, verfolgten Physiker in aller Welt die Spur weiter, zunächst vor allem eine *»schwarz-grüne Koalition«,* bestehend aus *John Schwarz* vom California Institute of Technology und *Michael Green* vom Queen Mary's College in London. Sie lösten die erste »Superstring-Revolution« in der Physik aus.[42]

Man muss sich einen Superstring wie eine geschlossene Klavier- oder Gitarrensaite vorstellen. Anstelle des klassischen Materieteilchens repräsentiert er den Urbaustein des Universums. Allerdings muss er sich dabei den Gesetzen der Quantentheorie unterwerfen, und das heißt, auch für ihn muss eine Unschärfe existieren, wie wir sie schon bei den Elektronen und dem Tunneleffekt (s. Kapitel II) kennengelernt haben. Für den Superstring heißt dies, dass er ständig in Schwingung ist, so als ob jemand die Klaviersaite angeschlagen hätte.

Es gibt nun nicht nur eine einzige Möglichkeit für eine solche Schwingung, sondern eine ganze Reihe harmonischer Frequenzen. Und die Physiker staunten nicht schlecht, als ihre Berechnungen ergaben, dass für jede dieser verschiedenen harmonischen Frequenzen genau eines der heute bekannten Elementarteilchen herauskommt, z. B. ein Elektron, Quark, Photon, Neutrino etc.

Noch überraschter waren sie allerdings, als eine dieser Frequenzen auf ein Teilchen führte, dessen Existenz bislang niemand nachweisen konnte – das *Graviton*, der hypothetische Überträger der Gravitationskraft. Die Superstring-Theorie ist damit die erste, die zur Gravitation nicht nur in keinem Widerspruch steht, sondern diese sogar zwingend voraussetzt.

Langsam begannen sich auch die großen Genies unserer Zeit mit diesen Superstrings zu befassen ...

Einer von ihnen ist der schon erwähnte *Edward Witten.* Obwohl Sohn eines Physikers, kam er erst auf Umwegen über ein Studium der Geschichte und eine Tätigkeit als Journalist zu dieser Wissenschaft. Dennoch wurde er bereits im Alter von 28 Jahren zum Professor an der Universität Princeton berufen, genau dort, wo nach seiner Emigration auch Albert Einstein gewirkt hatte. Zitat seines Vaters Leonard, selbst Professor an der Universität Cincinnati: *»Mein größter Beitrag zur Physik war die Zeugung meines Sohnes.«*

Edward Witten ist der Prototyp des exzentrischen Genies. Wo andere seines Fachs sich heute der ganzen technischen Palette computergestützter Animationen bedienen, braucht er nicht einmal Papier und Bleistift. Bei ihm spielt sich die Physik fast ausschließlich im Kopf ab, und nur von Zeit zu Zeit schreibt er einmal eine Formel kurz nieder, um ein Plus- oder Minuszeichen zu überprüfen. Es ist unschwer zu verstehen, dass dies seine Kollegen manchmal nervt. Selbst im Internet sind von ihm hauptsächlich handschriftliche Konzepte im Faksimile auffindbar, übersät mit durchgestrichenen Sätzen und zusätzlichen Anmerkungen und Einfügungen.

Dennoch ist Edward Witten keineswegs abgehoben, und als wir seiner unverkennbar hohen und etwas singend klingenden Stimme zuhörten, waren wir nicht nur von seiner wissenschaftlichen Brillanz beeindruckt, sondern auch von seinen hervorragenden didaktischen Fähigkeiten, die ihn die schwierigsten Zusammenhänge in gut verständliche Sätze kleiden lassen.

Was ihn und seine Kollegen an der Superstring-Theorie vorrangig stört, ist die Tatsache, dass bis heute niemand weiß, was Superstrings wirklich sind und ob es sie überhaupt gibt. Die Superstring-Theorie ist ein rein geometrisches Konzept ohne bekannte physikalische Grundlage, so wie es die Kepler-Gesetze der Planetenbewegung seinerzeit waren, ehe Newton das Gravitationsgesetz aufstellte.

Gleichzeitig kann man aus ihr sowohl große Teile der heute existierenden Quantenphysik (hierbei vor allem eine der wichtigsten Voraussetzungen aller Quantenmodelle, die Symmetrie der Raum-Zeit-Metrik) als auch der allgemeinen Relativitätstheorie ableiten. Die grundlegenden Voraussetzungen dieser beiden Theorien werden also von den Superstrings erfüllt.

Zusätzlich folgen aus der Superstring-Theorie jedoch weitere Fakten, von denen man bislang nicht weiß, ob sie existieren, wie etwa die *Supersymmetrie*. Sie fügt der Physik auch eine weitere Unschärfebeziehung hinzu, allerdings in sehr viel kleinerem Maßstab als bei der bekannten quantenphysikalischen Unschärfe: Da ein String immer ein ausgedehntes Gebilde ist, kann er nie einem festen Punkt in Raum und Zeit zugeordnet werden.

Genauer gesagt: Im Rahmen der Superstring-Theorie weiß man überhaupt nicht mehr genau, was Raum und Zeit eigentlich sind. Alles reduziert sich auf Geometrie, genauer gesagt: auf Topologie (ein mathematisches Fachgebiet, das eine Verallgemeinerung der Geometrie für höherdimensionale Räume darstellt).

Die Superstrings sind nämlich nicht als geschlossene ebene Schleifen in unserem dreidimensionalen Raum aufzufassen, sondern befinden sich in einem höherdimensionalen Hyperraum, der unser Universum umfasst. Über die Anzahl seiner Dimensionen herrscht noch Unklarheit. Lange Zeit glaubte man, es müssten zehn sein.

Materie wäre dann nur noch eine dreidimensionale Ausprägung unterschiedlicher Schwingungszustände eines einzigen Urbausteins innerhalb dieser zehndimensionalen Topologie – eine Vorstellung, die viele Wissenschaftler vor nicht allzu langer Zeit noch als zu »esoterisch« abgetan hätten. Aber das Frequenz-Zeitalter, das wir in unserem Buch »Zaubergesang«[17] bereits angekündigt hatten, klopft bereits hörbar an unsere Tür.

Mithilfe der neuartigen Raum-Zeit-Topologie auf der Basis der Superstrings lassen sich nämlich viele auch in diesem Buch erwähnte beobachtbare Effekte erklären: der Phantom-DNA-Effekt, der Wurmlochmagnetismus, die Hyperkommunikation.

Eine physikalische Überprüfung der Superstring-Theorie ist jedoch in unserer heutigen Zeit nicht machbar, da hierzu Energien notwendig wären, die rund eine Billiarde mal größer wären als alles, was menschliche Technik bislang auf die Beine gestellt hat.

Obwohl sich die klügsten Köpfe der Welt mit den Superstrings beschäftigen, ist nicht abzusehen, wann sie wirklich von ihnen gemeistert werden. Einig ist man sich darüber, dass die Theorie vermutlich zu komplex ist, um auf dem heutigen Bewusstseinsstand der Menschheit überhaupt von einem einzelnen Menschen verstanden zu werden. Edward Witten schreibt hierzu: »..., *daß die Menschheit des Planeten Erde noch nicht über den begrifflichen Rahmen verfügt, der es ihr erlaubt hätte, die String-Theorie mit voller Absicht einzuführen ... Die Theorie wurde also von niemandem absichtlich geschaffen, sie verdankt ihre Entdeckung vielmehr einem glücklichen Zufall. Von Rechts wegen dürften die Physiker des 20. Jahrhunderts nicht das Privileg besitzen, diese Theorie zu untersuchen.«*[42]

So weit die Aussage von einem, der nach übereinstimmender Meinung zu den klügsten Männern unserer Zeit gehört. Die Superstrings sind ein Konzept, das wir eigentlich jetzt noch nicht haben dürften. Doch wir haben es. Klingt das nicht selbst schon stark nach Hyperkommunikation?

Die weltweite Superstring-Gemeinde hat möglicherweise bereits herausgefunden, was es ist, das der Menschheit bislang zum Verständnis einer solchen Theorie fehlte: Ein solch komplexes Konzept kann nicht von einem Menschen allein verstanden werden, sondern nur von einem höheren menschlichen Gruppenbewusstsein. Wie immens die Möglichkeiten einer Gruppe auf diese Weise über die Fähigkeiten des Einzelnen hinaus ansteigen, haben uns die Beispiele aus dem Tierreich gezeigt. Die Wissenschaftler haben längst begriffen, dass sich die letzten Fragen der Existenz nur im Teamwork, durch vernetzte Intelligenz, beantworten lassen.

Kooperation und vor allem Kommunikation sind daher das erste Gebot der Superstring-Gemeinde. Forschten Wissenschaftler in der Vergangenheit mehr oder weniger für sich allein, ängstlich darauf bedacht, keine ihrer Ideen zu früh zu verraten, und veröffentlichten sie dann ihre Ergebnisse mit großer zeitlicher Verzögerung in Fachzeitschriften und auf Kongressen, so hat man heute begriffen, dass diese neue Herausforderung nur als Gemeinschaftswerk, jenseits aller persönlicher Eitelkeiten, gemeistert werden kann.

Die modernen Möglichkeiten, sich per Internet und E-Mail in Sekundenschnelle rund um den Globus miteinander auszutauschen, wird von den String-Forschern reiflich ausgenutzt, um auch die unausgegorenste »Schnapsidee« sofort allen anderen zur Diskussion zu stellen. Beim nächsten Morgenkaffee kann der Absender dann in aller Ruhe aus seiner inzwischen vollgelaufenen Mailbox die Kommentare seiner Kollegen abrufen.

Zusätzlich trifft man sich einmal im Jahr zum Erfahrungsaustausch, z. B. im Juli 1999 an historischer Stätte, an der Universität Potsdam, an der schon Einstein wirkte, und die ganze Superstring-Elite der Welt war an Ort und Stelle versammelt, um der »Theory of Everything« näherzukommen, wie man die »Weltformel« in Amerika gewöhnlich nennt.

Auf diese Weise ist es gelungen, die zweite Superstring-Revolution auszulösen. Bis dato hatte man insgesamt sechs unterschiedliche Theorien gehabt, die sich alle im grundlegenden Aufbau der Strings voneinander unterschieden. Hierzu sagte Edward Witten: *»Das wirft die Frage auf: Wenn eine dieser Theorien unser Universum korrekt beschreiben sollte, wer wohnt dann in den anderen?«*[42]

Inzwischen ist man klüger geworden, was vor allem Wittens Intuition und seinen brillanten Ideen zu verdanken ist, denn es ist gelungen, die sechs Theorien als unterschiedliche Grenzfälle einer einzigen Theorie zu entlarven, die man als *M-Theorie* bezeichnet.

Hierzu musste man dem Hyperraum allerdings noch eine zusätzliche Dimension verpassen, sodass man nunmehr bei elf Dimensionen angekommen ist.

Auch wenn die Konstrukte der String-Forscher immer exotischer erscheinen – sie bauen hier keineswegs mathematische Wolkenschlösser, im Gegenteil, auf diese Weise versucht man gerade, der Realität näherzukommen, und die hat sich eben in der Praxis als exotischer erwiesen als man aufgrund früherer Theorien und Formeln erwartet hatte.

Und damit kommen wir wieder zum Anfang des Buches zurück, genauer: zu *Stephen Hawking*. Sein Spezialgebiet war die Kosmologie, die Lehre von Aufbau und Entstehung des Universums. Es konnte nicht ausbleiben, dass er sich in der weltweiten Superstring-Gemeinschaft über die Auswirkungen der Theorie in kosmischen Dimensionen Gedanken machte.

Angenommen, kurz nach dem Urknall hätten sich im Kosmos Superstrings gebildet, so hätte dies zu einer Form von Raum-Zeit-Krümmung geführt, die auch geschlossene Raum-Zeit-Schleifen beinhaltet. Das heißt aber: Materie könnte sich prinzipiell aus der Gegenwart in die Vergangenheit bewegen.

Dies würde dazu führen, dass die Geschichte des Universums nicht mehr automatisch konsistent ist. Wir brauchen gar nicht das berühmte Beispiel der Zeitmaschine hervorzuholen, wonach jemand in die Vergangenheit reist, um seine Großmutter vor der Geburt seines Vaters zu ermorden. Das bewegt sich im Bereich der Science-Fiction. Worum es Hawking ging, war die physikalische Konsistenz der Geschichte.

Um diese zu erreichen, müsste man eine ganze Reihe physikalischer Zusatzbedingungen finden, die im Rahmen der Superstring-Theorie das Entstehen solch geschlossener Zeitschleifen ausschließt, oder man findet einen eleganteren Zugang, so wie es Hawking getan hat:

Möglicherweise gibt es eben nicht nur eine einzige Vergangenheit, sondern mehrere mögliche Historien unseres Universums, die parallel existieren, mit unterschiedlich hoher Wahrscheinlichkeit, sie zu unserem Hier und Jetzt zu führen.

Die Zeit wäre demnach keine Linie, sondern in einer Ebene angeordnet, mit zwei Achsen, von denen eine unsere reale Zeit wäre, während es sich bei der anderen um eine für uns unvorstellbare *imaginäre Zeit* handelt. Dadurch wäre es möglich, mehrere parallele Zeitlinien des Universums nebeneinander und prinzipiell gleichberechtigt anzuordnen.

Wenn auch die Konstruktion der »Zeitmaschine« für absehbare Zeit eine Utopie bleiben wird – für unser Bewusstsein könnte dies erhebliche Konsequenzen haben. Erinnern wir uns an die Hyperkommunikationserlebnisse der Menschen, die wir in diesem Buch geschildert haben. Auf seltsame Art und Weise schien dieses Erleben gleichzeitig auf mehreren Ebenen abzulaufen, von denen es noch mehr gibt, als wir im Rahmen des Buches schildern konnten. Mindestens vier davon sind uns bekannt:

1. Eine Ebene, die unserer Realität stark gleicht, wobei jedoch gewisse Elemente »falsch« sind. Beispielsweise glaubt ein Mensch, mit dem Auto durch eine ihm bekannte Gegend zu fahren, sieht dabei jedoch Häuser und andere Dinge, die normalerweise dort nicht vorhanden sind.
2. Eine archetypische Ebene, in der die oft als »UFO-Erlebnis« interpretierten Erlebnisse angesiedelt sind.
3. Eine abstrakt-virtuelle Ebene, in der sich die Hyperkommunikation einschaltet.
4. Eine holistische Ebene, in der sich jedes Gefühl des Getrenntseins vom Kosmos auflöst.

Früher ging man bei der Bearbeitung solcher Fälle oft nur von Ebene 1 zu Ebene 2, d. h. man glaubte, ein hypothetisches »UFO-Erlebnis« wäre mithilfe des Effekts der »verlorenen Zeit« nur einer scheinbar realen Ersatzerinnerung (Ebene 1) gewichen.

Unsere Untersuchungen erwiesen, dass es sich um ein vielschichtigeres Geschehen handelt, und wir sagten bereits in Kapitel IV, dass dieses Geschehen *nichtlinear* ist.

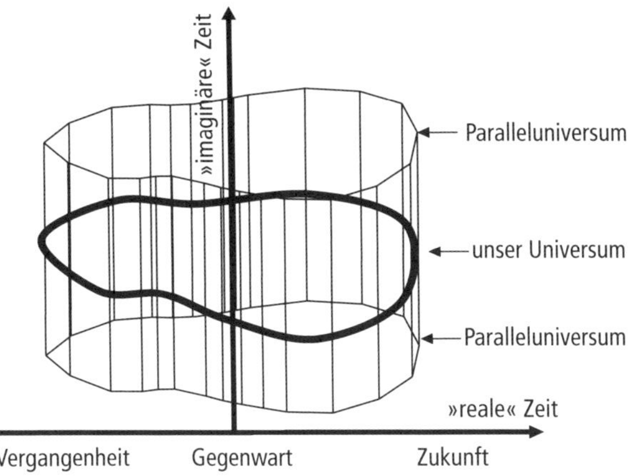

Abb. 18: Modell der Zeit nach Stephen Hawking. Danach ist Zeit nicht mehr nur als eine gerade Linie aufzufassen, die von der Vergangenheit in die Zukunft führt, sondern als eine zweidimensionale Ebene. Durch die zweite, »imaginäre« Zeitachse entstehen mehrere parallele Universen (gleichzeitig ablaufende unterschiedliche Erlebnisebenen). Normalerweise sind diese parallelen Universen voneinander getrennt, d. h. wir erleben nur eine dieser Ebenen mit einer scheinbar linearen Zeit. Gelingt es jedoch dem Bewusstsein, die ganzheitliche Zeitebene zu erreichen, so wie es bei der Hyperkommunikation geschieht, dann kann das Bewusstsein zwischen den unterschiedlichen Erlebnisebenen hin- und herspringen. Die Vergangenheit ist dann nicht mehr eindeutig.

Jetzt können wir es mithilfe von Stephen Hawkings Theorien besser verstehen: Das Bewusstsein eines Menschen dringt bei der Hyperkommunikation tatsächlich in eine nichtlineare Zone ein, nämlich in die Ebene der *imaginären Zeit,* in der *alternative Historien* angesiedelt sind. Dass es dabei dann zu unterschiedlichen Erlebnisformen kommt, ist nicht mehr verwunderlich.

Auch die Frage, welche der vier Ebenen (oder wie viele es auch immer geben mag) nun »die Realität« ist, stellt sich im Grunde nicht mehr. Man kann nur entscheiden, welche Ebene möglichst widerspruchsfrei mit unserer Realität im Hier und Jetzt vereinbar ist. »Real« sind sie in gewissem Sinne alle, aber nicht alle können ohne paradoxe Nebenwirkungen zu unserer erlebten Gegenwart führen. Was in Hawkings Theorien für die Physik des Universums gilt, schließt somit auch unser Bewusstsein ein.

Als wir im Verlauf des Buches einige bizarre Erlebnisse untersuchten, entdeckten wir, dass die UFO-Erfahrungen auch in anderer Hinsicht mehrschichtig sind, da einige der wichtigsten Elemente des klassischen UFO-Mythos auch symbolhafte Bedeutungen haben:

- große schwarze Augen - symbolhaft für das Freisetzen von Wissen, also für Kommunikation.
- Implantate - symbolhaft für die Möglichkeiten des Gehirns, auf Materie oder andere Menschen einzuwirken, also für Kommunikation.
- genetische Manipulationen - symbolhaft für die Möglichkeit, durch elektromagnetische Frequenzen Informationen bis auf die Zellebene zu tragen, also für Kommunikation.
- UFO-ähnliche Lichterscheinungen - Manifestationen eines Raum-Zeit-Tunnels, die aufgrund der Theorie der Vakuumdomänen entstehen können. Der Raum-Zeit-Tunnel aber erwies sich als ein Kommunikationskanal.

Egal, ob UFOs im klassischen Sinne real sind oder nicht - welches Element der bekannten UFO-Saga wir auch hernahmen, immer hatte es im weiteren Sinne etwas mit Kommunikation zu tun.

Warum diese Häufung? Wenn jemand mit uns kommunizieren will, warum sagt er nicht: »Hier bin ich. Ich will mit euch reden?«

Hierfür gibt es zwei Gründe:

1. Wir wissen nicht, ob es sich dabei tatsächlich um einen »Jemand« handelt und ob er überhaupt sprechen kann. Kommunikation beschränkt sich nach heutigem Wissen nicht ausschließlich auf den Meinungsaustausch zwischen zwei Menschen. Im Zeitalter von Computer, Fernsehen und Telekommunikation wissen wir, dass es andere Informationsträger als menschliche Gehirne gibt, von einer möglichen Kommunikation mit Tieren ganz zu schweigen. Erst recht wissen wir nicht, wie eine außerirdische Zivilisation kommunizieren würde. Vielleicht benötigt sie virtuelle Räume, um für uns überhaupt erkennbar zu sein?
2. Die Vielfalt der Kommunikationssymbole deutet wahrscheinlich auf eine Vielfalt von Kommunikationskanälen hin. UFO-Erfahrungen zwingen uns, mit alternativen Realitäten zu arbeiten, sie sind multidimensional und scheinen auf mehreren Ebenen gleichzeitig zu arbeiten.

Alle Befunde deuten darauf hin, dass eine UFO-Erfahrung im Grunde ein Kommunikationsvorgang mit einer anderen Intelligenz ist (wer auch immer das sein mag), der *nicht nur unser Wachbewusstsein,* sondern auch das *Unbewusste* sowie die unterschiedlichen Gruppenbewusstseinsformen - *Archetypenbewusstsein, Körperbewusstsein* bis hin zur *rein physikalischen Ebene - voll miteinbezieht.*

Jede dieser Bewusstseinsebenen hat natürlich ganz eigene Erlebnis- und Wahrnehmungsformen und erfährt diese multidimensionale Kommunikation *gleichzeitig* auf ganz spezifische Art und Weise.

Kommunikation ist aber keine Einbahnstraße. Sie bedeutet nicht nur, dass wir von »jemandem« etwas erfahren können, sondern dass das Gegenüber vielleicht auch eigene Ziele verfolgt. Geschieht diese Kommunikation auf einer bewussten Ebene, dann kommt es zu einer mehr oder weniger gleichberechtigten Partnerschaft.

Läuft das Erlebnis dagegen aus bestimmten Gründen für den Menschen rein auf der Ebene des Unbewussten ab, was bei den klassisch-archetypischen »Raumschiff«-Erlebnissen meist der Fall ist, dann ist der Mensch in dieser Situation vollkommen passiv. Das bedeutet jedoch nicht, dass er nicht kommuniziert (es ist unmöglich, »nicht zu kommunizieren«), d. h. der Kommunikationspartner auf der anderen Seite wird schon Mittel und Wege finden, um die von ihm gewünschte Information herauszubekommen, indem er sie sich »holt«. Dies entspricht der Situation, wenn ein irdischer Wissenschaftler ein Labortier untersucht. Er fragt es nicht, sondern gelangt auf andere Weise zu seinen gewünschten Informationen.

Dies muss nicht zwangsläufig bedeuten, dass in solchen Fällen »Außerirdische« wirklich Menschen medizinisch untersuchen. Wir sind nicht in der Lage, Motive und Absichten fremder Intelligenzen überhaupt einzuschätzen. Wir können nur sagen, dass uns die bekannte »Operationstisch-Szene« als Ganzes in unseren menschlichen Bildern einen Kommunikationsvorgang begreiflich macht, bei dem sich die eine Seite – der Mensch – vollkommen passiv verhält. Insofern sind die archetypischen UFO-Erlebnisse durchaus real und gleichzeitig virtuell. Zumindest wäre es vermutlich nicht möglich, die Ereignisse mit einer mitgebrachten Videokamera aufzuzeichnen.

Solange wir Zeit in klassisch-linearer Weise verstehen, werden wir bei der Interpretation von UFO-Erfahrungen immer auf Widersprüche und Paradoxien stoßen. Nur als nichtlineare Erlebnisse können sie eines Tages verstanden werden. Dies wird so lange dauern, bis wir uns zu einer Zivilisation entwickelt haben, die die Zeit anders definiert, nämlich als Verknüpfung zwischen Ereignissen und dem Bewusstsein.

Die Gravitation ist längst nicht mehr das Newtonsche Uhrwerk, sie ist inzwischen in Gesellschaft. Viel zu lange hat sich die Physik nur mit toter Materie beschäftigt und dabei einiges übersehen.

In unserem Universum ist nun einmal Leben entstanden, und so wechselwirkt die Gravitation nicht nur mit Atomen, Elementarteilchen und Gesteinsbrocken, sondern auch mit der Erbsubstanz in der DNA und dem Gruppenbewusstsein und bringt dadurch Effekte hervor, die mit der Physik allein nicht mehr erklärt werden können. Wir haben versucht, die Zusammenhänge im Rahmen dieses Buches aufzudecken.

Und falls Sie jetzt skeptisch sein sollten und meinen, dass es den String-Physikern um so weitreichende Konsequenzen gar nicht gegangen sei, dann möchten wir Ihnen eine Gegenfrage stellen: Warum haben Sie sich noch nicht gefragt, was das M in der M-Theorie eigentlich bedeutet?

Auch darauf hat Edward Witten nämlich eine passende Antwort:

»Magic, Mystery oder Matrix – je nach Geschmack!«

Anhang 1

Häufig geäußerte Fragen und Irrtümer

In diesem Anhang wollen wir auf die häufigsten Fragen und Irrtümer eingehen, die im Zusammenhang mit den bizarren Hyperkommunikationserlebnissen (»UFO-Erfahrungen«) geäußert werden.

Die erste, zentrale Frage ist natürlich: Warum sollte es sich überhaupt lohnen, diesen Erfahrungen wissenschaftlich nachzugehen? Um diese Frage zu klären, müssen wir zunächst auf die fünf häufigsten Irrtümer hinsichtlich Ursprung und Natur der Erlebnisse eingehen.

Erklärungsmodell 1:

Personen, die behaupten, von UFOs entführt worden zu sein, sind psychisch krank, oder sie sind vom Leben frustriert und projizieren diese Probleme in irgendwelche außerirdischen Bedrohungen, die sie Science-Fiction-Filmen wie »Unheimliche Begegnung der dritten Art« oder »Akte-X« entnommen haben.

Zweifellos gibt es solche Menschen, und sie zeigen uns auf, dass unsere heutige Gesellschaft es versäumt hat, den Bürgern genügend Sicherheitsgefühl und verlässliche Werte zu vermitteln.

Dennoch lässt sich das Problem als Ganzes so nicht aus der Welt schaffen.

- Zum einen sind Berichte über »UFO«-Erfahrungen älter als die genannten Filme. Die Filmregisseure und Drehbuchautoren orientierten sich an den Erlebnisberichten von Menschen, nicht umgekehrt.
- Zum anderen ergaben umfangreiche psychologische Studien, vor allem in den USA, wo sich bereits eine Reihe qualifizierter Psychologen und Psychiater (allen voran Prof. John Mack von der Harvard-Universität[49]) mit dem Phänomen auseinandergesetzt haben, kein typisches psychologisches Profil für »den« UFO-Entführten und auch kein charakteristisches Krankheitsbild.

In unseren eigenen Akten findet sich eine Vielzahl von Beispielen für Betroffene von UFO-Erfahrungen,

- die sich vorher niemals mit UFOs beschäftigt hatten, geschweige denn glaubten, selbst von einem solchen Erlebnis betroffen zu sein, sondern uns mit ganz anderen Problemen aufsuchten,
- die mit beiden Beinen fest im Leben stehen und im Beruf erfolgreich sind
- und die sich schließlich erst im Verlauf der Suche nach den Ursachen ihrer Probleme in Hypnose des genannten Erlebnisses bewusst wurden.

Nun sind wir uns über die Tatsache voll im Klaren, wie vorsichtig und skeptisch man mit Aussagen in Trance umgehen muss, und das führt uns unmittelbar zur zweiten Meinung.

Erklärungsmodell 2:

UFO-Erfahrungen in Trance werden den Betroffenen vom Therapeuten in Hypnose erst suggeriert, und sie produzieren diese scheinbaren Erfahrungen nur, um dem Therapeuten unbewusst einen Gefallen zu tun.

Hier sprechen wir einen Problembereich an, der im Grunde nichts mit der UFO-Thematik zu tun hat, sondern mit der Psychologie als Ganzes. Es kommt leider immer wieder vor, dass Psychotherapeuten ihre Klienten durch unprofessionelles Verhalten, z. B. durch das Stellen von Suggestivfragen, beeinflussen (in diesem Fall etwa: »Sie liegen also auf einem Tisch. Schauen Sie sich um. Sehen Sie dort Außerirdische? Machen sie Experimente mit Ihnen?«).

Psychologen sprechen in diesem Zusammenhang vom *False Memory Syndrome* (falsches Gedächtnissyndrom), das, wie gesagt, nicht nur für den Themenbereich der UFO-Erfahrungen typisch ist, sondern z. B. auch bei der Erforschung verdrängter Kindheitserinnerungen nicht selten auftritt - und zwar immer dann, wenn der Therapeut seinem Klienten mit einer vorgefassten Meinung gegenübertritt und im Verlauf der Therapie (meist unbeabsichtigt) alles tut, um diese Meinung bestätigt zu bekommen.

Dennoch kann dies aus zwei Gründen nicht pauschal als Erklärung für die UFO-Erfahrungen herangezogen werden:

- Es gibt eben doch eine Reihe von Therapeuten, die unvoreingenommen arbeiten und dennoch mit diesen Fällen konfrontiert werden.
- Meistens wissen weder die Betroffenen noch ihre Therapeuten vor der Behandlung, dass ein solcher Fall überhaupt vorliegt. Die Elemente eines UFO-Erlebnisses

ergeben sich dann spontan während der Trance-Arbeit und können daher auch nicht suggeriert worden sein.

Wenn aber die Hypothesen 1 und 2 nicht zutreffen, müssen wir davon ausgehen, dass es geistig gesunde und normale Menschen mit normalem Lebenslauf gibt, die sich in Trance an derartige Erlebnisse erinnern können, *ohne* von jemandem dazu veranlasst worden zu sein. Sehr oft leiden diese Menschen unter etwas, das die Psychologie als *posttraumatisches Syndrom* bezeichnet, also unter Symptomen, die typischerweise bei Kriegs-, Verbrechens- oder Vergewaltigungsopfern auftreten. Es kann demnach keine reine Fantasie sein, wenn sich dieses Trauma in Trance in Form einer solchen UFO-Begegnung manifestiert (s. auch Kapitel IV). Aber vielleicht soll ein solches Erlebnis ja nur ein dahinterstehendes wahres Trauma verbergen? Auch hierzu gibt es einige wissenschaftliche Hypothesen.

Erklärungsmodell 3:

UFO-Erfahrungen in Trance sind nur eine verzerrte Wiedergabe der Erinnerung an die eigene Geburt.

Diese Meinung stammt vor allem von dem tschechisch-amerikanischen Psychologen *Stanislav Grof,* einem der besten Kenner veränderter Bewusstseinszustände unserer Zeit (und Lehrer von John Mack), der hierüber umfangreiche Untersuchungen anstellte. Er fand heraus, dass einige Elemente der »UFO-Erfahrungen« mit dem Ablauf des Geburtserlebnisses korrelieren (z. B. fehlte bei allen mutmaßlich von Außerirdischen Enführten, die durch Kaiserschnitt geboren wurden, die Beschreibung des charakteristischen Tunnels, der auch als Symbol für den Geburtskanal interpretiert wird).[27]

Was Grof mit seiner Hypothese allerdings nicht erklären kann, sind folgende Fragen:

- Wieso entwickeln einige Menschen aus ihrem Geburtserlebnis im späteren Leben ein Trauma, auch wenn sich der Vorgang ihrer Geburt (z. B. durch Aussagen noch lebender Eltern) als vollkommen normal rekonstruieren lässt?
- Wieso glauben nicht alle Menschen, von UFOs entführt worden zu sein, denn geboren worden sind wir schließlich alle?

Auch wenn die Forschungsergebnisse von Stanislav Grof, den wir persönlich kennen und schätzen, das Phänomen der UFO-Erfahrungen in Trance nicht vollends aufklären können, sind sie wichtig als Beweis dafür, dass UFO-Erfahrungen in virtuellen Räumen stattfinden, bei denen die Persönlichkeit des betroffenen Menschen als Mitschöpfer dieser Realität eine wichtige Rolle spielt.

Erklärungsmodell 4:

UFO-Erfahrungen in Trance maskieren lediglich ein anderes, verdrängtes Trauma, und zwar aufgrund der Inszenierung (genetische Experimente, Ei- oder Samenzellenentnahme) vermutlich sexuellen Missbrauch in der Kindheit oder eine Vergewaltigung.

Diese Hypothese wird recht häufig geäußert, da sich sexueller Missbrauch, speziell in der Kindheit, bekanntermaßen auf die unterschiedlichsten Arten als archetypische, alptraumhafte Trauminszenierung äußern kann.

Diese Behauptung ist keineswegs auf alle Fälle anwendbar. Oft kann sexueller Missbrauch in der Vergangenheit eindeutig ausgeschlossen werden. Ferner zeigen die *physikalischen Nebenwirkungen* während der Sitzungen mit UFO-Betroffenen, dass diese Erklärung nicht ausreicht (vgl. hierzu Kapitel IV).

Aus unserer Praxis ist uns sogar ein umgekehrter Fall bekannt, wo eine Regression in die Kindheit einer Frau zunächst ein sexuelles Missbrauchserlebnis zutage zu fördern schien. Diese Schilderung war jedoch widersprüchlich (die Frau erlebte, während einer Familienfeier von einem fremden Mann mit Motorradfahrermaske verschleppt worden zu sein - keiner in der Familie erinnerte sich daran). Bei weiterer Bearbeitung verwandelte sich dieses Erlebnis in eine klassische »UFO-Erfahrung«.

Erklärungsmodell 5:

UFO-Erfahrungen sind nur im Gehirn produzierte Halluzinationen, ausgelöst durch natürliche elektromagnetische Wellen.

Diese Hypothese stammt von dem kanadischen Neurologen Dr. *Michael Persinger,* der mithilfe des von ihm konstruierten Helms UFO-Erfahrungen bei Testpersonen simulieren konnte (s. Kapitel III).[58]

Die lapidare Erklärung Persingers, die UFO-Erfahrungen seien lediglich Halluzinationen aufgrund geomagnetischer Schwankungen, lässt sich allerdings nicht aufrechterhalten. Natürlich sind die UFO-Erfahrungen als solche virtueller Natur. Das berechtigt aber nicht zu dem Schluss, dass sie keine realen Hintergründe hätten, zumal Persingers Versuchsbedingungen die natürlichen elektromagnetischen Strahlungen nicht originalgetreu nachahmten.

Keinesfalls lässt sich dadurch erklären, wieso Menschen im Verlauf solcher Erlebnisse über wissenschaftlich nachvollziehbare Fakten berichten, über die sie unmöglich Kenntnisse haben konnten.

Wenn sich also die gängigen Erklärungsversuche von Skeptikern als nicht haltbar erweisen, müssen die UFO-Erfahrungen offenbar eine reale Grundlage besitzen, die nach unserer Ansicht im Vorgang der *Hyperkommunikation* liegt, wie wir im Verlauf des Buches ausführlich dargelegt haben. Dennoch eröffnen sich weitere Fragen.

Frage 1:

Wenn es so ist, dass Menschen in hypnotischer Trance durch Hyperkommunikation in Kontakt zu einer umfassenden Wissensquelle stehen, wird dann dieser Kontakt durch die Hypnose erst erzeugt?

Diese Frage drückt ein weiteres grundsätzliches Missverständnis des gesamten Themenbereiches aus. Der Kontakt mit der Wissensquelle ist *nicht* Resultat der Hypnosesitzungen, sondern dürfte wie gesagt vielmehr der eigentliche Hintergrund dessen sein, was bislang als »UFO-Erfahrungen« bezeichnet wurde. Was die Hypnose bewirkt, ist lediglich die Entfernung der mythisch-archetypischen Verpackung der Erfahrungen. Ferner unterstützt sie insofern den Zugang, da sie das Einschalten der Hyperkommunikation erleichtert.

Frage 2:

Werden Menschen nach solchen Hypnosesitzungen hinterher im Alltag durch diesen Kontakt belästigt?

Uns sind derartige Fälle nicht bekannt geworden. Im Gegenteil: Oft ermöglicht die Trance-Arbeit den betroffenen Menschen erst, wieder ein normales Leben zu führen. Die Kontakte zu der Wissensquelle stellten sich bei den uns bekannten Fällen *nur durch erneute Hypnosesitzungen* wieder ein. Deswegen baten einige Menschen nach Abschluss der therapeutischen Arbeit um die Fortsetzung dieser Sitzungen, um mehr über sich und diesen neuartigen Bewusstseinszustand zu erfahren.

Es zeigte sich auch, dass offenbar nicht jeder Mensch zu dieser Stufe gelangen kann, auf der die archetypischen »UFO-Erlebnisse« transzendiert werden und echte Hyperkommunikation sich einschaltet. In anderen Fällen war nur eine therapeutische Bearbeitung der virtuellen Szenerie möglich, wie dies auch von anderen Autoren (z. B. John Mack) geschildert wird.[49] Dies konnte durchaus hilfreich sein, und die Betroffenen beendeten dann die Therapie, sobald sich ihr psychischer Zustand im Alltag genügend stabilisiert hatte.

Es scheint also, dass nur diejenigen auf die dahinter liegenden Bewusstseinsebenen durchdringen konnten, die innerlich dazu bereit waren. Dies ist ein natürlicher Schutzmechanismus des Unbewussten, den ein Therapeut immer streng respektieren muss, selbst wenn er um die virtuelle Natur der Erlebnisse zu wissen glaubt.

Wir müssen uns allerdings im Rahmen unserer Theorien und Forschungsbefunde auch mit »Skeptiker-Argumenten« aus einer ganz anderen Ecke befassen. Immerhin haben sich eine ganze Reihe von Wissenschaftlern und Privatforschern schon früher mit dem Themenbereich der seltsamen »UFO-Erfahrungen« beschäftigt, und dies manchmal durchaus auf seriöse Art und Weise. Oft gelangten diese Forscher zu dem Resultat, dass diese Erfahrungen, so wie sie geschildert wurden, real sein müssten, dass also wirklich eine überlegene Zivilisation unseren Planeten besucht und Experimente mit wehrlosen Menschen durchführt. Neben den Schilderungen der Betroffenen in Hypnose werden dabei oft »Beweise« für die Objektivität der UFO-Erlebnisse angeführt. Hierzu gehören u. a. physikalische Spuren in der Landschaft, Verletzungen, Narben und Krankheitssymptome bei den Betroffenen bis hin zu dem höchst umstrittenen Thema der angeblichen Implantate.

Wir sind durchaus der Überzeugung, dass es außerhalb der Erde intelligentes Leben im Universum geben kann. Alle Befunde der modernen Exobiologie (z. B. von der NASA) sprechen dafür. Ob allerdings außerirdische Intelligenzformen uns besuchen (oder in der Vergangenheit besucht haben), bleibt offen.

Zumindest darf man die bekannten UFO-Erfahrungen nicht als die einzige Realität in diesem Zusammenhang ansehen.

Bei aller Wertschätzung für andere seriöse Autoren und Forscher wollen wir nun unsere eigene Hypothese in einem wissenschaftlichen Kompendium vorstellen, in der Hoffnung, die Diskussion in dieser brisanten Thematik weiter zu versachlichen.

Anhang 2

»Amazing Greys«

UFO-Erfahrungen und Hyperkommunikation – Eine wissenschaftliche Bilanz

Fassen wir also jetzt systematisch zusammen, wie sich der Themenkomplex der angeblichen »Entführungen« von Menschen durch »kleine graue Außerirdische«, in Amerika meist kurz die »Greys« genannt, im Spiegel moderner Wissenschaft darstellt.

Die weltweit bekannte »UFO-Entführungs-Saga« stellt sich in wesentlichen Punkten folgendermaßen dar:

> Weltweit berichten Tausende von Menschen nahezu übereinstimmend darüber, sie seien angeblich auf irgendeine ungeklärte Weise an einen unbekannten Ort (»Raumschiff«) verschleppt worden, an dem seltsame kleine graue »Außerirdische« mit großen schwarzen Augen (»die Greys«) an ihnen medizinische Untersuchungen durchgeführt hätten.
> Sehr oft, so heißt es, werden die Menschen zu diesem Zweck mit einer Art Lichtstrahl »angesaugt«,

oder sie durchqueren auf dem Weg zu dem mutmaßlichen »Raumschiff« einen Tunnel.
Während des ganzen Erlebnisses befinden sich die Betroffenen meistens in einer Art Starrezustand, in dem sie sich weder bewegen noch gar gegen die ganze Prozedur zur Wehr setzen können.
In der Regel wird dann von genetischen Experimenten auf einer Art »Operationstisch« berichtet, von der Entnahme von Gewebeproben, Ei- oder Samenzellen, manchmal auch von chirurgischen Eingriffen. Nach dem Erlebnis treten oft Zeitverluste auf, d. h. es ist Zeit vergangen (oft Stunden oder gar Tage), über die man sich keine Rechenschaft ablegen kann.
In sehr seltenen Fällen bleiben von solchen Erlebnissen auch physikalische Spuren zurück, z. B. in Form von Brandspuren im Gelände oder von lokalen Verbrennungen, Narben etc. bei den betroffenen Personen. Teilweise wird auch von Fremdkörpern (Implantaten) im Körper der Betroffenen berichtet.

Diese Berichte sind natürlich in der Öffentlichkeit höchst umstritten, und die Meinung schwankt von totaler Ablehnung des Wahrheitsgehaltes bis hin zu Theorien, die Menschheit sei tatsächlich Versuchsobjekt einer fremden Zivilisation. Die gängigsten Argumente haben wir in Anhang 1 geschildert. Da all diese Erklärungsmodelle unserer Ansicht nach unzureichend sind, wollen wir jetzt gleich zu Beginn unsere eigene zentrale Hypothese äußern, die wir im Verlauf dieses Buches mit zahlreichen Argumenten untermauert haben:

> Die weltweit bekannte »UFO-Entführungs-Saga« ist weder als Fantasie noch als »die« absolute und einzige Realität aufzufassen. Stattdessen stellt sie ein virtuelles Geschehen dar, zu dem parallel alternative Erlebnisebenen existieren.

Für die These, dass die »UFO-Erfahrungen« in der oben geschilderten Form vermutlich virtueller Natur sind, dürften wir im Verlauf des Buches reichlich Indizien geliefert haben. Schließlich lösen sie sich im Verlauf der Bearbeitung in Hypnose häufig von selbst auf.

Durch das neue mehrdimensionale Zeitmodell von Stephen Hawking (s. Kapitel XII) ist eine wissenschaftlich konsistente Beschreibung paralleler Erlebnisebenen möglich geworden. Dies könnte in der Zukunft das Verständnis derart bizarrer Erlebnisse erleichtern.

Dass die betroffenen Personen auf jeden Fall etwas »Reales« erlebt haben müssen, dafür sprechen einige gewichtige Argumente:

a) Die Betroffenen leiden unter Symptomen, die in der Psychologie als posttraumatisches Syndrom zusammengefasst werden: Angst, Misstrauen, Schlafstörungen, diverse psychosomatische Beschwerden. Nach aller Erfahrung der Psychologie müssen derartige Symptome bei ansonsten geistig gesunden Personen einen realen Erfahrungshintergrund haben.

b) Bei der Bearbeitung der Erfahrungen in Hypnose, speziell nach Auflösen der archetypischen Erlebnisebene, verfügen die Betroffenen plötzlich teilweise über Kenntnisse und Fähigkeiten, die sie weder vorher besaßen noch auf herkömmlichem Wege erworben haben konnten.

Beispiele sind etwa ein ausgeprägtes Interesse für Ökologie oder andere globale Themen, zuweilen aber auch beneidenswerte intuitive Fähigkeiten, künstlerische Talente, Inspirationen oder auch eine signifikante Verbesserung der sprachlichen Ausdrucksfähigkeit.

c) Während der Durchführung der Hypnosesitzungen treten physikalisch messbare Nebenwirkungen auf, die bei Fantasiereisen in Trance und bei anderen traumatischen Erlebnissen (z. B. Vergewaltigungen, sexuellem Missbrauch) nicht zu beobachten sind.

Wir können hier nur nochmals wiederholen, was wir bereits an früherer Stelle gesagt haben (vgl. Kapitel IV): Jeder qualifizierte Therapeut, der sich mit Betroffenen von »UFO-Erfahrungen« beschäftigt, muss zu dem Schluss kommen, dass diese Menschen wirklich etwas erlebt haben, das ihren Zustand begründet, und *der Respekt vor ihnen gebietet es, sie endlich mit ihren Problemen ernst zu nehmen.*

Mehr noch: Wenn man diese Menschen nicht durch eigene Voreingenommenheit in Schubladen steckt und ihre Erlebnisse auch nicht vorschnell interpretiert (im Sinne Milton Ericksons, vgl. Kapitel IV), kann man ihnen auf profunde Art helfen, mit ihren Problemen fertigzuwerden und wieder ein normales Leben zu führen.

Damit schließt sich natürlich automatisch eine andere Frage an:

> Wenn die UFO-Erfahrungen tatsächlich einen realen Hintergrund haben, wieso sollte dann dieser Hintergrund nicht die UFO-Erfahrung selbst sein, so wie sie geschildert wurde?

UFO-Erlebnisse sind in gewissem Sinne real, aber nur als Teil einer umfassenderen Vielfalt alternativer Realitäten und Erlebnisebenen. Sie stellen jedoch nicht die einzige Realität bei diesen Erlebnissen dar. Denn die weltweit bekannte UFO-Saga steckt voller Widersprüche. Derartige Paradoxien deuten immer darauf hin, dass man nur eine eingeschränkte Projektion eines höherdimensionalen Geschehens betrachtet:

- UFO-Erfahrungen der geschilderten Art gibt es seit Jahrtausenden. Sie wurden früher nur nicht so geschildert, sondern entweder religiös verbrämt als Begegnungen mit allmächtigen »Göttern« oder später auch als märchenhafte Begegnungen mit Elfen- und Zwergenwesen oder Kobolden (vgl. auch Kapitel III).

  Auch in diesen Erzählungen kam es oft zu regelrechten Entführungen mit ganz ähnlichen Begleiterscheinungen wie bei den heutigen UFO-Berichten. Es wurden angeblich Kinder geraubt und Menschen an unbekannte Orte verschleppt, und es traten die gleichen Zeitverluste auf.

  Die Frage ist dann: Wie viel tausend Menschen über wie viel tausend Jahre müssen die »Außerirdischen« eigentlich entführen, bis sie endlich die Struktur unseres genetischen Codes begriffen haben? Wer in der Lage ist, Lichtjahre durch den Kosmos zu reisen, der sollte doch wohl schon so weit sein, simple DNA-Analysen durchzuführen, zu der unsere eigenen Wissenschaftler längst fähig sind. Dieser zentrale Bestandteil des klassischen Entführungsdramas ist also absolut unglaubhaft.

- Die medizinischen und chirurgischen Prozeduren, die die angeblichen Aliens bei den UFO-Erfahrungen anwenden, sind größtenteils archaisch, brutal und teilweise sogar sadistisch und hinken zudem weit hinter dem Wissen unserer eigenen Medizin hinterher. Viele der geschilderten Techniken sind unseren Medizinern bekannt, doch sie können sie meist sanfter oder gar schmerzfrei anwenden.

- Auch die bekannte Hypothese, dass »Außerirdische« eine menschlich-außerirdische Hybridrasse züchten wollen, lässt sich bislang weder beweisen noch widerlegen. Allerdings würde sie auch einer Erklärung auf der Basis der Hyperkommunikation nicht widersprechen, wie neueste Forschungsergebnisse der Genetik beweisen.
- UFO-Erfahrungsberichte enthalten neben allen Gemeinsamkeiten auch kleine individuelle Unterschiede im Ablauf, die nach einer Studie des Psychologen Stanislav Grof mit dem Ablauf des persönlichen Geburtserlebnisses korrelieren (vgl. Anhang 1). Dies zeigt deutlich, dass es sich hierbei um zumindest subjektiv geprägte Erlebnisse handelt.

Oft werden scheinbar objektive »Beweise« herangezogen, um die These der Anwesenheit Außerirdischer zu untermauern:

> Müssen nicht »UFO-Erfahrungen« auf Wahrheit beruhen, wenn am Ort des Geschehens objektive Spuren hinterbleiben, wenn z. B. der Boden verbrannt ist oder auf Radarschirmen ein Flugobjekt gesichtet wurde oder wenn der Betroffene von dem Vorfall Narben oder gar ein Implantat zurückbehält?

Wie wir in Kapitel V nachgewiesen haben, können große Hyperkommunikationskanäle, sogenannte Vakuumdomänen, sich genauso wie die klassischen »UFOs« verhalten. Sie zeigen die gleichen bizarren Flugbewegungen und können sogar auf Radarschirmen sichtbar sein. Im Schwerefeld der Erde erzeugen sie starke elektromagnetische Felder, in deren Bereich es sogar zu schwerwiegenden Verbrennungen oder Explosionen kommen kann (vgl. Kapitel VI).

Was die Narben bei den Betroffenen anbelangt, so müssen sie nicht unbedingt einen realen medizinischen Eingriff beweisen, der für die Verletzungen verantwortlich ist. Wie wir wissen, reagiert jede Zelle auf ihre Weise auf die Hyperkommunikation, indem die DNA als Antenne fungiert (vgl. Kapitel II und IX). Dadurch können sogar genetische Umprogrammierungen vorgenommen werden. Wenn ein Mensch auf einer der alternativen Erlebnisebenen einen virtuellen medizinischen Eingriff erfährt, so kann der Körper darauf ohne Weiteres reagieren, indem er passende Male auf DNA-Ebene produziert. Es ist nachgewiesen, dass z. B. reale Brandwunden allein durch hypnotische Suggestion (etwa, dass die Person etwas Glühendes berührt) hervorgebracht werden können.

Das Thema der »Implantate« gehört zu den umstrittensten des gesamten Bereiches. Auch uns sind Fälle bekannt, in denen bei Betroffenen von Hyperkommunikationserfahrungen Fremdkörper auf Röntgenbildern und Computertomographien erschienen sind, die sich die Ärzte nicht erklären können. Uns ist allerdings bislang *kein einziger Fall* bekannt, weder aus unserer eigenen Praxis noch aus der Literatur, in dem ein solcher Fremdkörper wissenschaftlich untersucht und eindeutig als nicht irdischer Herkunft klassifiziert worden wäre. Meist verschwand er im unpassendsten Moment auf geheimnisvolle Art und Weise. Und solange uns kein solches Implantat zur Überprüfung vorliegt, muss man derartige Berichte leider als wissenschaftlich nicht beweiskräftige Anekdoten einordnen.

Außerdem verfügen auch wir Menschen heute schon über eine Nanotechnologie, die solche »Wunder« relativ einfach vollbringen kann.

Im Gegensatz dazu gibt es Fälle, wo implantatähnliche Strukturen im archetypischen Kontext des virtuellen Erlebnisses auftraten (vgl. Kapitel IV) und dabei bestimmte Aspekte der Kommunikation (z. B. Beeinflussung eines Funktelefons durch ELF-Wellen) symbolisierten.

Wenn aber die UFO-Erfahrungen subjektiv geprägte virtuelle Realitäten sind, so stellt sich sofort die nächste Frage:

> Warum sind die Schilderungen der UFO-Erfahrungen überall in der Welt so einheitlich, dass man sie so lange Zeit für die einzig mögliche Realität halten konnte?

Dies hat mit einigen Besonderheiten menschlicher Wahrnehmung und Verarbeitung von Erfahrungen zu tun.

Sinneswahrnehmungen treten nicht direkt in unser Bewusstsein, sondern werden vorher vom Gehirn gefiltert, wobei dieses die Neigung hat, Unbekanntes auf Bekanntes zurückzuführen.

Begegnet uns im Leben jedoch etwas Neues, das wir noch nie gesehen oder erlebt haben, so versetzt uns dies in Stress oder sogar Angst, ganz einfach, weil wir nicht wissen, wie wir auf die neue Situation reagieren sollen.

Daher ist unser Bewusstsein auch in einem solchen Moment bestrebt, in unserem Erfahrungs- und Erinnerungsschatz zumindest einigermaßen *ähnliche Referenzerfahrungen* zu finden, die uns helfen, die neue Erfahrung einzuordnen. Oft helfen wir dabei unbewusst sogar ein wenig nach, *indem wir die objektiven Daten, die uns unsere Sinnesorgane liefern, so weit verfälschen,* dass die daraus resultierende subjektive Wahrnehmung in das gewünschte Schema passt. *Wir blenden nicht passende Daten einfach aus der Wahrnehmung aus, indem wir sie nicht zur Kenntnis nehmen, oder wir sehen in Dingen möglicherweise etwas anderes, als sie eigentlich sind.* (Beispiele s. Kapitel III)

Der Psychologe und Kommunikationsforscher *Paul Watzlawick* schrieb hierzu, *»daß das wacklige Gerüst unserer Alltagsauffassungen der Wirklichkeit im eigentlichen Sinne wahnhaft ist und daß wir fortwährend mit dem Flicken und Abstützen beschäftigt sind - selbst auf die erhebliche Gefahr hin, Tatsachen verdrehen zu müssen, damit sie unserer Wirklichkeitsauffassung nicht widersprechen, statt umgekehrt unsere Weltschau den unleugbaren Gegebenheiten anzupassen.«*

Wenn uns dies gelingt, sind wir innerlich beruhigt. Es stehen uns dann wieder Verhaltensmuster zur Verfügung, die es uns erlauben, uns nach unseren Möglichkeiten in der veränderten Realität angemessen zurechtzufinden.

Was aber, wenn es einem Menschen nicht gelingt, durch unbewusste Manipulation seiner Wahrnehmung und unter Zuhilfenahme seiner persönlichen Erinnerungen und Erfahrungen sein Weltbild wieder auf die Reihe zu bekommen?

In diesem Moment äußerster Erschütterung brechen seine Bewusstseinsstrukturen inklusive seines persönlichen Unterbewusstseins zusammen, und es gibt nur zwei Möglichkeiten, wie er diesen Zustand mit intakter Persönlichkeit überleben kann:

1. Er fällt in einen tiefen Trancezustand bis hin zur Bewusstlosigkeit, sodass er sich hinterher an das Geschehene nicht mehr erinnern kann. Dies ist der allbekannte Vorgang der Verdrängung. Tief im Unbewussten wirkt das Geschehen jedoch weiter, die Angst bleibt, nur dass der Mensch sie bewusst nicht mehr zuordnen kann.

2. Sein Bewusstsein sinkt noch tiefer auf die Ebene des kollektiven Unbewussten, wie es der Schweizer Psychoanalytiker Carl Gustav Jung nannte.[41] Auf dieser Ebene muss spätestens dann eine geeignete Manipulation der Wahrnehmung erfolgen, eine Dramatisierung also, die das Erlebnis auf dieser Ebene konsistent erscheinen lässt. Dies ist unumgänglich, da diese Ebene nicht mehr zusammenbrechen kann. Sie ist unzerstörbar, da sie nicht dem Individuum zu eigen ist, sondern allen Menschen gemeinsam verfügbar ist.

Im kollektiven Unbewussten (Gruppenbewusstsein) befinden sich aber nach C. G. Jungs Forschungen die *archetypischen Urbilder* der menschlichen Seele, also im Großen und Ganzen archaische Helden-, Sagen- und Tiergestalten sowie diverse Fabelwesen, wie sie uns aus unseren Märchen und Sagen bekannt sind. Hier im Archetypengedächtnis sind vermutlich die Szenerien der »UFO-Erfahrungen« anzusiedeln, inklusive der »Amazing Greys«.

Da diese Archetypen der Menschheit als Ganzes zu eigen sind, ist es nicht verwunderlich, wenn die UFO-Erlebnisse weltweit so ähnlich sind.

Aufbau und Struktur der archetypischen UFO-Erfahrungen sind also ein Indiz dafür, dass sie nur Projektion eines höherdimensionalen Geschehens sind, mit dem das menschliche Bewusstsein als Ganzes nicht fertiggeworden ist.

Dies führt uns unmittelbar zu unserer nächsten Hypothese:

> »UFO-Erfahrungen« spielen sich auf einer persönlichkeitsübergreifenden Gruppenbewusstseinsebene ab, für deren ganzheitliche Wahrnehmung unser Gehirn in der Regel nicht trainiert ist. Die UFO-Ent-

führungs-Saga ist eine Erlebnisebene, auf der das menschliche Bewusstsein versucht, aus dieser multidimensionalen Erfahrung eine gewöhnliche, lineare Erfahrung zu machen. Es ist also eine Art Projektion aus der imaginären Zeitebene in die lineare Zeit. Demzufolge gleichen die Elemente der UFO-Erfahrungen (Außerirdische, Raumschiffe, medizinische Experimente) den klassischen Symbolen aus dem kollektiven Archetypenbewusstsein der Menschheit.

Wenn Sie diese Erklärung lesen, sind Sie möglicherweise enttäuscht und denken, die UFO-Erfahrungen seien nichts weiter als eine Art von gewöhnlichen Alpträumen. Dies wäre allerdings ein Missverständnis.

Dass die Entführungs-Saga archetypische Elemente enthält, bedeutet noch nicht, dass sie traumhaft oder gar irreal ist. Sie ist lediglich eine Projektion eines höherdimensionalen Geschehens in unser lineares Denken, da das Erlebnis in seiner Gesamtheit für die meisten Menschen nicht fassbar ist.

In vielen Berichten über solche »UFO-Erfahrungen« heißt es, die »Außerirdischen« würden sich ähnlich wie »Insekten« benehmen, d. h. als Gruppe handeln, wobei es auch mit den Menschen nicht zu einem normalen Dialog, sondern eher zu einem telepathischen Gedankenaustausch kommt, ähnlich wie bei den Walen und Delphinen. Auch dies sind starke Indizien dafür, dass sich diese Erlebnisse auf einer oder mehreren Gruppenbewusstseinsebenen abspielen.

Das reale Geschehen hinter den »UFO-Erfahrungen« findet in einem erweiterten menschlichen Bewusstseinszustand statt, in dem Menschen in ein raum-zeitfreies Kontinuum, eine Art Raum-Zeit-Tunnel, geraten.

Erfahrungsgemäß springt das Erleben in Trance durch das Transzendieren der virtuellen Operationstisch-Szene regelmäßig aus der Vergangenheit ins Hier und Jetzt, denn wir konnten dann in der Regel Fragen stellen, die unmittelbar beantwortet wurden (vgl. Kapitel IV). Dies zeigt, dass die Gesamterfahrung in einer zeitlosen Dimension stattfindet.

Der Informationsgehalt dieser Aussagen folgte dann exakt den Gesetzmäßigkeiten bei der Informationsübertragung durch einen Raum-Zeit-Tunnel, wie sie von der modernen Physik erforscht werden (vgl. Kapitel II). Ein gewisser Prozentsatz erwies sich als schlüssig und nachvollziehbar, während wir den Rest als »Rauschen« bezeichnen, d. h. er besteht aus verzerrten Informationen, die dann in der Regel mit archetypischen Bildern dramatisiert werden.

Dadurch tun sich übrigens einige Fallstricke bei der Erforschung solcher Erlebnisse auf, die jeder Forscher kennen muss, um vor voreiligen Schlüssen sicher zu sein. Wie wir feststellen mussten, kann man sich in diesem Themenkomplex keiner Sache mehr sicher sein. Gerade dies ist ein deutliches Anzeichen, dass dahinter Erfahrungen stehen, für die unsere Sprache keine Worte hat.

Eine dieser Fallen sind die sogenannten Zeitverluste im Zusammenhang mit den »UFO-Erfahrungen«. Wenn der Hypnotiseur an sie glaubt, kann dies dazu führen, dass er möglicherweise *unbeabsichtigt diese Zeitlücke mit Geschehnissen zu füllen versucht,* obwohl es nichts zu füllen gibt, da die Zeitlücke objektiv gar nicht vorhanden war. Außerhalb von Raum und Zeit kann man natürlich auch keine Zeit verlieren. Wird das Bewusstsein eines Menschen, aus welchen Gründen auch immer, aus unserem Raum-Zeit-Gefüge hinausgeschleudert, dann verlässt es unsere Realität an einem Ort A zu einer Zeit B und kommt an einem Ort C zu einer Zeit D wieder in die normale Welt zurück. Dies sagt absolut nichts darüber aus, ob inzwischen *im Bewusstsein* Zeit vergangen ist oder ob es eine Wegstrecke zurückgelegt hat (genau wie das Auftreten eines Informationssignals jenseits eines Tunnels nicht bedeutet, dass das Signal wirklich den Tunnel durchquert haben muss, vgl. Kapitel II).

Wenn der Therapeut dies nicht berücksichtigt, darf er sich nicht wundern, wenn ihm wieder nur die allbekannte archetypische Entführungsgeschichte aufgetischt wird.

Immerhin gewinnt er auf diese Weise einen Hinweis darauf, dass ein nichtlineares Erlebnis als Hintergrund vorliegen dürfte, denn genau für diese Art von Erlebnissen sind die Entführungsstorys typisch.

Es kommt nun nur darauf an, wie der Therapeut weiter reagiert. Hält er an der archetypischen Szene fest, wird er in eine Sackgasse geraten und bestenfalls erreichen, dass sich sein Klient mit diesem vordergründigen Geschehen abfindet.

Das kann für den betroffenen Menschen durchaus ein Vorteil sein - John Mack hat auf diese Weise zahllosen Patienten geholfen, wieder ein normales Leben zu führen.[49] Für ihn als Psychologen waren die UFO-Erfahrungen nur eine weitere Ausprägung des posttraumatischen Syndroms, und er intervenierte entsprechend. Diese Haltung ist akzeptabel, doch man kann weitaus mehr erreichen.

Die zweite Falle besteht darin, dass man - egal wie viele Ebenen von alternativen virtuellen Erinnerungen man durchforstet hat - sich nie sicher sein kann, nicht nur eine neue virtuelle Erinnerung aufgedeckt zu haben. Mehr noch: Solange das Erlebnis noch eine lineare Inszenierung darstellt, darf man getrost davon ausgehen, dass es nur eine weitere virtuelle Erinnerung ist. Man bewegt sich einfach in Richtung der imaginären Zeit im Sinne Hawkings (vgl. Kapitel XII) hin und her, immer auf der Suche, welche von mehreren parallelen und im Grunde physikalisch gleichberechtigten Realitäten nun wohl die »reale« ist - im Grunde eine sinnlose Frage.

Es ist so, als würde man bei einem Stück Torte eine Schicht mit Erdbeerfüllung gegenüber einer Cremeschicht bevorzugen.

Auch dies ist nicht schlimm, solange man sich der Tatsache bewusst bleibt. Man kann mit solchen virtuellen Erlebnissen auf jeder Ebene recht gut arbeiten und eine Menge an Informationen gewinnen. Irgendwann stößt man dann erneut auf Widersprüchlichkeiten, die daran erinnern, dass man sich noch immer auf einer vorläufigen Ebene befindet.

Wir wollen aber auch deutlich sagen, dass hier ein *Trennstrich* zu ziehen ist *zwischen Forschung und Therapie*. Wenn man therapeutisch mit Betroffenen von UFO-Erfahrungen arbeitet, ist es in der Regel nicht nötig, bis zu einer »ultimativen« Ebene vorzudringen. In der Regel reicht eine geeignete Ersatzebene vollkommen aus, um den Menschen zu helfen, mit ihren Erfahrungen klarzukommen. Dies kann auch die archetypische Ebene mit dem Operationstisch sein, wie das Beispiel John Mack zeigt. In unserer Erfahrung war sehr häufig die Hyperkommunikationsebene therapeutisch fruchtbarer.

Hinter den UFO-Erfahrungen scheinen also - dafür sprechen alle Anzeichen - andere Erlebnisebenen außerhalb unseres normalen Raum-Zeit-Gefüges angesiedelt zu sein. Sie sind daher zwangsläufig *nicht linear* im Sinne unserer gewohnten Zeit. Kein Wunder, dass Menschen damit bewusst nicht umgehen können und es als bedrohlich oder traumatisch empfinden. Unser Gehirn ist an lineares Denken gewöhnt, bei dem ein Ereignis nach dem anderen eintritt und nicht mehrere alternative Erlebnisse gleichzeitig.

Damit kommen wir zum nächsten Punkt, nämlich zum *Trauma*. Wir können jetzt eine Antwort auf die Frage anbieten, wieso die meisten Menschen die sogenannten UFO-Erfahrungen als traumatisch erleben.

> Die unmittelbare raum-zeitfreie Bewusstseinserfahrung wird in der Regel traumatisch erlebt, da die Grenze der Persönlichkeit überschritten und eine Gruppenbewusstseinsebene betreten wird, was für das vom Ego beherrschte menschliche Denken mit der Gefahr von Auflösung, also mit Todesängsten verbunden ist. Daher wird die Erfahrung vom Bewusstsein »linearisiert«, d. h. auf die Ebene menschlicher Erfahrungen projiziert, um sie erträglicher zu machen. Wenn diese Projektionsebene aber gerade dem klassischen archetypischen UFO-Entführungs-Szenario entspricht, bleibt sie in der Regel traumatisch.

Es gibt sogar wissenschaftliche Untersuchungen über Parallelen zwischen UFO-Erfahrungen und Nahtoderlebnissen (s. S. 65). Die bekannten UFO-Erlebnisse sind also als Projektionen höherdimensionaler, nichtlinearer Erfahrungen aufzufassen, so wie ein Schatten eine zweidimensionale Projektion eines dreidimensionalen Gegenstandes ist.

Ein nichtlinearer Zustand außerhalb von Raum und Zeit wird aber von Wissenschaftlern und Philosophen allgemein auch als Zustand der *Ewigkeit* oder des *immerwährenden Hier und Jetzt* bezeichnet.

Das bedeutet dann aber, das menschliche Bewusstsein verfügt im Grunde doch über eine akzeptable Form, um die Erfahrung etwas unmittelbarer zu verarbeiten, nämlich durch den *Übergang ins Hier und Jetzt:*

Egal, wie oft und zu welchen Zeiten man den Betroffenen noch in Trance versetzen würde, er würde diesen Moment *nie mehr als Vergangenheit,* sondern *immer als hier und jetzt* erleben. Der virtuelle Konferenzraum (vgl. Kapitel IV) ist mit Sicherheit genauso virtuell wie die Operationstisch-Szene, aber er ist *nicht mehr traumatisch* und gleichzeitig *nicht mehr künstlich linearisiert* (d. h. einem festen Punkt in Raum und Zeit zugeordnet), sodass dem Trauma dadurch die Grundlage entzogen ist.

Dies erklärt auch, wieso die Betroffenen nach diesem Erkenntnisschritt in der Regel spontan alle psychosomatischen Beschwerden und Ängste loslassen konnten.

Damit stellen sich natürlich einige weitere Fragen:

> Sind also die UFO-Erfahrungen in Wahrheit überhaupt keine »UFO-Erfahrungen«? Haben sie gar nichts mit Außerirdischen zu tun?

Bislang haben wir uns lediglich darüber Gedanken gemacht, auf welchen Bewusstseinsebenen sich die »UFO-Erfahrungen« abspielen, nicht jedoch darüber, wem oder was Menschen dort begegnen. Es ist durchaus denkbar, dass es auf diesen Ebenen auch zu Kontakten mit Außerirdischen kommt, aber diese Deutung ist nicht zwingend notwendig.

Im Grunde ist die Bezeichnung deshalb etwas irreführend, weil die meisten Betroffenen nie ein »UFO« gesehen haben. Der größte Teil der Erfahrungen findet bei Nacht im Bett statt, in einem Zustand irgendwo zwischen Wachen und Schlafen.

In wenigen Fällen machen die Menschen die Erfahrungen jedoch auch draußen, meist in einsamer Gegend, während einer Wanderung oder einer monotonen Autofahrt entlang einer Landstraße, also in Momenten, in denen unser Bewusstsein sich häufig in einem leicht abgesenkten Trancezustand befindet. Selbst dann wird aber nicht unbedingt ein UFO gesehen.

Speziell Sichtungen wirklich materieller Flugobjekte sind extrem selten.

Von den archetypischen Operationstisch-Erlebnissen heißt es meist, sie hätten im Inneren eines UFOs stattgefunden. Dies ist in der Regel jedoch *nur eine Interpretation*, die nicht auf beweiskräftigen Indizien beruht, denn nur in den seltensten Fällen sieht sich ein Betroffener wirklich in ein solches UFO eintreten. Meist springt die Szene im Verlauf der Erinnerung eher schlagartig um, so als ob ein Filmriss eingetreten wäre.

Der gesamte Ablauf der archetypischen Erlebnisse in dem fremden Raum ist jedoch in nahezu allen Fällen weitgehend identisch, egal ob ein UFO gesehen wurde oder nicht.

Das UFO als solches ist nicht notwendigerweise ein »außerirdisches Raumschiff«, sondern ein archetypisches Symbol, wie schon C. G. Jung feststellte. Interessanterweise erkannte er bereits, dass es eine ganzheitliche Welt symbolisiert, in der die Trennung zwischen innerer und äußerer Erfahrung aufgehoben ist.

Aus naturwissenschaftlicher Sicht kann man sagen, die Sichtung eines UFOs symbolisiert direkt den Raum-Zeit-Tunnel, denn in einem solchen Tunnel können sich sogenannte *Vakuumdomänen* ausbilden, die dann in unserer Realität zu UFO-ähnlichen Leuchterscheinungen führen können (vgl. Kapitel V).

UFOs sind also eine Art von Informationsträger, über den der Mensch Zugang zu anderen Intelligenzformen erhalten kann.

Heißt das, dass an den UFO-Erfahrungen dann überhaupt keine außerirdische Intelligenz beteiligt ist?

Nicht unbedingt. Diese Frage ist nicht endgültig zu entscheiden. Sollten jedoch Außerirdische hinter dem Phänomen stehen, dann sehen sie zumindest nicht notwendigerweise wie die »Greys« aus, und sie brauchen auch nicht unbedingt Raumschiffe, um mit uns Kontakt aufzunehmen.

Es ist klar und unbestreitbar, dass die von »UFO-Erfahrungen« Betroffenen etwas Reales erlebt haben müssen. Damit ist auch klar, dass irgendwer oder irgendetwas Ursache bzw. Urheber dieser Erlebnisse sein muss. Es könnte sich lediglich um das Anzapfen einer kosmischen Wissensquelle handeln. Art und Ablauf der Erlebnisse suggerieren jedoch eher einen tatsächlichen Kontakt mit einer andersgearteten Intelligenz.

Ob diese Intelligenz irdisch oder außerirdisch ist, lässt sich anhand des momentanen Erkenntnisstandes nicht entscheiden. Wir wissen lediglich, dass die Erfahrung als Ganzes nicht in unserer gewohnten vierdimensionalen Raumzeit der Tagesrealität abläuft.

Motive und Absichten dieser fremden Intelligenz bleiben im Dunkeln, da hierüber nur subjektiv gefärbte Berichte existieren, die das Erlebnis in seiner Gesamtheit nicht ausreichend erfassen. Vielleicht sind diese Motive unserem menschlichen Denken so fremd, dass wir sie nur auf der bekannten archetypischen Ebene überhaupt erfahrbar machen können.

Der amerikanische UFO-Forscher *Budd Hopkins* bezeichnete die – seiner Ansicht nach außerirdischen – Urheber dieser Erlebnisse als *»Intruders« (»Eindringlinge«).*[38] Es bleibt nur die Frage offen: *Wo dringen sie ein?* Kommen sie wirklich in einem metallenen Raumschiff in unseren irdischen Luftraum geflogen? In Einzelfällen mag auch das möglich sein, für die Gesamtheit des Phänomens jedoch erscheint diese Erklärung zu einfach. Offenbar dringen sie eher in eine höhere Dimension ein, sodass bei einer solchen Begegnung automatisch das Bewusstsein des menschlichen Beobachters mit in das Erlebnis einbezogen wird. Vielleicht sind sie »Besucher von innen«, wie auch schon vermutet wurde?[74]

Möglicherweise ist eine strenge Trennung zwischen »materiellen« und eher »geistigen« Begegnungen künstlich und Ausdruck eines überkommenen Weltbildes. Auch in den in der Literatur geschilderten Fällen, bei denen - sofern die Beweise stimmen - wirklich ein materielles UFO gesehen wurde, folgt die spätere Begegnung und Kommunikation mit den Insassen des UFOs den Gesetzen der Hyperkommunikation. Vermutlich muss dies sogar so sein, denn man kann davon ausgehen, dass die Bewusstseinsstrukturen eines Außerirdischen verglichen mit den unseren so fremdartig sind, dass für eine unmittelbare Kommunikation nur auf einer sehr tiefen Gruppenbewusstseinsebene überhaupt ein gemeinsamer Nenner existiert. Dadurch sind Informationsverluste unvermeidlich. Die von den Betroffenen geschilderten UFO-Erlebnisse beschreiben also höchstens einen oder mehrere Teilaspekte der Begegnung - je nachdem, aus welcher Bewusstseinsebene die bewusste Erinnerung stammt.

Damit kommen wir zur nächsten Hypothese.

> Während einer UFO-Erfahrung kommt es zu einem Kommunikationsvorgang, der sogenannten Hyperkommunikation, bei dem der Mensch Zugang zu einem höheren Gruppenbewusstsein erlangt.

Wie Beobachtungen aus dem Tierreich (vgl. Kapitel X) beweisen, zeigt Bewusstsein jeder Form zweierlei Tendenzen: zum einen, sich zu individualisieren, zum anderen, die Individuen wieder zu höheren Bewusstseinsstrukturen zu organisieren. Es ist beweisbar, dass Tiere mit ihren höheren Gruppenbewusstseinsstrukturen, die jedem Einzeltier unmittelbar zugänglich sind, auch außerhalb von Raum und Zeit kommunizieren. Gleiches

Gruppenbewusstsein	Bewusstseinsstufen	Hyperkommunikation	Symbole	Nebeneffekte
4. Art	Kosmisches Bewusstsein	Kosmische Kommunikation	Sternsysteme Galaxien etc.	Unmittelbare Seinserfahrung
3. Art	Ego + Gruppenbewusstsein	Bewusste Kommunikation	Kommunikationsraum	Bewusster Wisseserwerb
——	Ego-Bewusstsein	Ersatzerinnerungen	Verfälschte Alltagsrealität (»Oz-Faktor«)	Zeitverlust
2. Art	Instinkt/ Archetypen	Passive Kommunikation/ Archetypisches Erlebenis	Operationstisch/ kleine Graue / schwarze Augen	Angst / Trauma / Unbewusster Wissenserwerb
1. Art	Körper	DNA-Kommunikation	Genetische Experimente	Genetische Veränderungen / Verletzungen / Narben / Phantom-DNA-Effek
0. Art	Materie / Gravitation	Vakuumdomäne / Raum-Zeit-Tunnel	UFO	Brandspuren / elektromagnetische Felder

Tabelle 3: Die Matrix der »UFO-Erfahrungen«. Sie ist von unten nach oben zu lesen.

gilt dann natürlich auch für uns Menschen. Sobald dies bewusst geschieht, erfolgt eine Angstreaktion, da sich die individuellen Bewusstseinsstrukturen (das »Ego«) kurzfristig auflösen, ein Vorgang, der auch von Nahtoderlebnissen und von kosmischen Erlebnissen der Mystiker her bekannt ist.

Wie aus Kapitel X hervorgeht, gibt es nicht »das« Gruppenbewusstsein, sondern es handelt sich um hierarchisch geschichtete Bewusstseinsstrukturen, die im Verlauf der Evolution aufeinander aufbauten. Jede dieser Ebenen trägt mit ihren eigenen Wahrnehmungsmöglichkeiten zur Ausformung des Gesamterlebnisses bei.

Hierdurch erklärt sich bereits ein Teil der Vielschichtigkeit der UFO-Erfahrungen. Auch die symbolhaften Elemente der Erlebnisse sowie die physikalischen, physiologischen und psychologischen Nebenwirkungen lassen sich einwandfrei diesen einzelnen Gruppenbewusstseinsebenen zuordnen.

Die »UFO-Erfahrungen« als Ganzes stellen daher eine zweidimensionale Matrix dar, auf deren senkrechter Achse die einzelnen Bewusstseinsebenen stehen, während die horizontale Achse die verschiedenen Wahrnehmungsformen und sonstige Nebenwirkungen aufführt (s. Tabelle 3).

Auf diese Weise wird erklärbar, wieso bei diesem Vorgang Wissen verfügbar wird, das sich hinterher überprüfen lässt. Die Tatsache, dass es überprüfbar ist, setzt ja voraus, dass es irgendeinem Menschen auf der Welt zu diesem Zeitpunkt schon bekannt sein musste.

Damit stellt sich eine weitere Frage:

> Ist es »nur« das menschliche höhere Gruppenbewusstsein, zu dem man durch Hyperkommunikation Zugang erhält, oder könnte es nicht sogar ein umfassenderes, »kosmisches« Gruppenbewusstsein sein, das dann möglicherweise auch außerirdische Zivilisationen mit umfasst?

Diese Möglichkeit ist im Moment zwar noch nicht beweisbar, aber aufgrund der vorliegenden Fakten durchaus naheliegend.

Sie entspräche im Großen und Ganzen der Idee, die auch der amerikanische Astronom *Carl Sagan* mit seinem Buch »Kontakt« verfolgte (das inzwischen auch mit Jodie Foster in der Hauptrolle verfilmt wurde) - ein Informationsaustausch zwischen zwei Zivilisationen im Kosmos, hier sogar verzögerungsfrei über Raum und Zeit hinweg.

So verlockend diese Möglichkeit natürlich klingt, sie ist wie gesagt leider - noch - nicht beweisbar. Dazu wäre es nötig, eine Information zu erhalten, die nachweisbar richtig und - ebenfalls nachweisbar - der Menschheit noch nicht bekannt ist. Dies ist bis heute nicht geschehen. Ob sich in Zukunft so eine Möglichkeit eröffnen wird, bleibt offen.

Allerdings haben wir in diesem Buch einige Aussagen aus Hyperkommunikationssitzungen geschildert, die mit heutigem menschlichem Wissen noch nicht nachvollziehbar sind. Es ist durchaus denkbar, dass sich die eine oder andere davon eines Tages als wahr herausstellen wird. Das könnte dann der lang gesuchte Beweis für den Kontakt mit einer fremden Intelligenz sein.

Derzeit lässt sich nur wissenschaftlich begründen, dass sich das Wissen der gesamten Menschheit über den genannten Raum-Zeit-Tunnel anzapfen lässt - immerhin auch schon eine atemberaubende Konsequenz.

> Auch die Ebene der Hyperkommunikation mit dem höheren Gruppenbewusstsein ist virtuell und löst sich nach einiger Zeit auf, um einer unmittelbaren Seinserfahrung Platz zu machen.

In einigen wenigen Fällen löste sich tatsächlich nach einiger Zeit auch die virtuelle Kommunikationsebene mit dem Konferenzraum von selbst auf. Die Betroffenen erlebten dann einen unmittelbaren Zustand der Leere bzw. ein Einsgefühl mit dem gesamten Kosmos.

Es ist in diesem Zusammenhang interessant, die Konsequenzen zu betrachten, da ja auf der Hyperkommunikationsebene dennoch sinnvolle Informationen übermittelt wurden, obwohl die Ebene selbst virtuell ist. Dies eröffnet Grundlagenwissenschaftlern und Philosophen natürlich auch neue Wege, den Realitätsgehalt unserer normalen materiellen Realität neu zu bewerten.

Es ist wie beim Internet. Man klinkt sich in eine virtuelle Welt ein, um dadurch Zugang zu realen Informationen zu erhalten. Die Gültigkeit der Information ist unabhängig davon, ob sie über eine »reale« oder über eine virtuelle Plattform übermittelt wurde.

Es ist auch klar, dass sich Hyperkommunikation nicht einfach nur zum Informationsaustausch zwischen »Artgenossen« entwickelt hat. Dafür ist sie eindeutig eine Nummer zu groß (vgl. Kapitel II und X). Dies führt zu unserer abschließenden Hypothese:

> Hyperkommunikation definiert eine Schnittstelle zu einem offenen, d. h. prinzipiell unbegrenzten Netzwerk, das alle Intelligenzformen des Universums einschließt.
> Es entwickelt sich eine neue Intelligenzform des Menschen, die wir als Network Intelligence bezeichnen.

Diese Konsequenz ist viel atemberaubender und weitreichender als es alle geheimnisvollen UFO-Erlebnisberichte sein können, zumal sie ja die Begegnung mit kosmischen Intelligenzformen grundsätzlich einschließt. Erst die Zukunft wird erweisen, welche Wege und Möglichkeiten die Hyperkommunikation uns Menschen eröffnen kann.

Glossar

Allgemeine Relativitätstheorie: Erweiterung der ↗ Speziellen Relativitätstheorie unter Einbeziehung der ↗ Gravitation. Dies führt zu einer höheren Raum-Zeit-Geometrie. Das uns bekannte 4-dimensionale Universum muss Teil eines höherdimensionalen ↗ Hyperraums sein.

Antigravitation: Bezeichnung für die neu entdeckte Eigenschaft der ↗ Gravitation, auch als abstoßende Kraft wirken zu können.

Antimaterie: Gegenpol zur normalen Materie. Zu jedem Materieteilchen existiert ein Antiteilchen, und beide vernichten sich bei Aufeinandertreffen gegenseitig. Teilchen und Antiteilchen haben stets die gleiche Masse, aber ansonsten gegensätzliche Eigenschaften (z. B. bei geladenen Teilchen entgegengesetzte Ladung).

Archetypen: nach C. G. Jung eine Reihe angeborener Urbilder der menschlichen Psyche. Hierzu gehören vorrangig mythologische Gestalten. Da diese Bilder auf einer sehr tiefen Bewusstseinsstufe angesiedelt sind, ist ihr Auftreten ein Hinweis auf ↗ Hyperkommunikation.

Biophotonen: Lichtteilchen (↗ Photonen), die in lebende Materie eingebaut werden bzw. von lebender Materie abgestrahlt werden.

Casimir-Effekt: Schwacher Effekt der ↗ Antigravitation, der auf der ↗ Quantenvakuumfluktuation basiert.

Chromosomen: Mikroskopische Einheiten, in die das ↗ Genom unterteilt ist. Chromosomen sind Träger der ↗ Gene. Der Mensch hat zum Beispiel in jeder Zelle 46 Chromosomen, davon 22 Autosomen, die jeweils paarweise vorliegen, sowie zwei Geschlechtschromosomen.

DNA: Desoxyribonucleic Acid (Desoxyribonukleinsäure). Das grundlegende Erbmolekül, aus dem die ↗ Chromosomen bzw. die ↗ Gene aufgebaut sind.

Dopplereffekt: physikalischer Effekt. Er bewirkt, dass eine sich nähernde Schallquelle höher klingt als eine sich entfernende. Analog erscheint eine sich entfernende Lichtquelle ins Rote verschoben, eine sich nähernde Lichtquelle ins Blaue. Dieses Verfahren ermöglicht es Astrophysikern, die Geschwindigkeit ferner Galaxien und damit deren Alter zu schätzen.

Gen: kleinste funktionale genetische Einheit, z. B. zur Erstellung eines bestimmten Proteins.

Genom: Gesamtzahl aller Erbanlagen eines Organismus.

GPS: Global Positioning System. Satellitengestütztes Navigationssystem, das inzwischen auch für zivile Zwecke freigegeben ist.

Gravitation: Schwerkraft. Eine der vier Grundkräfte des Universums. Die Schwerkraft ist verantwortlich dafür, dass Massen einander anziehen. Nach neuesten Erkenntnissen gibt es auch negative Massen, die unter der Wirkung der Schwerkraft von normalen Massen abgestoßen werden (↗ Antigravitation).

Gruppenbewusstsein: komplexe Bewusstseinsstruktur, die unterschiedliche Individuen einer Art untereinander vernetzt und dadurch koordiniert bzw. gleichartig handeln lässt.

Harmonischer Oszillator: physikalisches System, das einige Zeit zu einer harmonischen Schwingung fähig ist.

Hyperkommunikation: Informationsübertragung unter Benutzung von ↗ Wurmlöchern durch den ↗ Hyperraum.

Hyperraum: Mathematisch definierbarer höherdimensionaler Raum (nach heutiger Erkenntnis vermutlich mit 11 Dimensionen), von dem unser 4-dimensionales Universum ein Teil ist. Außerhalb des uns bekannten 4-dimensionalen Raum-Zeit-Kontinuums existieren im Hyperraum weder Raum noch Zeit.

Interferenz: Überlagerung zweier Wellen, wodurch durch teilweise Verstärkung bzw. Auslöschung komplizierte Muster entstehen.

Jetstream: elektrisch geladenes Starkwindfeld in der nördlich gemäßigten Region, das rund um die Erde läuft und für verschiedene Wettervorgänge in unseren Breiten verantwortlich ist.

Kollektives Unbewusstes: nach C. G. Jung das menschliche ↗ Gruppenbewusstsein, in dem die angeborenen Urbilder oder ↗ Archetypen angesiedelt sind.

Kosmologische Konstante: Faktor in der ↗ allgemeinen Relativitätstheorie, wonach im Universum auch ↗ Antigravitationskräfte zulässig sind. Eine kosmologische Konstante, die nicht Null ist, macht die Schwerkraft im Universum instabil.

Linguistik: Wissenschaft vom Aufbau der Sprachen.

M-Theorie: Neueste Version der ↗ Superstring-Theorie, die versucht, Quantenphysik und Gravitation zu vereinen. Das »M« steht nach Edward Witten für »Magic, Mystery oder Matrix, je nach Geschmack«.

Phantom-DNA-Effekt: physikalischer Effekt, wonach bestimmte Lichtspektren der ↗ DNA erhalten bleiben, wenn man die DNA-Probe selbst aus dem Strahlengang entfernt. Man vermutet als Ursache Veränderungen in der Raum-Zeit-Struktur, die von der DNA hervorgebracht werden, indem sie ↗ Wurmlöcher an sich anlagert.

Photon: Lichtquant, kleinste Einheit der Lichtenergie.

Polymerase-Kettenreaktion (PCR): molekularbiologisches Verfahren zur Erstellung eines genetischen Fingerabdrucks.

Quantenphysik: Teilgebiet der Physik, das sich mit den kleinsten Teilen der Materie beschäftigt.

Quantenvakuumfluktuation: Nach der ↗ Quantenphysik kann die Energie des Vakuums nicht dauerhaft Null sein. Deshalb entstehen im Vakuum aus dem Nichts immer wieder Paare von Materie- und ↗ Antimaterieteilchen, die sich sofort wieder vernichten.

Schumann-Frequenz: Fundamentale Erdresonanz von ca. 7,83 Hertz. Das menschliche Gehirn kann durch diese Frequenz zu ganz bestimmten Reaktionen angeregt werden.

Soliton-Welle: Nichtlineare Wellenform von außerordentlicher Stabilität und Speicherfähigkeit, die nach neuesten Erkenntnissen als Trägerwelle der ↗ DNA auftritt.

Spezielle Relativitätstheorie: physikalische Theorie von Albert Einstein, wonach es im Universum keinen bevorzugten festen Bezugspunkt gibt, sondern alle Beobachter nur Beobachtungen relativ zu ihrem eigenen Bewegungszustand machen können.

Superstrings: Neuartige Theorie in der ↗ Quantenphysik, nach der aller Materie als Grundbausteine höherdimensionale geschlossene Schleifen (»Strings«) zugrundeliegen, durch deren unterschiedliche Resonanzschwingungen die uns bekannten Elementarteilchen zustandekommen.

Supraleiter: Fähigkeit eines Materials, elektrischen Strom ohne Widerstand weiterzuleiten. Bei den meisten Materialien tritt Supraleitung nur bei sehr tiefen Temperaturen auf. Die ↗ DNA hat jedoch bereits bei normaler Körpertemperatur supraleitende Eigenschaften.

Teleportation: Übertragung von Materie außerhalb von Raum und Zeit durch den ↗ Hyperraum.

TLR-Faktor: Örtlich und zeitlich regelmäßiger Störfaktor in der Atmosphäre, der zur erhöhten Bildung von ↗ Vakuumdomänen beiträgt. Dies kann den Flugverkehr beeinträchtigen und beeinflusst auch menschliche Massenbewusstseinsphänomene (z. B. die Börse).

Topologische Geometrodynamik: neuartige Raum-Zeit-Geometrie nach Pitkänen, die Begriffe wie Leben und Bewusstsein in die Physik einbezieht.

Transpersonale Bewusstseinsstufe: Bewusstseinsstufe, die die Ebene der individuellen Persönlichkeit überschreitet und Zugang zum ↗ kollektiven Unbewussten bzw. zum ↗ Gruppenbewusstsein eröffnet.

Tunneleffekt: Quantenphysikalischer Effekt, wonach ein Materieteilchen oder eine Information mit einer kleinen Wahrscheinlichkeit eine »verbotene Zone« (Tunnel) durchdringen kann, indem es in den ↗ Hyperraum ausweicht.

Urknall: Theorie, wonach das Universum vor etwa 20 Milliarden Jahren durch eine gewaltige Explosion aus einem Punkt entstanden ist.

Vakuumdomäne: Bereich des Vakuums, in dem die ↗ Gravitation durch Ansammlung negativer Massen instabil wird. In einem solchen Bereich können sich klassische physikalische Kräfte aneinanderkoppeln.

Virtuelle Realität: künstliche Realität, die z. B. mithilfe des Computers (aber auch im Inneren des Menschen) entstehen kann.

Wurmloch: mikroskopischer Verbindungskanal durch den ↗ Hyperraum, entstanden aufgrund der ↗ Quantenvakuumfluktuation. Wurmlöcher können durch größere Ansammlung negativer Massen stabilisiert werden und bilden dann ↗ Vakuumdomänen.

Literatur

Hochzahlen im Text beziehen sich auf die entsprechenden Nummern der Literaturverweise in diesem Verzeichnis.

1. Baker, Catherine: Your Genes, Your Choices. Exploring the Issues Raised by Genetic Research. American Association for the Advancement of Science 1995.
2. Blackstock, Regina: Dolphins and Man ... Equals? 1995.
3. Bouwmeester, Dik, Jian-Wei Pan, Klaus Mattle, Man-fred Eibl, Harald Weinfurter und Anton Zeilinger: Experimental Quantum Teleportation. Nature vol. 390. December 1997.
4. Braunstein, Samuel L. und H. J. Kimble: A posteriori teleportation. SEECS, University of Wales, Bangor LL57 1UT, UK. Norman Bridge Laboratory of Physics 12-33, California Institute of Technology, Pasadena, CA 91125
5. Braunstein, Samuel L.: A fun talk on teleportation. Bangor 1995.
6. Breidbach, Olaf: Vernetzungen und Verortungen - Bemerkungen zur Geschichte des Konzepts neuronaler Repräsentation. Braunschweig 1996.
7. Cooper, J. C.: Illustriertes Lexikon der traditionellen Symbole. Drei Lilien Verlag (o. J.)
8. Delgado, José: Neurological Bases of Modern Humanism. 1996 (o. Ortsang.)
9. Dmitrijev, A. N. und V.L.Djatlov: Geological Geophysical Importance of Heterogenous Physical Vacuum. Novosibirsk 1998.

10. Dmitrijev, A. N. und V. L. Djatlov: Modell eines nicht-einheitlichen physikalischen Vakuum und natürliche selbstleuchtende Gebilde. Vorabdruck. Novosibirsk 1995.

11. Дмитриев, А.Н., В.Л. Дятлов: Некоторые Направлени Исследования Свойств Природных Самосветящихся Образований На Основе Модели Неоднородного Физического Вакуума. Новосибирск 1995.

12. Дмитриев, А.Н., В.Л. Дятлов: Геолого-геофизическое Значение Неоднородного Физического Вакуума. Новосибирск 1995.

13. Dobkin, Bruce H.: Neurologic Rehabilitation. Philadelphia 1996.

14. Duncan, Dugald: John Scott Russell's Solitone Wave Recreated. Edinburgh 1995.

15. Eilbeck, Chris: John Scott Russell and the solitary wave. Edinburgh 1998.

16. Erickson, Milton, Ernest Rossi: Hypnotherapie. München 1989.

17. Fosar, Grażyna und Franz Bludorf: Zaubergesang. Geheimnisvolle Erdfrequenzen – der Schlüssel zur Wetter- und Gedankenkontrolle. München 1998.

18. Fosar, Grażyna und Franz Bludorf: Das Erbe von Avalon. Verborgenes Wissen in den europäischen Mysterien wiederentdeckt. München 1996.

19. Fosar, Grażyna und Franz Bludorf: Reif für die Zukunft. Auf den Spuren des kosmischen Bewusstseins. Frankfurt 1996.

20. Fosar, Grażyna und Franz Bludorf: Der kosmische Mensch. Ein Weg, um zum Denken zu kommen. Frankfurt 1992.

21. Fulghum, David A.: ANG Pilot: TWA Jet Hit by Object. Aviation Week and Space Technology. Washington 10.3.1997.

22. Gallant, Ray A.: „The Sky has Split Apart!". The Cosmic Mystery of the Century. University of Southern Maine (o. J).

23. Гаряев, П.П.: Волновой Генетичесий Код. Москва 1997ю

24. Garjajev, Pjotr P.: About our scientific articles. Moskau 1998.

25. Glanz, James: Astronomers See a Cosmic Antigravity Force at Work. Science Vol. 279, No. 5355, 27.2.1998.
26. Gribbin, John: Jenseits der Zeit. Experimente mit der 4. Dimension. Essen 1994.
27. Grof, Stanislav: Das Abenteuer der Selbstentdeckung. Heilung durch veränderte Bewußtseinszustände. München 1987.
28. Habeck, Joachim Otto: Die Tunguska-Katastrophe und ihre Deutung seitens der Tungusen (Ewenken). ohne Ortsangabe. 1998.
29. Haines, Duane E. (ed.): Fundamental Neuroscience. Churchill Livingstone Inc. 1997.
30. Hardy, Anne: Elementarteilchen auch mit negativer Masse. Tagesspiegel, Berlin 11.3.1998.
31. Hawking, Stephen: Space and Time Warps. Cambridge 1998.
32. Hawking, Stephen: A Debate on Open Inflation. Cambridge 1998.
33. Hawking, Stephen: The Universe in a Nutshell. Potsdam 1999.
34. Hecht, Jeff: Getting warmer. New Scientist 1.8.1998.
35. Heitmann, Winfried: Überlichtgeschwindigkeiten. Ein Weg in die Zukunft? Köln 1997.
36. Hitching, Francis: Die letzten Rätsel unserer Welt. Frankfurt/M. 1988.
37. Holbe, Rainer: Phantastische Phänomene. Den großen Rätseln auf der Spur. München 1993.
38. Hopkins, Budd: Eindringlinge. Die unheimlichen Begegnungen in den Copley Woods. München 1991.
39. Hunt, Michael: The Behavior of Wild Dolphins. Houston (o. J.)
40. Jaynes, Julian: The Origin of Consciousness in the Breakdown of the Bicameral Mind. Boston 1976.
41. Jung, Carl Gustav: Archetypen. München 1990.
42. Kaku, Michio: Im Hyperraum. Eine Reise durch Zeittunnel und Paralleluniversen. Hamburg 1994.

43. Kaskin, Alexander: Ikonen: Sind sie vielleicht doch heidnische Bilder? P. M.-Magazin 3/1984.
44. Keith, Jim: Bewußtseinskontrolle. Peiting 1998.
45. Lehmann, Klaus A.: Der postoperative Schmerz. Berlin 1994.
46. Leuner, Hanscarl: Lehrbuch des Katathymen Bilderlebens, Verlag Hans Huber (o. J.)
47. Lewis, Melvis (ed.): Child and Adolescent Psychiatry. Philadelphia 1996.
48. Lisk, David M.: Major Airline Disasters. Belfast 2000.
49. Mack, John E.: Entführt von Außerirdischen. Essen 1995.
50. Matthews, Robert and Ian Sample: Breakthrough As Scientists Beat Gravity. Sunday Telegraph, 1.9.1996.
51. Men, Hunbatz: Das geheime Wissen der Maya. Kosmologie, Wissenschaft und Religion der mexikanischen Indianer. Freiburg (o. J.)
52. Meyer, Bernd-Ulrich (Hrsg.): Magnetstimulation des Nervensystems. Grundlagen und Ergebnisse der klinischen und experimentellen Anwendung. Berlin-Heidelberg-New York 1992.
53. Modanese, Giovanni: Theoretical Analysis of a Reported Weak Gravitational Shielding Effect. München 1995.
54. Müller, Bernd: Stürzt Einsteins Dogma? Bild der Wissenschaft 8/1997.
55. Nimtz, Günter und Winfried Heitmann: Superluminal Photonic Tunneling and Quantum Electronics. Universität zu Köln 1997.
56. Nimtz, Günter und Winfried Heitmann: On Causality Proofs of Superluminal Barrier Transversal of Frequency Band Limited Wave Packets. Universität zu Köln 1994.
57. Ning Li, David Noever, Tony Robertson, Ron Koczor, Whitt Brantley: Static Test for A Gravitational Force Coupled to Type II YBCO Superconductors. Huntsville 1996.
58. Persinger, Michael. A.: On the Possibility of Directly Accessing Every Human Brain by Electromagnetic Induction of Fundamental Algorithms. Laurentian University 1995.

59. Petrow, Jordan: Die kosmische Zivilisation. Geistheiler mit und ohne Glorienschein. Bad Tölz 1996.

60. Pitkänen, Matti: Two-dimensional illustrations related to TGD inspired theory of conscious brain. Helsinki 1996.

61. Pitkänen, Matti: Two-dimensional illustrations related to the TGD:eish spacetime concept. Helsinki 1996.

62. Pitkänen, Matti: Wormholes and possible new physics in biological length scales. Helsinki 1997.

63. Podkletnov, Eugene E. und A. D. Levit: Gravitation shielding properties of composite bulk $YBa_2Cu_3O_{7-x}$ superconductor below 70 K under electromagnetic field. Moscow 1995.

64. Poponin, Vladimir: The DNA Phantom Effect: Direct Measurement of A New Field in the Vacuum Substructure. Boulder Creek, Ca. 1995.

65. Popowa, Luba: Ein Leben zwischen zwei Welten. In: Petrow, Jordan: Die kosmische Zivilisation. a. a. O.

66. Popp, F. A.: Biologie des Lichts. Berlin-Hamburg 1984.

67. Popp, F. A.: Biophotonen: Ein neuer Weg zur Lösung des Krebsproblems. Heidelberg 1984.

68. Popp, F. A.: Coherent photon storage of biological systems. In: Popp, F. A., Becker, G., König, H. L, Peschka, W. (Hrsg.): Electromagnetic Bioinformation. München-Wien-Baltimore 1979.

69. Popp, F. A.: Photons and their importance to biology. In: Wolkowski, Z.W. (ed.): Proceedings of the International Symposium on Wave Therapeutics - Interaction of non-ionizing electromagnetic radiation with living systems; Créteil 1983.

70. Прангишвили, И.В., Гаряев, П.П., Тертышный, Г.Г., Леонова, Е.А.: Голографическая Модель Генетического Управления в Биосистемах. Москва 1998

71. Ramsey, Dennis J.: The Tunguska Event. 1997.

72. Rhawn, Joseph: Neuropsychiatry, Neuropsychology and Clinical Neuroscience - Emotion, Evolution, Cognition, Language, Memory, Brain Damage and Anormal Behavior. Baltimore 1995.

73. Rocke, C., A.O. Govorov, A. Wixforth, G. Böhm, G. Weimann: Exciton ionization in a quantum well studied by surface acoustic waves. Phys. Rev. B, Rap. Comm. 1998.

74. Royal, Lissa und Keith Priest: Besucher von innen. Weilersbach 1993.

75. Sheldrake, Rupert: Sieben Experimente, die die Welt verändern könnten. Anstiftung zur Revolutionierung des wissenschaftlichen Denkens. München 1994.

76. Sheldrake, Rupert, Terence McKenna und Ralph Abraham: Cyber-Talk. Mutige Anstöße für die Vernetzung von wissenschaftlichem Fortschritt und Heilung der Erde. München 1998.

77. Smith, C. E., L. Sell and P. Sudbury: Key Topics in Psychiatry. Oxford 1996.

78. Stampf, Olaf: Der erschöpfte Schöpfer. Spiegel 52/1998.

79. Steinberg, Aephraim: How much time does a tunneling particle spend in the barrier region? Berkeley 1994.

80. Tipler, Frank J.: Die Physik der Unsterblichkeit. Moderne Kosmologie, Gott und die Auferstehung der Toten. München 1994.

81. Trepel, Martin: Neuroanatomie - Struktur und Funktion. München-Wien-Baltimore 1996.

82. Townsend Brown, Thomas: Electrokinetic Apparatus. US Patent 1951.

83. Townsend Brown, Thomas: How I Control Gravitation. Psychic Observer 1951.

84. Trull, D.: The Rise and Fall of the „Anti-Gravity-Machine“. ParaScope Inc., 1997.

85. van Helden, Albert: Pope Urban VIII. 1995.

86. Vasilyev, N. V.: The Tunguska Meteorite Problem Today. Kharkov (o. J.).

87. Velde, François R.: Insects in Heraldry. 1997.

88. von Bredow, Rafaela, Klaus Peter Kerbusk: Der siebte Kontinent. Spiegel 51/1998.

89. von Ludwiger, Illobrand: Der Stand der wissenschaftlichen UFO-Forschung. In: Resch, Andreas (Hrsg.): Aspekte der Paranormologie. Innsbruck 1992.

90. Witten, Edward: Duality, Spacetime and Quantum Mechanics. Princeton 1999.

91. Wixforth, Achim: Nano-Beben auf dem Chip: Akustische Oberflächenwellen als Photonen-Förderband. Phys. Bl. 54, 649-653 (1998).

92. Zhuravlev, Victor: Geomagnetic effects as one aspect of the Tunguska event. Bologna 1996.

93. [Ohne Autorenangabe]: Ameisen handeln mit Pilzklonen. Frankfurter Allgemeine Zeitung 7.10.1998.

94. [Ohne Autorenangabe]: Castelli Romani - Comuni - Frascati. (o. J.).

95. [Ohne Autorenangabe]: Expansion des Alls beschleunigt? Supernovae zu weit entfernt / Lichtkurve zur Eichung. Tagesspiegel. Berlin 18.3.1998.

96. [Ohne Autorenangabe]: Flugzeug vom Typ MD-11 musste wegen Rauchs im Cockpit notlanden. dpa 9.10.1998.

97. [Ohne Autorenangabe]: IMSS Multimedia Catalogue. Firenze (o. J.).

98. [Ohne Autorenangabe]: In China fließt Wasser aufwärts. Berliner Morgenpost. 8.11.1998.

99. [Ohne Autorenangabe]: Last six minutes of Flight 111 remain a mystery. The Canadian Press 1998.

100. [Ohne Autorenangabe]: NATO Loses Two Planes In Kosovo Operations. Reuters 2.5.1999.

101. [Ohne Autorenangabe]: NTSB Identification: MIA98LA228. Accident occurred AUG-21-98 at RULEVILLE, MS. Aircraft: Air Tractor AT401, registration: N1013Z.

102. [Ohne Autorenangabe]: NTSB Identification: NYC97SA193. Scheduled 14 CFR 129 operation of SWISSAIR TRANSPORT CO. LTD (D.B.A. SWISSAIR). 9.8.1997.

103. [Ohne Autorenangabe]: Primer on Molecular Genetics. Human Genome Management Information System. Oak Ridge 1992.

104. [Ohne Autorenangabe]: Teslas verschollene Erfindungen. Geniale Techniken wiederentdeckt. Wiesbaden 1994.

105. [Ohne Autorenangabe]: The Crash of Swissair Flight 111. Newsworld Online. 29.9.1998.

106. [Ohne Autorenangabe]: The Greenpeace Book of Dolphins. Greenpeace 1990.

107. [Ohne Autorenangabe]: U.N. Aid Plane Reported Crashed Near Pristina-ANSA. Reuters 12.11.1999.

108. [Ohne Autorenangabe]: U.S.Inquiry into Swissair Plane and UFO near-miss off New York. Agence France-Press 26.9.1997.

109. [Ohne Autorenangabe]: Wabernder Klecks. Spiegel 36/1998.

110. [Ohne Autorenangabe]: Wie wird die Virtualität Wirklichkeit? Nachtstudio. ZDF 20.1.1999.

111. [Ohne Autorenangabe]: Wrack von in Haiti vermißtem UN-Hubschrauber entdeckt. Associated Press. 16.3.1999.

112. [Ohne Autorenangabe]: 8 Die in Plane Crash in Norway. Associated Press 12.10.1998.

Bildquellennachweis

Archiv der Autoren: 1, 2, 5, 6, 8, 9, 10, 14, 15, 16, 17, 18; Universität Innsbruck: 3; Institute of HeartMath: 4; Wikipedia public domain: 7, 13; Madrider Kodex: 11; Human Genome Project: 12;

Die Autoren

Grazyna Fosar

ist Physikerin, Astrophysikerin und Bestsellerautorin. Bei der Matrix3000 Redakteurin für Wissenschaft, Grenzwissenschaft und Wurzeln. Als Astrophysikerin forschte sie über Solarneutrinos, Neutronensterne und kosmische Strahlung.

Franz Bludorf

ist Mathematiker, Physiker, Bestsellerautor und Chefredakteur der Matrix3000. Er war viele Jahre als Wissenschaftler in der Softwareentwicklung tätig und arbeitete an Forschungsprojekten über Netzwerkkomponenten mit.

Beide Autoren sind Peer Reviewer beim International Journal of Physical Sciences. Sie sind Autoren zahlreicher Bücher zu populärwissenschaftlichen und grenzwissenschaftlichen Themen, die in mehrere Sprachen übersetzt wurden.

www.fosar-bludorf.com

Register

H

I

J

K

Callum Coats

Naturenergien verstehen und nutzen

Viktor Schaubergers geniale Entdeckungen zur alternativen Energiegewinnung

Schaubergers geniale Entdeckungen über die Naturenergien unseres Planeten und deren Gewinnung und Nutzen sind aktueller denn je: das Wissen über die Energien, die für die Wechselwirkung innerhalb der gesamten Schöpfung und für die unglaubliche Fülle und Fruchtbarkeit der Natur verantwortlich sind.
So gewährt uns Callum Coats Einsicht in die Unterlagen des gewissenhaften Naturbeobachters und -forschers sowie genialen Erfinders und führt den Leser in die faszinierenden Geheimnisse der Natur ein.

480 Seiten, mit Abb., gebunden · ISBN 978-3-96933-034-0 · € [D] 32,00

Margret Cheney

Nikola Tesla – Erfinder, Magier, Prophet

Über ein außergewöhnliches Genie und seine revolutionären Entdeckungen

Das Buch berichtet ausführlich über Leben und Werk von Nikola Tesla (1856-1943), der vielfach als »der größte Erfinder aller Zeiten« bezeichnet wurde. Als Entdecker der »Freien Energie« ist er für einige fast zu einem Mythos geworden. Margaret Cheney zeichnet nicht nur sehr lebendig und kompetent das Portrait einer zweifellos exzentrischen, schillernden und nahezu übernatürlich begabten Persönlichkeit; sie beschreibt auch ein Stück spannender Zeit- und Wissenschaftsgeschichte.

403 Seiten, gebunden · ISBN 978-3-930243-01-3 · € [D] 28,00

Bernd Senf

Die Wiederentdeckung des Lebendigen

Die Erforschung der Lebensenergie durch Reich, Schauberger, Lakhovsky, Schmidt, Plocher, Herbert und Knapp

Die Entdeckung der Lebensenergie durch Wilhelm Reich sowie die Forschungen von Viktor Schauberger und Georges Lakhovsky ermöglichen ein grundlegendes Verständnis lebendiger Prozesse und ihrer Störungen in uns, zwischen uns und in der »äußeren« Natur und zeigen Wege der inneren und äußeren Heilung.
Dieses Wissen war bereits in früheren Kulturen vorhanden und wurde in einem 6.000 Jahre währenden Prozess verschüttet.
Die Wiederentdeckung der Lebensenergie in uns eröffnet Perspektiven, die die Menschen und die Erde wieder heilen lassen.

384 Seiten, Farbteil, gebunden · ISBN 978-3-89845-636-4 · € [D] 28,00

Ulrich F. Sackstedt

Quanten-Äther

Die Raumenergie wird nutzbar – Wege zur Energiewandlung im 21. Jahrhundert

Ulrich F. Sackstedt stellt Energiewandlungsverfahren aus Quellen vor, die von der Schulphysik kaum akzeptiert sind. Diese könnten das drohende Szenario zukünftiger Energieengpässe abwenden. Er erläutert Grundlagen der Quantenäther-Vorstellung und präsentiert Zukunftstechnologien zur Energiewandlung und -nutzung, sowie zur Informationsübertragung und zu Materialtechniken.

360 Seiten, gebunden · ISBN 978-3930243-66-2 · € [D] 14,95

Wilhelm Mohorn

Raumenergie – das decodierte Rätsel

Neue Energiequellen zum Nulltarif

Wilhelm Mohorn erläutert eine der faszinierendsten Entdeckungen auf dem Energiesektor. Die Raumenergie ist unerschöpflich, umweltfreundlich, ungefährlich und kann kostenfrei genutzt werden. Er erklärt die konkrete Anwendung der Raumenergie und zeigt, dass jeder bereits heute von dieser Energie-Revolution profitieren und sich diese neue Energiequelle zum Nulltarif zunutze machen kann.

240 Seiten, gebunden · ISBN 978-3-89845-517-6 · € [D] 22,00

Peter Bahn & Heiner Gehring

Der Vril-Mythos

Geheimnisvolle Urkraft, Raumkraft & Lebensenergie

»Vril« ist die geheimnisvolle Urkraft, Raumkraft und Lebensenergie. Was ist dran an diesem »Vril-Mythos«? Dieser Frage gehen die Autoren in Form fundierter Quellenrecherche nach.

Orden, Logen und Geheimgesellschaften treten immer wieder ins Blickfeld bei der Suche nach dem durchaus wahren Kern des Vril-Mythos, der u.a. in den zeitgenössischen Forschungen und Erfindungen zur freien Energie weiterlebt.

Die Autoren zeigen die verblüffenden Parallelen des Vril-Konzeptes zur Orgonomie Wilhelm Reichs und zu anderen therapeutischen und energetischen Anwendungsmöglichkeiten auf

320 Seiten, gebunden · ISBN 978-3-89845-602-9 · € [D] 22,00

Werner Hartung & Anne Stallkamp

Neue Geomantie

Heilung des Menschen und der Erde

Die Autoren zeigen, was Geomantie ist und wie wir sie betreiben können und bieten einen völlig neuen Ansatz: die »Neue Geomantie«, eine Methode zur Heilung der Erde im Einklang mit der Schöpfung. Wenn der Mensch seine Kräfte und sein Wissen um die Nutzung feinstofflicher Schlüsselenergien nutzt, können damit Lebensräume entstört, energetisiert und gestaltet werden. Die Autoren stützen sich dabei auf mediale Anleitungen aus der geistigen Welt und dem Naturreich und energetische Möglichkeiten, die eine mentale Einwirkung auf die feinstofflichen Ebenen der Erde ermöglichen.

288 Seiten, 2-fbg., Flexocover · ISBN 978-3-89845-561-9 · € [D] 19,95

Heide Adam & Hermann Schnabl

Die Wunschmaschine

Wie Geist Materie beeinflußt

Die beiden Autoren erforschen die Bewusstseinstechnologie Radionik, bei der über eine Maschine Einfluss auf die Realität genommen wird – auf Gesundheit oder Leistung von Personen, auf den Erfolg von Unternehmen und auf vieles mehr. Sie führen eine Reihe von Experimenten dazu durch, jedes spannender und faszinierender als das vorhergehende, bis zum letzten mit einem ebenso erstaunlichen wie beeindruckenden Ergebnis. Die Klärung der Frage, ob und wie der Geist einen Einfluss auf Materie auszuüben vermag, führt zu überraschenden Antworten.

336 Seiten, gebunden · ISBN 978-3-930243-72-3 · € [D] 19,95

Vadim Zeland

Ausstieg aus dem technogenen System

Vadim Zeland macht klar, dass technischer Fortschritt nicht dem Menschen sondern nur dem System selbst dienlich ist und zeigt Ihnen, wie Sie sich aus dem System ausklinken können. Er bietet Ihnen dadurch die Chance, Ihre individuelle Lebensqualität zu steigern. Entdecken Sie, wie Sie sich von den Abhängigkeiten und Konventionen des Systems loslösen können. Ihr Bewusstsein wird wieder frei, die Kraft Ihrer Intelligenz und Ihrer Kreativität wird steigen und es wird Ihnen nicht mehr schwerfallen, Ihre Ziele zu erreichen.

572 Seiten, broschiert · ISBN 978-3-89845-494-0 · € [D] 22,00

Andrej Korobeishchikov

Metanoia – Der Weg der Seher

Überwinde die Grenzen deiner Realität

Der Autor offenbart uns die Welt hinter der Welt und enthüllt Stereotypen der Gesellschaft mit einem Trainingsprogramm, durch das wir diese andere Welt sehen und verstehen können. Als Jäger-Schamane der Taiga beschreitet er den Weg des Sehers.

Durch den Eintritt in ein neues Raum-Zeit-Gefüge, entdeckt man eine Parallelzivilisation und eine Welt, die unseren Alltag mit ungeahnten Kräften beeinflusst. Die mystischen Erfahrungen des Autors werden in das moderne Leben eingebunden und es beginnt eine Suche nach dem Höchsten Geist und dem verlorenen Zuhause durch die Schattenseiten der modernen Gesellschaft.

240 Seiten, broschiert · ISBN 978-3-89845-678-4 · € [D] 18,00

Johannes von Buttlar & Trutz Hardo

Supersurfing – Reisen durch Raum & Zeit

Ein Praxisbuch

Traum, Zeitreise oder Quantenphysik?

Wie wäre es eine Zeitreise zu machen oder sich im unendlichen Raum teleportieren zu können? Das ist keine Wunschvorstellung mehr, sondern absolut möglich und real.

Die beiden Autoren belegen das mit Beweisen, historischem Hintergrund, wissenschaftlichen Grundlagen und dem Aufbau der angewandten Technik des SUPERSURFING.

Sie zeigen Ihnen wie Sie die Grenzen durchbrechen und die aufregendsten Erfahrungen durch Zeit und Raum machen können.

320 Seiten, broschiert · ISBN 978-3-96933-059-3 · € [D] 22,00

Vadim Zeland

Transsurfing in 78 Tagen

Die Kunst der Realitätssteuerung

Transsurfing ist eine mächtige Technik zur Realitätssteuerung, mit der jeder die Möglichkeit hat, die Realität nach Belieben zu lenken. Das Basiswissen zu Transsurfing fasst Vadim Zeland hier in 78 Schritten zusammen und bietet damit ein Buch, das die Grundlagen der Realitätssteuerung verständlich erklärt. Dieses Wissen ist notwendig, um zu erkennen, dass die Realität nicht festgeschrieben ist. Jeder Mensch kann zu jeder Zeit den für sich richtigen Weg wählen, um sein Ziel zu erreichen und selbst entscheiden, welche Ereignisse in seinem Leben stattfinden werden und welche nicht.

216 Seiten, broschiert · ISBN 978-3-89845-377-6 · € [D] 14,90